JN408836

상법요론

상법총칙 · 상행위법

강선준 저

저자약력

강선준

1995. 3　숭실대학교 입학
1998. 8　Oklahoma State Univ 교환학생
2000. 2　숭실대학교 법학과 수석 졸업(학사)
2002. 2　숭실대학교 법학과 졸업(석사)
　　- 비즈니스 모델 특허에 대한 법적인 고찰
2005. 8　숭실대학교 법학과 졸업(박사)
　　- 볼레로형 전자선하증권에 관한 연구
2001. 4 ~　현재 한국과학기술연구원(KIST) 연구계약팀 재직중
2009. 5　AIT MBA 과정 연수

논문

국제연구계약에서 지적재산권 귀속에 관한 연구
물질이전계약시 소유권 조항에 관한 검토
전자어음 분할배서 허용 등 10여건의 한국연구재단 등재지 학술논문

저서

호주프로그램보호법 번역
전자증권론(한국학술정보)
전자선하증권특별법 제정에 관한 연구
(2007년 전국 과제공모 2등 당선작, 한국법제연구원)
한 · 러기반기술구축사업 보고서 등 다수

※ 저자는 과학기술분야의 우리나라 최고의 연구기관인 한국과학기술연구원에서 10여년간 국제계약, 연구계약, 기술담보 등 과학기술분야의 법적분야에서 오랜 경험과 실무를 담당하였으며, 이러한 실제경험과 상사법의 제문제에 대하여 학생들과 끊임없이 소통하고 책과 논문을 쓰는 작업을 진행하고 있다.

연락처 010-9005-4670 / boytoy72@hanmail.net

머리말

정보통신의 발달과 자본주의 시대가 급속도로 발전함으로 인하여 우리 상법체계에서도 수많은 변화가 있습니다.

저자가 법학을 공부를 한지 벌써 15년의 세월이 지났습니다.

법학 공부의 알파와 오메가는 바로 법전을 읽고 그 내용에 대하여 고민하고 탐독하는 데 있음은 의심의 여지가 없습니다. 법전에 대한 해석이나 적용에 있어서 등대와 같은 역할을 하는 것이 교과서의 역할이라고 생각합니다.

2009년 태국 AIT에서 MBA과정을 수강하면서 경영학에 대한 시각을 넓히게 되었고 다년간 경영학부의 기업법 강의를 하면서 느끼고 깨달은 내용을 담아 한 권의 책으로 정리하였습니다. 특히 제가 공부한 모교에서 출간하게 되어 무한한 영광으로 생각합니다.

법학전공자 혹은 전문가들을 대상으로 하는 학술논문이나 학술서적과는 다르게 필수적인 내용을 압축하면서도 판례와 초보자가 이해하기 쉽게 내용을 정리하는 것은 또 다른 도전이었던 것 같습니다.

저는 기존의 상법 교과서와 차별되게 상법총칙 · 상행위법에 대하여 상세한 정리와 이론적인 학설의 대립은 과감하게 생략하고, 법학 특히 상법을 입문하는 학생들이 상법총칙과 상행위편에 대하여 전체적으로 조망하고 법적개념을 이해하는 부분에 중점을 두었습니다.

저자가 실제 진행한 사례, 자료와 계약서 실례 등을 내용 곳곳에 추가하여 이론적인 내용과 실무적인 능력의 배양도 가능하도록 하였습니다. 특히 2010년 4월에 국회본회의를 통과한 상법개정안과 그에 대한 내용을 서술하여 시류에 맞는 책이 되고자 하였습니다.

이 책을 여러번 정독하여 기본개념을 숙지한 후 학설과 심도 있는 이론이 전개된 교과서를 본다면 상법의 이해도 그리 먼 일만은 아닌가 싶습니다.

여러 교과서를 참조하였고 그에 대한 상세한 주석을 달지는 않았습니다만, 상법 자료에 대한 내용을 충실하게 담고자 노력하였습니다. 선배 교수님, 학자들에게 짐이 되지는 않을까 하는 두려움이 앞섭니다.

저자에게 항상 든든한 버팀목이 되어주는 한국과학기술연구원(KIST)과 과학기술계의 태두이신 한홍택 원장님, 김명수, 유영숙 부원장님, 정윤철 부장님, 백희기 본부장님, 김인수 본부장님, 국과위 자문위원회 활동을 하면서도 항상 필자를 따뜻하게 지도해주시는 최치호 실장님, 이돈재 팀장님과 이재학 선배님 연구계약팀 식구들의 헌신적인 도움에 감사드립니다.

저자의 요청에 기꺼이 자료를 협조해 준 법학의 동반자 동생 선호와 형님 내외분께도 감사의 말을 전합니다.

태국의 무더위와 외로움에 지친 필자에게 도움을 준 AIT 노은미 석사와 필자에게 교우의 기쁨을 안겨준 누엔광홍, NICK에게도 무한한 발전이 있기를 바랍니다.

편집과 제본에 진력을 다해준 숭실대 출판부 여러분께도 다시 한 번 고마움의 말을 전합니다.

자식이 생기고서야 부모님의 넓은 은혜를 깨닫게 되었고, 교과서를 집필하고 나서야 스승님들의 깊은 사랑을 조금이나마 이해하는 것 같습니다.

저의 학문적인 자손인 이 책을 잘키우고 아껴서 학생들에게 큰 도움을 주는 길잡이로서의 역할에 최선을 다하자고 굳게 마음을 먹어봅니다.

책을 집필하는 동안 어려운 환경 속에서도 내조를 도와준 아내 오정미 석사와 장인, 장모님, 업무와 학문을 병행하는 나에게 항상 자신감과 엔돌핀을 선사하는 두 아들 성모, 동건이와 이 기쁨을 함께 누리고 싶습니다.

무엇보다도 저자를 헌신적으로 뒷바라지 하시고 법학의 길에 인도를 해주신 김두환, 전삼현, 권재열, 교수님들과 강대승, 안정순 두 분 부모님께 다시 한 번 고개 숙여 감사드립니다.

상계동 서재에서

2010. 5. 8. 강 선 준

제1편 상법총칙

C · O · N · T · E · N · T · S

C · O · N · T · E · N · T · S

C · O · N · T · E · N · T · S

제2편 상행위법

C · O · N · T · E · N · T · S

C · O · N · T · E · N · T · S

C · O · N · T · E · N · T · S

C · O · N · T · E · N · T · S

C · O · N · T · E · N · T · S

C · O · N · T · E · N · T · S

제 1편

상법총칙

제 1 장 상법의 개설

제 1 절 상법의 개념

1. 형식적 의의의 상법

형식적 의의의 상법은 商法典(제1편~제5편)을 말한다.

2. 실질적 의의의 상법

실질적 의의의 상법은 실질적인 상사 생활관계를 규율하는 법이다. 실질적인 상사생활관계의 정의범위에 따라 상법의 적용범위와 대상이 확정된다. 일반적으로 '기업에 관한 법'으로 이해하는 기업법설이 통설이다. 실질적 의의의 상법에는 상사특별법·판례법 조리 등이 포함된다.

3. 양자의 관계

형식적 의의의 상법과 실질적 의의의 상법은 범위가 서로 다르고 양자간에 상호 영향과 보완을 주는 관계를 형성한다. 형식적 의의의 상법은 정책적인 면이 포함되기 때문에 실질성, 편의성이 강조되는 반면에, 실질적 의의 상법은 체계성이나 통일성이 상대적으로 강조된다. 시대의 변화에 따른 상법의 보완 및 개정에 있어 실질적 의의의 상법은 해석의 지침이 될 수 있으며, 형식적 의의의 상법은 실질적 의의의 상법을 연구하는 근간이 된다.

4. 상법의 대상론

(1) 통일적 파악을 부정하는 견해

경제학상의 商의 중심은 유형재화의 전환을 매개하는 것이지만 법률상의 商의 중심개념은 없다. 이 견해에 따른다면 실질적 의의의 상법은 단순한 법률규정이 취합되는 것에 불과하다.

(2) 통일적 파악을 긍정하는 견해

법률상의 商은 단편적인 면이 존재함에도 불구하고, 통일적으로 관통하는 사상적 매체가 있다는 견해로써 법률상의 상의 중심의 의미에 대해서는 역사적 관련설·매개행위설·집단거래설·상적 색채설, 기업법설 등이 있다.

기업법설은 기업의 개념을 중심으로 한다. 즉 상법은 기업생활의 특수한 수요에 응하기 위하여 형성된 기업에 관한 법으로 상법의 대상인 생활관계를 통일적으로 파악하는 데 성공한 학설이다.[1)]

제 2 절 상법과 다른 법과의 관계

1. 상법과 민법과의 관계

(1) 의 의

민법은 일반 사법 생활관계만을 규율하는 법이다. 반면에, 상법은 상사 생활관계 특히 기업생활관계를 규율하는 법으로 민법에 대하여는 특별법적인 지위를 가지고 있다.

(2) 민법의 商化와 상법

민법의 상화는 기업의 생활관계를 규율하는 상법의 제도가 일반인의 생활관계에 투영되어 일반법에서 이를 채용하는 것과 민법상의 제도가 근간이 되어 상법상의 특수한 제도에 영향을 주는 두 가지로 구분된다.

---

1) 최기원, 「제18판 상법학신론(상)」, 박영사, 2009.8. 5면.

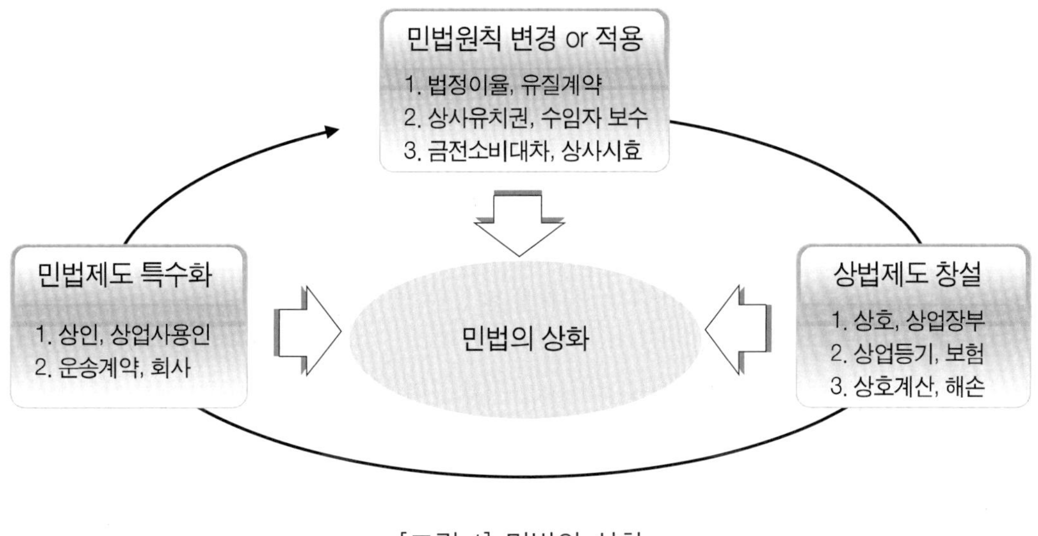

[그림 1] 민법의 상화

(3) 민상이법통일론

민상이법 통일론은 1800년대 이탈리아의 법학자들이 주로 주장한 이론이며 실체적으로는, 스위스 채무법(1911년), 태국민상법(1962년) 등에서 현실화 되었다. 기업의 법률관계를 규율하는 상법은 일반인의 경제생활에도 적용되는 경우가 많기 때문에 민법전과 독립하여 규정할 필요가 없고, 상인과 거래하는 일반인의 보호를 위하여 민상이법을 통일적으로 규율하는 것이 필요하다.

민상이법 통일론은 법 적용상의 혼란과 불안정을 초래할 수 있다는 점, 상법상의 영역도 확대가 되어 회사법은 별도로 확장되고 있기 때문에 지금의 법환경에서는 적합하지 않다는 비판이 있다.

2. 상법과 노동법과의 관계

상법은 기업활동 시 기업의 보조자가 제3자와의 법률행위관계에서 그 효과가 기업주에 미치는 효과 등을 규율하는 법이다. 노동법은 그 적용범위가 기업주와 기업보조자와의 고용관계 등 내부적 법률관계를 규율하는 법으로 우리사주조합제도 등으로 양자의 법영역에 접근을 시도하고 있다.

3. 상법과 경제법과의 관계

경제법은 국가가 특정한 목적을 위하여 경제를 통일적·계획적으로 지도·감독하는 경제통제의 일환으로서 각종 기업의 구체적인 성격에 착안하여 기업에 대해 행해지는 국가적인 요청에 의한 법 규제를 말한다.[2] 상법은 기업에 대한 사적자치를 규율하는 법이다. 경제법은 생산과 유통 그리고 소비까지 아우르는 법으로서 공공성을 중시하는 법이다. 경제법은 제1차 세계대전 이후에 발생한 법 영역으로서 결국은 상법상으로 포함되어야 할 법이다.

4. 상법과 어음법·수표법과의 관계

어음과 수표는 기업의 법률관계뿐만 아니라 일반인 상호간에도 널리 이용되는 제도이며, 어음·수표법은 성격도 상법과 비슷하기 때문에 실질적 의의의 상법의 범주에 속한다.

제3절 상법의 이념과 특성

1. 상법의 이념

(1) 기업의 유지강화

1) 영리성의 보장

상법상 영리성의 보장을 위한 규정으로는 법정이율의 인상(제54조, 민법 제379조), 소비대차 및 체당금의 이자청구권(제55조), 상인의 보수청구권(제61조) 등이 있다.

2) 자본집중의 촉진

기업의 자본조달을 용이하게 하기 위하여 소규모의 기업을 위한 익명조합제도와(제78조) 자본의 집중을 위한 회사의 합병제도(제174조, 제175조), 주식회사 및 유한회사제도(제288조 이하, 제543조 이하) 등이 있다. 특히 주식회사에서는 투하자본의 회수를 위한

---

2) 최기원, 전게서, 12면.

주식의 자유로운 양도와 주식인수가액에 대한 납입의무만 부가하는 주주의 유한책임(제331조) 등이 있다.

3) 자금조달의 원활화

회사자본의 조달을 위한 수권자본제도(제289조 1항 3호), 신주의 발행(제416조), 사채제도(제469조 이하), 상환주식(제345조)·전환주식(제346조 이하)·전환사채(제513조 이하)·신주인수권부사채제도(제516조의2 이하) 등이 있다.

4) 인력의 보충

기업주의 영업을 보조하기 위한 기업 보조인등이 구체화된 상업사용인(제10조 이하), 대리상(제87조 이하), 위탁매매인(제101조 이하) 등의 규정이 있다.

5) 위험부담의 완화

공동해손제도(제832조)는 기업의 위험을 분산하기 위한 규정이고 물건운송인의 책임제한(제137조, 제789조의2), 합자회사의 유한책임사원(제279조), 주식회사의 주주 및 유한회사의 사원의 유한책임(제331조, 제553조), 선박소유자의 책임제한(제746조), 해난구조료지급의무자의 책임제한(제852조) 등은 기업보조자 내지 사용인의 책임을 제한하는 규정들이다.

6) 기업소멸의 회피

기업의 해체를 방지하기 위한 영업양도(제41조 이하)와 회사의 합병 및 분할, 주식회사 등에서 기업의 소멸을 방지하기 위해 인정한 1인회사(제517조 1호) 등이 있다.

(2) 기업활동의 왕성과 거래의 안전

1) 기래의 간이와 신속

거래의 간이와 신속을 위한 규정으로 상행위의 대리(제48조), 상사계약의 청약의 효력(제51조·제52조), 매수인의 목적물검사와 하자통지의무(제69조) 등이 있다.

2) 거래의 안전

① 공시주의

거래의 안전과 신속을 도모하기 위하여 기업에 관한 거래상의 중요한 사항에 대하여 공적으로 알려주는 제도가 필요하다. 이러한 제도에는 상업등기, 재무제표의 열람제도(제448조 2항, 제579조의3), 주식회사에 있어서의 대차대조표의 공고의무(제449조 3항) 등이 존재한다.

② 독일법상의 외관주의(영미법상의 금반언의 원칙)[3)]

독일법상 외관법리(Rechtsscheintheintheorie)란 대외적으로 표시된 사실과 진정한 법률관계가 불일치하는 경우에 표시된 사실을 신뢰한 거래상대방을 보호하려는 법리로서, 거래의 안전과 원활이라는 경제적 합리성에 중점을 두어 외관을 야기한 것에 대해 책임을 인정하려는 것이다.

가. 총칙편

표현지배인(제14조) 제도와 명의대여자의 책임(제24조), 영업양도시 영업채무인수의 광고를 한 양수인의 책임(제44조)등에서 구체화되고 있다.

나. 상행위편

익명조합원의 책임(제81조), 고가물임을 명시하지 않고 운송물에 대한 책임 완화(제136조 등), 운송주선이나 운송을 위탁하거나 임치를 위탁한 자의 손해배상청구권의 제한(제124조, 제136조, 제153조) 등이다.

다. 회사편

사실상의 회사제도(제190조, 제269조, 제328조, 제552조), 합명회사에서의 자칭사원의 책임(제215조)과 퇴사원의 책임(제225조), 합명회사에서의 자칭무한책임사원의 책임(제281조), 주식회사에서의 납입금보관은행의 책임(제318조 2항), 유사발기인의 책임(제327조), 표현대표이사(제395조), 이사직무대행자의 행위에 의한 회사의 책임(제408조 2항) 등이다.

---

3) 최기원, 전게서, 18면. 영미에서는 표시에 의한 금반언의 원리(estoppel by representation)가 형성되었다. 이는 자기의 표시에 의하여 상대방이 어떤 사실의 존재를 믿고 행동하였을 경우에 표시자는 이후 그 표시와 모순되는 주장을 할 수 없다는 이론으로 독일의 외관법리와 비교할 때 그 기초는 다르지만 실제적인 적용은 거의 같다.

라. 보험편

당사자가 보험가액을 정한 경우의 보험자의 보상액감소청구의 제한(제670조), 해상보험자의 위부승인의 효력(제716조) 등이 있다.

마. 해상편

선박관리인 또는 선장의 대리권제한의 효력(제761조 2항, 제775조), 적하가격의 부실기재가 공동해손의 손해액 및 분담액의 결정에 주는 영향(제840조), 선하증권 기재의 효력(제814조의2) 등이 있다.

③ 엄격책임주의

기업과 일반인이 거래를 하는 경우에는 상대적으로 일반인보다 기업이 우월한 경우가 많기 때문에 거래의 안전을 위하여 기업측의 의무와 책임을 엄격하게 가중하고 있다. 이에 대한 예로는 다수채무자의 연대채무(제57조 1항), 상사보증채무의 연대성(제57조 2항), 상인의 물건보관의무(제60조), 상인간의 매매에서의 목적물의 검사와 하자의 통지의무(제69조), 목적물보관의무(제70조, 제71조), 순차운송인의 손해배상책임의 연대(제138조 1항), 운송주선인·운송인·공중접객업자·창고업자·해상운송인의 손해배상책임(제115조, 제135조, 제148조, 제152조, 제160조, 제788조, 제830조) 등이 있다.[4)]

2. 상법의 특성

상법은 새로운 사회상의 변동을 반영하여 재산법 혹은 신분법인 민법 보다 훨씬 진보적이다. 기업친화적인 정부정책을 반영한 소규모 회사의 설립 간소화 혹은 정보통신기술의 발달 등을 접목한 전자주주총회 등의 규정을 신속하게 반영하고 있다.

국제간의 거래가 빈번하고 다방면에 복잡한 법률관계가 형성되는 현대 상거래에서는 국제환어음 및 약속어음에 관한 협약, 국제물건복합운송조약과 같은 국제조약 등에 의하여 상법의 통일이 촉진되고 있다.

4) 정찬형, 「제13판 상법강의」, 박영사, 2010, 33면.

제 4 절 상법의 법원의 종류

1. 법원의 의의

(1) 의의

상법의 법원(resource of law)이라 함은 기업에 특유한 생활관계를 규율하는 법규범으로서 상법의 존재형식이다. 상법 제1조에서는 「상법에 관하여 본법에 규정이 없으면 상관습법에 의하고 상관습법이 없으면 민법의 규정에 의한다」고 규정하고 있다.

2. 상사제정법

(1) 상법전

1962년 1월 20일 법률 제1000호로 공포되어 1963년 1월 1일부터 시행되었고, 전문 5편(총칙 · 상행위 · 회사 · 보험 · 해상)으로 구성되어 있다.

(2) 상사특별법령

상법전에 부속된 상사특별법령과 상법전과는 별개의 상사특별법령이 있다.

1) 부속된 상사특별법령

상법전 자체의 시행에 관한 특별법령과 상법 중 일부 규정의 시행에 관한 규정, 선박소유자 등의 책임제한절차에 관한 법률, 사업등기법, 상업등기 규칙 등이 있다.

2) 독립한 상사특별법령

상표법, 은행법, 공중위생관리법 등은 상법을 보충 · 변경하는 독립된 특별법령이다.

(3) 상사관계 조약 및 국제법규

헌법에 의하여 체결 공포된 조약과 일반적으로 승인된 국제법규는 국내법과 같은 효력을 가진다(헌법 제6조 1항).

3. 상관습법

(1) 상관습법과 사실인 상관습에서의 양자의 차이

상관습법이란 상관행이 거래계에서 법적 확신을 얻어 법규범으로 승인된 것이며 상관습은 상인간의 거래에 있어서 보편화된 관행으로서 상거래의 특수성에 따라 특정한 분야에서 형성된 것을 말한다. 양자를 구별하는 견해와 구별하지 않는 견해가 대립한다.

상관습법은 ① 상법의 법원을 이루는 법규범이다. ② 민법의 강행법규 혹은 상법의 임의규정에 반하여도 성립이 가능하다. ③ 법규범이므로 법원이 이에 반하여 판결을 할 때에는 법적용을 잘못한 것이므로 상고이유가 된다(법률문제).

사실인 상관습은(민법 제106조) ① 당사자의 의사표시가 명확하지 않은 경우에 그 의사표시의 해석재료가 됨에 불과하다.

② 민법의 강행법규에 반하여도 성립할 수 없다.

③ 상법의 임의법규에 반하여 성립할 수 있다.

④ 사실인 상관습에 위반하여 판결을 한 때에는 사실인정의 문제가 되는 데 그친다(사실문제).[5]

(2) 성문법으로 편입

해상화물운송에 있어서의 保證渡, 등이 있고 백지어음의 유효성(어음법 제10조) 등은 성문법제로 편입되었다.

[관련판례]

① **상관습 인정**

상인인 법인간의 계속적인 물품공급거래에 있어서 인수증을 공급자에게 발행하고 교부하는 것은 거래의 상례라 할 것이다.[6]

선박을 매매함에 있어 그 대금을 年拂條件으로 지급하기로 약정하는 경우의 중개수수료는 연불에 따른 이자를 제외한 선박대금액을 기준으로 산정하여 지급하는 것이 일반

---

5) 정찬형, 「제13판 상법강의 (상)」, 박영사, 2010, 39면 이하를 참조하여 재구성함.

6) 대법원 1983.2.8. 선고 82 다카 1275 판결.

거래의 관행이다.[7)]

② 상관습법을 부정

어음거래약정이나 은행감독원의 지시로 은행의 별단예금에 대한 상계가 억제나 금지되었음에도 불구하고 은행이 상계를 하는 것은 건전한 상관습에 어긋난다.[8)]
선하증권이 도착하기 전에 화물선취보증서만 받고 운송물을 인도하는 이른바 '보증도'의 상관습은 인정되지만 그로 인한 운송인의 책임은 면제되지 아니한다.[9)]

4. 상사자치법

회사 또는 기타의 단체가 그 조직과 운영에 관하여 자주적으로 정한 법규를 의미한다. 한국거래소의 증권시장업무규정은 상법의 법원이 된다(법규설).

5. 보통거래약관

(1) 의 의

보통거래약관이란 그 명칭이나 형태 또는 범위를 불문하고 계약의 일방 당사자가 다수의 상대방과 계약을 체결하기 위하여 일정한 형식에 의하여 마련한 계약의 내용을 말한다(약관규제법 제2조 1항).

(2) 경제적 기능

집단적이고 계속적인 상거래를 원활하고 활발하게 가능하지만, 기업이 독과점의 형태로 용역·물품 등을 제공하거나 필수적인 경우에는 사실상의 계약체결의 자유가 침해되는 경우가 많다.

---

7) 대법원 1985.10.8. 선고 85 누 542 판결.
8) 대법원 1985.5.28. 선고 84 다카 696 판결.
9) 대법원 1992.2.25. 선고 91 다 30026 판결.

(3) 약관의 법원성[10)]

1) 긍정설

① 자치법설(규범설)

약관을 정관과 같이 자치법규의 일종으로 보거나, 사회학적으로 그 거래권에 있어서 규범으로 보아 중요한 법원의 하나라고 보는 견해이다.

② 제도설

약관을 기업이념을 실현하는 기업의 제도적 소산으로 보고, 이는 국가법과 개인간의 계약의 중간에 위치하는 기업의 자치법규의 일종으로 보는 견해이다.

2) 부정설

① 상관습법설

약관은 그 자체가 상관습법으로 인정될 수 없고, '약관에 의한다'는 것이 상관습법으로 형성되어 있으면 이에 근거하여 약관의 법원성을 인정하는 견해이다.

② 법률행위설(판례)

약관은 그 자체만으로는 결코 법규범이 될 수 없고, 기업이 약관에 따른다는 점을 표명하고 또 고객이 볼 수 있게 약관을 제시한 경우에 한해서 개별계약의 내용을 구성한다. 약관이 계약의 내용이 되기 때문에 당사자를 구속한다는 견해로 우리나라의 약관규제법의 근거가 된다. 또한 대법원의 일관된 입장이다.

[관련판례]

보통보험약관이 계약당사자에 대하여 구속력을 가지는 것은 그 자체가 법규범 또는 법규절차 성질을 가진 약관이기 때문이 아니라 보험계약 당사자 사이에서 계약내용에 포함시키기로 합의하였기 때문이라고 볼 것인바, 일반적으로 보험계약자가 보통보험약관을 계약내용에 포함시킨 보험계약서를 스스로 작성한 이상 그 약관의 내용이 일반적으로 예상되는 방법으로 명시되어 있지 않다든가 또는 중요한 내용이어서 특히 보험업자의 설명을 요하는 것이 아닌 한 보험계약자가 위 약관내용을 자세히 살펴보지 아니하

10) 정찬형, 전게서, 42~43면을 참조하여 재구성함.

거나 보험업자의 설명을 듣지 아니하여 알지 못한다는 이유로 약관의 구속력에서 벗어날 수 없다.[11)]

(4) 약관의 해석원칙

1) 필요성

약관을 당사자간의 의사라고 한다면 계약의 해석원칙이 적용되어야 하고 법원으로 본다면 법규해석의 원칙이 적용되어야 한다.

2) 약관해석원칙

① 개별약정우선의 원칙

약관의 내용과 당사자의 합의가 상충하는 경우에는 개별약정이 우선하여 적용된다.

② 신의성실의 원칙

사법상의 대표적인 원리인 신의성실의 원칙에 따라 공정하게 해석되어야 한다.

③ 객관적 해석의 원칙

약관은 객관적 기준에 따라서 해석되어야 하며 고객에 따라 차별되게 해석되서는 안된다.

④ 불명확성의 원칙

약관의 내용은 고객보호측면에서 약관 내용이 명백하지 못하거나 의심스러울 때에는 고객에게 유리하게, 약관 작성자에게 불리하게 제한 해석하여야 한다는 원칙이다.[12)]

(5) 약관에 대한 규제

약관에 대한 규제는 입법적·행정적·사법적 규제·공정거래위원회에 의한 규제·자율적 규제 등이 있다. 최근에는 약관을 입법적으로 규제하는 추세이다.

---

11) 대법원 1989.11.14. 선고 88 다카 29177 판결.
12) 대법원 2005.10.28. 선고 2005 다 35226 판결.

6. 상사판례법·상사학설

대륙법계인 우리나라에서 판례는 법관에 대하여 엄격한 구속력을 갖지 못한다. 학설은 성문법, 판례 또는 조리에 영향을 미칠 수 있지만 법원성은 부정하는 견해가 유력하다.

7. 조리(條理)

조리는 일반인이 승인할 수 있는 객관적이고 합리적인 공동생활의 원리[13)]이다. 조리의 법원성에 대하여는 부정하는 견해가 다수설이다.

8. 법규의 적용순서

법규는 ①상사자치법 ②상사특별법령 및 상사조약 ③상법전 ④상관습법 ⑤민사자치법 ⑥민사특별법령 및 민사조약 ⑦민법전 ⑧민사관습법의 순서대로 적용된다.

제 5 절 상법의 효력(적용범위)

1. 때(時)에 관한 효력

여러개의 상사법규가 시간적으로 선후관계에 있는 경우 다음의 두 가지 원칙이 적용된다. '신법은 구법을 변경한다(lex posterior derogat legi priori)'와 '일반적 신법은 특별적 구법을 변경하지 않는다(lex posterior generalis non derogat legi prior speciali)'는 원칙이다.[14)]

2. 장소적 효력

대한민국의 영토 전반에 적용됨이 원칙이며, 예외적으로 국제사법에 의하여 다르게 규정될 수 있다.

---

13) 최기원, 전게서, 43면.
14) 정찬형, 전게서, 48면.

3. 인적 효력

대한민국 국민이면 누구나 적용이 되며 예외적으로 국제사법에 의하여 다르게 규정될 수 있고 소상인(상법 제9조)에게는 지배인·상호·상업장부·상업등기에 관한 규정이 적용되지 않는다.

4. 사항에 관한 효력

상법적용의 대상이 되는 상사에 관한 규정은 일방적·쌍방적 상행위에 모두 적용되지만(제3조) 규정상 쌍방적 상행위에만 적용되는 것도 있다.

제 2 장 상인

제 1 절 상인의 개념

1. 상인에 관한 입법주의

(1) 실질주의(상행위법주의·객관주의)

특정한 행위를 상행위(What)로 규정하고 규정된 행위를 영업으로 하는 자를 상인으로 결정하는 입법주의이다. 프랑스, 스페인 상법 등의 입법례가 있다.

(2) 형식주의(상인법주의·주관주의)

행위에 관계없이 상인적 방법으로(How) 영업을 하는 자를 상인으로 결정하는 입법주의이다. 스위스 채무법을 예로 들 수 있다.

(3) 절충주의

실질주의와 형식주의를 모두 받아들여 「상행위를 영업으로 하는자」와 「일정한 형식을 갖추고 상인적 방법으로 영업을 하는 자」까지도 상인으로 인정한다. 일본과 독일 상법이 절충주의를 취하고 있다.

(4) 우리나라

우리나라는 절충주의(형식주의에 가까운 절충주의)의 입법주의를 채용하고 있다.

제 2 절 상인의 종류

1. 당연상인(當然商人)

자기명의로 상행위를 하는 자를 상인이라 한다(제4조).

(1) '자기명의'로 상행위를 하여야 한다.

법률행위의 손익계산의 주체가 되는 '자기의 계산'과 달리 법률효과의 귀속주체가 되는 '자기명의'로 상행위를 하여야 한다.

대리인의 지정이 가능하기 때문에 '영업행위의 담당자'일 필요가 없으며 '기업을 소유하는 것이나 기업위험을 부담하는 것' 그리고 '행정관청에 대한 신고명의인이나 납세명의인'과 구별된다.

(2) 상행위를 하여야 한다.

상행위란 상법 제46조에서 열거하는 기본적 상행위와 특별법(擔保附社債信託法)에서 인정하는 상행위로 구분된다. 영업성(영리, 계속, 영업의사)이 있어야 하며, 상행위를 영업으로 하더라도 오로지 임금을 받을 목적으로 물건을 제조하거나 노무에 종사하는 자의 행위는 상행위로 보지 않는다(제46조 단서).[15]

또한 의사·변호사[16]·음악가·화가 등의 자유직업인은 상인이 아니다.

(3) 영업적 상행위

1) 기본적 상행위(제46조)

영업으로 하는 다음의 행위를 상행위라 한다. 그러나 오로지 임금을 받을 목적으로 물건을 제조하거나 노무에 종사하는 자의 행위는 그러하지 아니하다(제46조).

---

15) 최기원, 전게서, 54면. 개인택시 사업자의 영업행위는 운송업행위라고 할 수 있으나, 실제로는 임금을 받을 목적으로 노무에 종사하는 자로 볼 수 있으므로 상행위라 할 수 없을 것이다. 도급제 택시도 이와 유사하다고 할 것이다. 상인으로 인정되기 위해서는 즉 상당한 자본을 가지고 영업시설을 구비하는 기업성이 있어야 한다.

16) 서울지방법원 2003.12.17. 선고 2003 비단 19 판결; 대법원 2007.7.26. 선고 2006 다 334 판결. 변호사는 상인적 방법에 의하여 영업을 하는 자라 할 수 없다.

2) 상법개정안

개정안[17)]은 방송에 관한 행위와 신용카드·전자화폐 등을 이용한 지급결제업무의 인수를 새로이 기본적 상행위에 추가하고, "객의 집래를 위한 시설에 의한 거래"를 "공중이 이용하는 시설에 의한 거래"로, "물융"을 "금융리스"로 변경하였다.

현 행	개정안
第46조 (기본적 상행위)	第46조 (기본적 상행위)
① 동산, 부동산, 유가증권 기타의 재산의 매매[18)]	① 동산, 부동산, 유가증권 기타의 재산의 매매
② 동산, 부동산, 유가증권 기타의 재산의 임대차	② 동산, 부동산, 유가증권 기타의 재산의 임대차
③ 제조, 가공 또는 수선에 관한 행위	③ 제조, 가공 또는 수선에 관한 행위
④ 전기, 전파, 까스 또는 물의 공급에 관한 행위	④ **전기, 전파, 가스 또는 물의 공급에 관한 행위**
⑤ 작업 또는 노무의 도급의 인수[19)]	⑤ 작업 또는 노무의 도급의 인수
⑥ 출판, 인쇄 또는 촬영에 관한 행위	⑥ 출판, 인쇄 또는 촬영에 관한 행위
⑦ 광고, 통신 또는 정보에 관한 행위	⑦ **광고, 방송, 통신 또는 정보에 관한 행위**
⑧ 수신·여신·환 기타의 금융거래	⑧ 수신·여신·환 기타의 금융거래
⑨ 객의 집래를 위한 시설에 의한 거래[20)]	⑨ **공중이 이용하는 시설에 의한 거래**
⑩ 상행위의 대리의 인수에 관한 행위	⑩ 상행위의 대리의 인수에 관한 행위
⑪ 중개에 관한 행위	⑪ 중개에 관한 행위
⑫ 위탁매매 기타의 주선[21)]에 관한 행위	⑫ 위탁매매 기타의 주선에 관한 행위
⑬ 운송의 인수	⑬ 운송의 인수

17) 2010년 4월 21일 상법 일부개정법률안이 국회 본회의를 통과된 내용을 반영 하였다. 법안 통과과정 등을 살펴보면 2009년 1월 5일 정부가 제출하였으며, 2009년 4월 13일에 제282회 국회(임시회) 제2차 법제사법위원회 상정, 제안설명, 검토보고, 대체토론, 소위원회에 회부되었다. 2009년 4월 15일 제1차 법안심사제1소위원회 상정되어, 제안설명 되었고 2010년 4월 14일에 제2차 법안심사제1소위원회에 상정, 심사·수정의결 과정을 거쳐, 2010년 4월 19일 제3차 법제사법위원회 소위원회 심사보고, 수정의결을 통하여 본회의를 통과하게 되었다. 개정법률은 공포 후 6개월이 경과한 날부터 시행이 된다. 국회 법제사법위원회, "상법일부개정법률안[총칙·상행위편) 심사보고서", 2010.4. 1면; 개정안에 대한 전반적인 내용은 진정구, "상법일부개정법률안[총칙·상행위편] 검토보고서", 법제사법위원회, 2009.4를 참고로 하여 기술하였음을 밝혀둔다.

18) 매매의 의의에 대하여는「매수 또는 매도」를 주장하는 견해,「매수와 매도」를 주장하는 견해,「매수와 매도」또는「매도」를 주장하는 견해가 있다. 대법원 1993.6.11. 선고 93 다 7174·7181 판결에서 논의가 된 사항인데, 원시경작자가 재배한 물건을 판매하는 경우에 첫 번째와 세 번째 주장의 경우에는 상행위가 인정되지만 두 번째의 경우에는 매매에 해당하지 않는다.

19) 노무의 도급의 인수라 함은 노무자의 공급을 약정하는 계약이다.

20) 공중의 집래에 적합한 시설을 갖추고 영업하는 공중접객업자를 말한다.

⑭ 임치의 인수	⑭ 임치의 인수
⑮ 신탁의 인수	⑮ 신탁의 인수
⑯ 상호부금 기타 이와 유사한 행위	⑯ 상호부금 기타 이와 유사한 행위
⑰ 보험	⑰ 보험
⑱ 광물 또는 토석의 채취에 관한 행위	⑱ 광물 또는 토석의 채취에 관한 행위
⑲ 기계 · 시설 기타 재산의 금융에 관한 행위[22]	⑲ **기계 · 시설 그 밖의 재산의 금융리스**
⑳ 상호 · 상표 등의 사용허락에 의한 영업에 관한 행위[23]	⑳ 상호 · 상표 등의 사용허락에 의한 영업에 관한 행위
㉑ 영업상 채권의 매입 · 회수 등에 관한 행위	㉑ 영업상 채권의 매입 · 회수 등에 관한 행위
(신설)	㉒ **신용카드, 전자화폐 등을 이용한 지급결제 업무의 인수**

우리 「상법」은 중요한 상행위의 유형을 기본적 상행위로 하여 구체적으로 열거하고 있는데, 그 기본적 상행위의 유형에 방송업과 지급결제대행업을 추가한 것은 새로운 유형의 방송 도입[24] 및 방송·통신의 융합, 신용사회의 도래 및 인터넷 등 전자화 추세에 따른 해당 산업의 경제적 중요성이 증가하고 있는 점에 비추어 볼 때 타당하다.[25] 다만, 이를 기본적 상행위로 포함시키면서 구체적인 법률관계에 관한 규정은 입법화하지 않았다.[26]

개정안 제46조제9호는 현행 "객의 집래를 위한 시설"을 "공중이 이용하는 시설"로 법문표현을 변경하였는데, 다수의 고객이 왕래하는 시설이라는 뜻이 명확히 전달된다는 점에서 바람직한 개정내용으로 보이나, 불특정 다수인이 이용한다는 의미로 "다중이

---

21) 정찬형, 전게서, 61면. 주선이라 함은 「자기명의로 타인의 계산으로 법률행위할 것을 인수하는 행위」를 말한다.

22) 리스회사의 영업행위로써 리스계약을 의미한다.

23) 프랜차이즈를 말하는 것으로 '00' 피자 등의 형태로 쉽게 볼 수 있다.

24) 민간 지상파 방송, 종합유선방송(케이블TV), 위성방송(예; 스카이라이프), 인터넷 프로토콜 텔레비전(IPTV) 등을 들 수 있다.

25) 방송은 영리성보다는 그 공영성이 중시된다는 점에서 방송업자를 의제상인으로 보아 「상법」을 적용하면 되지, 방송을 전통적 상행위와 마찬가지로 기본적 상행위로 하여 방송업자를 당연상인으로 하는 것에 대하여 의문을 제기하는 의견도 있다. 권재열, "상법 총칙 및 상행위편 토론문(2)", <상법 총칙 및 상행위편 개정안·상법 항공운송편 제정안>, 법무부, 공청회 자료집, 53~54면.

26) 진정구, 전게보고서, 13~15면. 금융리스, 가맹업 등에 대해서는 별도의 조문을 신설하였지만 제22호 신용카드, 전자화폐 등을 이용한 지급결제 업무의 인수 등에 대해서는 별도의 조문을 신설하지 않았다.

이용하는 시설"로 법문표현을 하는 방안도 검토될 필요가 있다고 한다. 또한 개정안 제46조제19호는 여신전문금융업법(구시설대여업법)에서의 '물융(物融)'을 '금융리스'로 개정하여 의미를 명확히 하였다.[27]

3) 특별법상의 상행위

① 담보부사채신탁법에 의한 총액의 인수(동법 제23조 2항)

擔保附社債라 함은 물상담보권이 붙은 사채를 발행하는 경우에 위탁 또는 신탁회사가 사채의 총액을 제3자에게 인수하는 경우에는 상행위가 된다.

② 신탁법에 의한 신탁의 인수

신탁법에 의하여 신탁의 인수를 영업으로 하는 행위는 상행위가 된다.

[관련판례]

① 실제 영업상의 주체

행정관청에 대한 인·허가 명의나 사업자등록상의 명의와 실제 영업상의 주체가 다를 경우, 상인으로 인정되는 자는 실제영업상의 주체이다. 상인은 자기 명의로 상행위를 하는 자를 의미하는데, 여기서 '자기 명의'란 상행위로부터 생기는 권리의무의 귀속주체로 된다는 뜻으로서 실질에 따라 판단하여야 하므로, 행정관청에 대한 인·허가 명의나 국세청에 신고한 사업자등록상의 명의와 실제 영업상의 주체가 다를 경우 후자가 상인이 된다.

부동산 중개업무는 상법 제46조 제11호에서 정하고 있는 '중개에 관한 행위'로서 기본적 상행위에 해당하고, 상인이 영업을 위하여 하는 행위는 상행위이며, 상인의 행위는 영업을 위하여 하는 것으로 추정되는바, 부동산 중개업무를 실제로 영위하여 상인인 자가 그 중개를 성사시키기 위하여 또는 그 중개에 대한 책임으로 보증각서를 작성하

27) 「여신전문금융업법」은 '시설대여'라는 용어를 사용하고 있으나, 이는 금융리스와 운용리스를 포괄하여 정의한 것임. 동법 제2조 제10호는 "시설대여"의 정의를 "대통령령이 정하는 물건을 새로이 취득하거나 대여받아 거래상대방에게 대통령령이 정하는 일정기간 이상 사용하게 하고, 그 기간에 걸쳐 일정대가를 정기적으로 분할하여 지급받으며, 그 기간종료 후의 물건의 처분에 대하여는 당사자간의 약정으로 정하는 방식의 금융을 말한다"고 규정하고 있다. 진정구, 상게보고서, 15면.

여 매수인의 잔금채무를 보증한 경우, 그 보증행위는 영업을 위하여 한 것으로 추정되고, 그 추정을 번복할 만한 증거가 없는 한 상행위로 간주된다.[28)]

② 상법 제46조 기본적 상행위의 의미

어느 행위가 상법 제46조 소정의 기본적 상행위에 해당하기 위하여는 영업으로 동조 각 호 소정의 행위를 하는 경우이어야 하고, 여기서 영업으로 한다고 함은 영리를 목적으로 동종의 행위를 계속 반복적으로 하는 것을 의미한다. 따라서 새마을금고법의 제반 규정에 의하면 새마을금고는 우리나라 고유의 상부상조 정신에 입각하여 자금의 조성 및 이용과 회원의 경제적·사회적·문화적 지위의 향상 및 지역사회개발을 통한 건전한 국민정신의 함양과 국가경제발전에 기여함을 목적으로 하는 비영리법인이므로, 새마을금고가 금고의 회원에게 자금을 대출하는 행위는 일반적으로는 영리를 목적으로 하는 행위라고 보기 어렵다.[29)]

2. 의제상인

(1) 서론

정보통신(Information Technology)기술의 발달 등과 더불어 현대의 복잡한 상거래에서 새로 출현한 상행위를 영업으로 하는 자 등은 제46조의 상행위에 규정되지 않은 행위를 한다면 실질적으로는 상인의 요건을 갖추더라도 상인이 될 수 없다. 그래서 상법에서는 상행위 중심주의를 수정하여 일정한 형식을 갖추고 상인적 방법으로 영업을 하는 자에 대해서 상인으로 의제하고 있는 보완책을 마련하고 있다.

(2) 설비상인

1) 상법의 규정(제5조, 의제상인)

점포 기타 유사한 설비에 의하여 상인적 방법으로 영업을 하는 자는 상행위를 하지 아니하더라도 상인으로 본다. 또한 회사는 상행위를 하지 아니하더라도 상인으로 본다.

---

28) 대법원 2008.12.11. 선고 2007 다 66590 판결.
29) 대법원 1998.7.10. 선고 98 다 10793 판결.

2) 상인적 설비

'점포 기타 유사한 설비'란 사회통념상 상인적 설비로서 영업소와 같은 장소적 설비와 상업 사용인등 인적설비 등을 포함하는 개념이다. 농산물을 점포 기타 유사한 설비를 갖추고 영업으로 판매하는 자는 의제상인이 될 수 있다.

3) 상인적 방법

상인적 방법이란 상인이 영업을 함에 있어서 그에 필요한 영업적 설비 등을 갖추고 상행위를 하는 것을 말한다.

[관련판례]

① 상인성 부정판례(설비상인에 해당 하지 않음)

약 5,000평의 사과나무 과수원을 경영하면서 그 중 약 2,000평 부분의 사과나무에서 사과를 수확하여 이를 대부분 대도시의 사과판매상에 위탁판매한다면 이는 영업으로 사과를 판매하는 것으로 볼 수 없으니 상인이 아니다.[30)]

② 계주가 여러 개의 계를 운영하여 가계를 꾸려 온 경우의 계불입금채권의 성질

계주가 여러 개의 낙찰계를 운영하여 얻은 수입으로 가계를 꾸려 왔다 할지라도 계주가 상인적 방법에 의한 영업으로 계를 운영한 것이 아니라면 계주를 상법 제5조 제1항 소정의 의제상인이나 같은 법 제46조 제8호 소정의 대금, 환금 기타 금융거래를 영업으로 운영한 것에 해당한다고 볼 수 없으므로 위 계불입금채권을 5년의 소멸시효가 적용되는 상사채권으로 볼 수 없다.[31)]

3. 민사회사

회사는 상행위를 하지 않더라도 상인으로 본다(제5조 2항). 농업 등 1차 산업을 목적으로 하는 영농법인을 들 수 있다.

---

30) 대법원 1993.6.11. 선고 93 다 7174·7181 판결.
31) 대법원 1993.9.10. 선고 93 다 21705 판결.

4. 소상인

(1) 소상인의 의의

소상인이란 '자본금이 1,000만원 미만으로 회사가 아닌 자'를 말한다(상법시행규칙 제2조). 영업의 규모가 적어 기업성이 사실상 약한 상인이다.[32)]

(2) 소상인에게 적용되지 않는 상법의 규정(제9조)

지배인(상법 제1편 제3장) · 상호(상법 제1편 제4장) · 상업장부(상법 제1편 제5장)와 상업등기(상법 제1편 제6장)에 관한 규정은 소상인에게 적용되지 않는다.

제 3 절 상인자격의 취득과 상실

1. 서 론

상법 제3조에 의하여 당사자 중 일방이 상인인 경우에는 민사관계의 특별법인 상법을 적용하기 때문에 상인자격의 유무는 중요한 의의가 있다.

민법상의 권리능력자는 모두 상인자격을 취득할 수 있는 법률상의 지위가 있다. 상인능력을 구비한 자는 상법의 요건을 충족하면 당연상인 혹은 의제상인으로 상인자격을 취득한다.

2. 자연인의 상인자격의 취득과 상실

(1) 내용

자연인은 본인의 의사에 기하여 상법상의 요건을 구비하면 상인이 된다. 상인자격은 「객관적으로 사업으로서 인식될 수 있는 조직을 갖추었을 때에 등기함으로써 상인자격을 취득한다」는 소수설[33)]과 「영업행위를 개시한 때 상인자격을 취득한다」는 다수설[34)]

---

32) 자본금은 '특정한 영업을 단위로 하는 순자산의 평가액 혹은 영업재산의 현재가격 등'을 의미한다. 현재에 사실상 1,000만원 이하의 규모로 영업을 시작하는 상인은 찾기 어려운 실정으로 추후 입법상의 개정이 필요하다.

로 나누어진다. 다수설에서 영업행위의 의미는 영업준비행위인 점포의 임차, 영업자금의 차입, 지배인의 고용 등을 의미한다.

폐업신고나 사망의 경우에는 곧바로 상실되지 않고 상인자격은 사실상의 영업을 종료할 때 상실된다.

3. 법인의 상인자격의 취득과 상실

(1) 사법인

회사는 설립등기(성립)를 한 이후 법인격과 상인자격을 취득하고 청산을 사실상 종결한 때 법인격과 상인자격을 상실한다.

비영리법인 중 공익법인은 공익을 추진하기 위한 수단으로 영업을 할 때 상인자격을 취득할 수 있을 것이다.

비영리법인 중 특수한 형태의 법인(농업협동조합, 수출조합 등) 등은 특별법에 의하여 특정한 경우가 많기 때문에 상인자격은 취득할 수 없다(통설).

(2) 공법인

일반공법인(국가나 지방자치단체 등)은 영리사업을 할 수 있는 상인능력이 인정된다(전철·수도사업 등).

농업기반공사 등 그 존립의 목적이 특정되어 있는 경우에는 상인능력이 없다(통설).

[관련판례]

① 상인 자격의 취득시기

영업의 목적인 기본적 상행위를 개시하기 전에 영업을 위한 준비행위를 하는 자는 영업으로 상행위를 할 의사를 실현하는 것이므로 그 준비행위를 한 때 상인자격을 취득함과 아울러 이 개업준비행위는 영업을 위한 행위로서 그의 최초의 보조적 상행위가 되는 것이고, 이와 같은 개업준비행위는 반드시 상호등기·개업광고·간판부착 등에 의

---

33) 정찬형, 전게서, 70면.
34) 최기원, 전게서, 67면.

하여 영업의사를 일반적·대외적으로 표시할 필요는 없으나 점포구입·영업양수·상업사용인의 고용 등 그 준비행위의 성질로 보아 영업의사를 상대방이 객관적으로 인식할 수 있으면 당해 준비행위는 보조적 상행위로서 여기에 상행위에 관한 상법의 규정이 적용된다.[35]

② 특수공법인의 상인자격

대한광업진흥공사가 광산업자에게 금원을 융자하여 준 행위가 상행위에 해당하는지 여부에 대하여 대법원은 "어느 행위가 상법 제46조 소정의 기본적 상행위에 해당하기 위하여는 영업으로 같은 조 각호 소정의 행위를 하는 경우이어야 하고, 여기서 영업으로 한다고 함은 영리를 목적으로 동종의 행위를 계속 반복적으로 하는 것을 의미하는 바, 구 대한광업진흥공사법(1986.5.12. 법률 제3834호로 전문 개정되기 전의 것)의 제반 규정에 비추어 볼 때 대한광업진흥공사가 광업자금을 광산업자에게 융자하여 주고 소정의 금리에 따른 이자 및 연체이자를 지급받는다고 하더라도, 이와 같은 貸金行爲는 같은 법 제1조 소정의 목적인 민영광산의 육성 및 합리적인 개발을 지원하기 위하여 하는 사업이지 이를 '영리를 목적'으로 하는 행위라고 보기는 어렵다.[36]

제 4 절 영업능력

1. 미성년자

(1) 미성년자가 스스로 영업을 하는 경우

미성년자는 법정대리인의 허락을 받은 특정한 영업에 관하여는 성년자와 동일한 행위능력이 있다(민법 제8조 1항). 법정대리인은 위의 허락을 취소하거나 제한할 수 있으나 선의의 제3자에게 대항하지 못한다(민법 제8조 2항). 미성년자 또는 한정치산자가 법정대리인의 허락을 얻어 영업을 하는 때에는 등기를 하여야 한다(제6조). 따라서 이를 등기한 때에는 제37조 1항의 반대해석에 따라 선의의 제3자에게 대항할 수 있다.

35) 대법원 1999.1.29. 98 다 1584 판결.
36) 대법원 1994.4.29. 93 다 54842 판결.

(2) 법정대리인이 영업을 대리하는 경우

법정대리인이 미성년자·한정치산자 또는 금치산자를 위하여 영업을 하는 때에는 등기를 하여야 한다. 법정대리인의 대리권에 대한 제한은 선의의 제3자에게 대항하지 못한다(상법 제8조 2항).
법정대리인이 미성년자를 대리하여 영업을 하는 경우 미성년자가 상인이 된다.

(3) 미성년자가 인적회사의 무한책임사원이 되는 경우

미성년자 또는 한정치산자가 법정대리인의 허락을 얻어 인적회사의 무한책임사원이 된 경우 그 사원자격으로 인한 행위는 능력자로 본다(제7조).

2. 한정치산자와 금치산자

(1) 한정치산자

한정치산자의 영업능력은 미성년자와 같다. 다만 미성년자의 경우에는 법정대리인이 친권자와 후견인이 될 수 있지만 한정치산자는 법정대리인이 후견인만 가능하다(민법 제929조, 제938조).

(2) 금치산자

언제나 법정대리인이 영업을 대리하여 할 수밖에 없으며 등기하여야 한다. 또한 법정대리인의 대리권에 대한 제한은 선의의 제3자에게 대항하지 못한다(제8조 2항).
금치산자도 무한책임사원이 될 수 있다는 견해도 있지만 무한책임사원이 금치산선고를 받으면 퇴사원인이 되는 등(제218조 4호), 부정하는 견해가 타당하다.

제5절 영업의 제한

1. 사법상의 제한

(1) 계약에 의한 제한

당사자 사이의 계약 또는 합의에 의하여 영업을 제한하는 경우 선량한 풍속 기타 사회질서에 반하지 않는 한 유효하다.

(2) 법률에 의한 제한

상업사용인(제17조), 영업양도인(제41조), 대리상(제89조), 무한책임사원(제198조, 제269조), 이사(제397조, 제567조) 등은 상법상 경업피지의무를 부담한다.

2. 공법상의 제한

(1) 공익상 또는 국가재정상 이유에서 받는 제한

공서양속위반의 경우와 국가재정상, 담배의 제조·판매·우편사업 등은 금지된다. 이에 위반하는 경우 상행위로서는 물론이고 상인이 될 수 없다.

(2) 경찰상 이유에서 받는 제한

일반공안의 이유에 의하여 허가를 필요로 하는 것으로 전당포·다방·약종·유선영업 등이 있다. 이에 위반하여 영업을 하는 경우에 처벌을 받는 등 제한이 있다.

(3) 국민경제상 이유에서 받는 제한

은행·신탁·상호신용계·상호부금·건설업 및 거래소업 등이 해당하는데, 이러한 영업은 주무관청의 면허를 얻어야 한다.

(4) 특수신분상 이유에서 받는 제한

법관·변호사·공무원 등의 특정한 공직을 가진 자는 금전상의 이익을 목적으로 하는 업무에 종사하지 못한다. 그러나 이를 위반하여도 그의 행위의 사법상 효력은 유효하므로 상인이 될 수 있다.

제 3 장 상업사용인

제 1 절 민법상의 대리

1. 대리권

(1) 대리권의 의의

대리권은 타인이 본인의 이름으로 의사표시를 하거나 제3자의 의사표시를 수령함으로써 직접 본인에게 그 법률효과를 귀속시킬 수 있는 법률상의 지위 또는 자격을 의미한다.

(2) 대리권의 발생원인

1) 법정대리권 (법률의 규정)

법률에 규정이 있는 대리권으로 일상가사대리권, 친권자, 부재자 재산관리인 등의 제도가 있다.

2) 임의대리권(수권행위)

본인이 대리인에게 대리권을 수여하는 수권행위에 의해 발생한다.

(3) 대리권의 범위

법정대리권은 법률의 규정에 의해서 임의대리권은 수권행위의 해석을 통하여 결정된다.

(4) 대리권의 소멸

1) 본인의 사망(특별한 신임관계), 2) 대리인의 사망, 금치산, 파산, 3) 임의대리인 경우에 원인된 법률관계의 종료, 수권행위의 철회와 4) 법정대리의 경우에 법원의 대리권 상실선고 등이 있다.

2. 무권대리

대리권 없이 행하여진 대리행위로 협의의 무권대리와 표현대리로 구분된다.

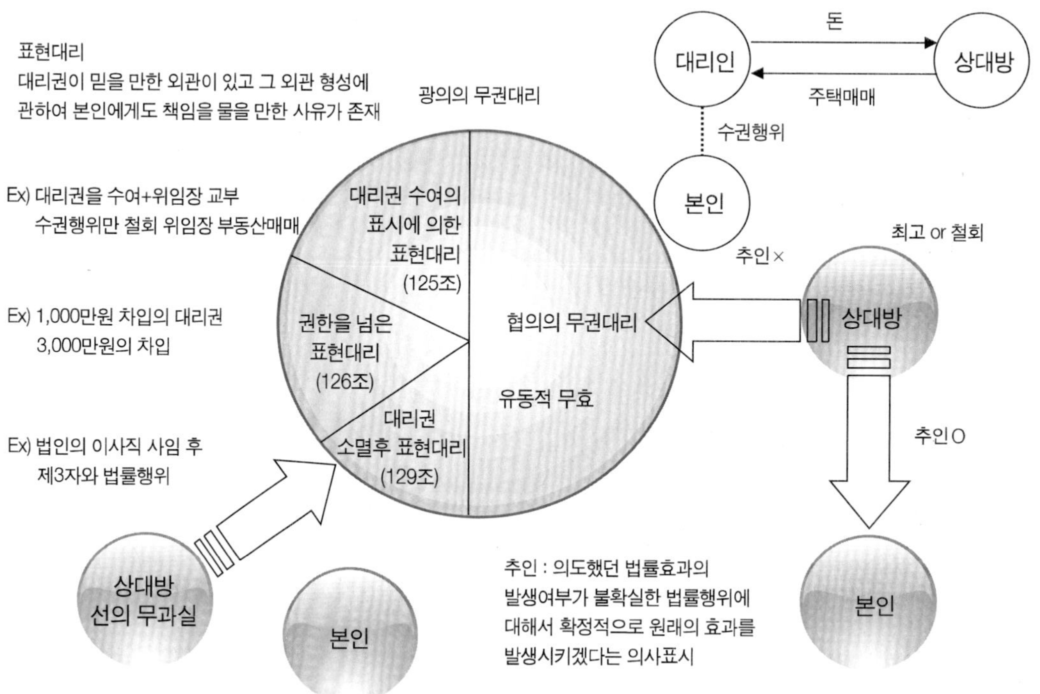

[그림 2] 대리정리

제 2 절 상업사용인의 의의와 종류

1. 상업사용인의 의의

(1) 의의

'특정한 상인에 종속되어 영업상의 노무에 종사하는 자' 즉 영업주에 종속되어 노무에 종사하는 자로써(11조 1항) 자연인과 법인이 있다.

영업활동의 보조를 위하여 영업주를 대리할 수 있는 권한을 가진자이다. 즉 대리권에 관한 수권행위가 존재하여야 한다.

내부적인 업무만을 담당하고 대리권이 없는 사용인(기사, 직공, 배달원) 등은 상업사용인이 아니다.

(2) 구별개념

기업의 외부에서 독립된 상인은 대리상이며 내부에서 특정한 상인에 종속되어 활동하는 점이 다르다. 상업사용인은 특정한 상인에 종속된 경영보조자로 법인인 상인의 경영담당자인 기관(이사회 등)과 구별된다.

2. 상업사용인의 종류

상법에서는 지배인, 부분적 포괄대리권을 가진 상업사용인, 물건판매점포사용인(의제상업사용인)의 세 가지를 인정하고 있다.

제 3 절 상업사용인의종류

1. 지배인

(1) 의의

지배인이란 영업주의 영업에 관한 재판상 또는 재판외의 모든 행위를 할 수 있는 '상업사용인'이다.

(2) 지배인의 선임과 종임

1) 선 임

① 선임권자

영업주인 상인 혹은 그 대리인의 의사표시에 의하여 지배인은 선임된다(제10조). 회사는 대표기관이 지배인을 선임한다.

② 자격

지배인은 영업주와의 신뢰가 중요하기 때문에 지배인은 법인은 될 수 없고 자연인이어야 한다. 주식회사의 감사는 직무상 겸임이 불가능하지만, 주식회사의 이사는 지배인이 될 수 있다.

③ 선임행위의 성질

영업주의 단독행위설이 주장되지만 대리권 수여계약으로 보는 것이 타당하다.

2) 종 임

지배인의 사망·금치산·영업주의 파산 등의 대리권 소멸원인과 대리권 수여계약, 고용 또는 위임관계의 종료에 의하여 소멸된다. 지배인의 대리권도 상행위의 위임에 의한 대리권이므로 영업주의 사망으로 지배권이 소멸되지 않는다(제50조).

3) 지배인의 등기

지배인의 선임과 종임은 등기사항이다. 따라서 지배인의 선임 등을 등기하지 아니하면 선의의 제3자에게 대항하지 못한다(제13조).

(3) 지배인의 권한(지배권)

1) 지배권의 내용

① 포괄성 · 정형성

지배인은 영업주에 갈음하여 그 영업에 관한 재판상 또는 재판 외의 모든 행위를 할 수 있다. 영업주의 신분상의 행위 등 일신전속권은 지배권에 포함되지 않는다. 어떠한 행위를 영업에 관한 행위로 볼 것인지는 객관적 성질에 따라 추상적으로 판단하여야 한다.

② 불가제한성(획일성)

지배인의 대리권은 거래의 안전을 위하여 그 획일성이 요구된다. 그리고 지배인의 대리권은 제한될 수 없는 것이 아니라, 그 제한을 선의의 제3자에게 대항하지 못한다. 지배인은 영업 전반에 걸쳐 포괄적인 대리권이 있으며, 영업주까지도 이를 대외적으로 제한할 수 없다. 영업주가 설사 지배인의 대리권을 제한한다 하더라도 이를 등기하여 공시하는 방법도 없기 때문에, 영업주는 언제나 선의의 제3자에게 이를 대항할 수 없다. 선의의 제3자의 범위에는 중과실 있는 제3자를 포함하지는 않는다.

③ 지배권의 범위(영역)

지배인은 영업주가 각각 다른 상호로 수개의 영업을 하는 경우에는 각 상호의 영업에만 한정되고, 동일한 영업을 위하여 수개의 영업을 둔 경우에는 그 중 선임된 영업소의 영업에만 지배권을 갖는다.37)

[관련판례]

지배인의 행위가 영업주의 영업에 관한 것인지의 판단 방법과 영업주가 지배인의 대리권 제한 사실을 들어 대항할 수 있는 제3자의 범위에 대해서 지배인은 영업주에 갈음하여 그 영업에 관한 재판상 또는 재판 외의 모든 행위를 할 수 있고, 지배인의 대리권에 대한 제한은 선의의 제3자에게 대항하지 못하며, 여기서 지배인의 어떤 행위가 영업주의 영업에 관한 것인가의 여부는 지배인의 행위 당시의 주관적인 의사와는 관계없이 그 행위의 객관적 성질에 따라 추상적으로 판단되어야 한다.

지배인의 어떤 행위가 그 객관적 성질에 비추어 영업주의 영업에 관한 행위로 판단되는 경우에 지배인이 영업주가 정한 대리권에 관한 제한 규정에 위반하여 한 행위에 대하여는 제3자가 위 대리권의 제한 사실을 알고 있었던 경우뿐만 아니라 알지 못한 데에 중대한 과실이 있는 경우에도 영업주는 그러한 사유를 들어 상대방에게 대항할 수 있고, 이러한 제3자의 악의 또는 중대한 과실에 대한 주장·입증책임은 영업주가 부담한다.38)

---

37) 최기원, 전게서, 85면.
38) 대법원 1997.8.26. 선고 96 다 36753 판결.

2. 공동지배인(共同支配人)

(1) 의의와 목적

영업주는 수인의 지배인으로 하여금 대리권을 공동으로 행사하게 할 수 있다(제12조 제1항). 이 경우에 공동으로 지배권을 행사하는 자를 공동지배인이라 한다. 지배권의 남용이나 오용을 방지하고 견제와 균형(Check and Balance)을 목적으로 발생한 제도이다.[39]

(2) 능동대리

공동지배인이 능동대리를 하는 경우 제3자에 대한 의사표시는 공동으로 하여야 한다. 공동지배인 중 일부지배인에게 타인의 지배권을 위임할 수 있는지에 대하여는 학설이 나뉜다. 포괄적 위임은 인정될 수 없다는 견해는 일치하지만 개별적인 권한에까지 위임 가능성 여부는 긍정설과 부정설(다수설)로 나뉜다.

그러나 어음·수표행위와 같은 요식행위, 재판상의 행위는 반드시 공동으로 하여야 한다.

(3) 수동대리

수동대리의 경우에는 공동지배인 중 1인에 대한 의사표시로 영업주에 대하여 효력이 있다(제12조 2항).

(4) 등 기

공동지배인의 선임·종임 및 그 변경은 등기를 하여야 한다(제13조 2항).

3. 표현지배인(表見支配人)

(1) 의 의

지배인이 아니면서 본점 또는 지점의 영업주임 기타 유사한 명칭을 가진 사용인은 지배인으로 의제된다. 재판 외의 행위에 관하여 본점 또는 지점의 지배인과 동일한 권한

---

39) 최기원, 상게서, 87면.

이 있다(14조). 영업행위의 상대방이 악의인 경우 본조가 적용되지 아니한다. 민법상의 표현대리를 거래의 안전성을 강화하기 위한 특칙으로 독일법 상의 외관법리나 영미법상의 표시에 의한 금반언의 법리를 구체화한 규정이다.

(2) 요 건

1) 명칭의 사용

본점 또는 지점의 본부장, 지점장 및 기타 유사한 명칭을 사용하여야 한다. 영업활동을 영위하는 영업소의 책임자로 인정될 명칭을 사용한 경우도 포함한다. 판례는 업무의 독립성이 없고, 본점이나 지점의 보조적 사무를 처리하는 보험회사의 영업소장은 표현시배인이라 할 수 없다고 판시하고 있다.

2) 명칭의 사용

영업에 관한 재판외의 모든 행위는 표현지배인의 권한에 포함하지만 재판상의 행위는 제외된다. 표현지배인이 명칭을 사용하는 영업은 영업소의 실체를 가지고 있느냐의 여부에 따라 학설이 대립된다.

즉, 본점 또는 지점의 실체가 있으며 독립적인 영업활동을 할 수 있어야 한다는 실질설(다수설·판례)과 거래의 안전을 이유로 영업소로의 외관만 갖추면 된다는 형식설(소수설)이 있다.

3) 상대방의 선의

표현지배인의 법리는 상대방이 악의인 경우 적용하지 아니한다. 상법의 이념상 제3자에게 중과실이 있는 경우 악의로 추정하여야 할 것이다(통설).

표현지배인 규정은 직접 거래의 상대방에게 적용되며 어음수표에서는 취득자나 전득자도 동일하게 적용이 된다.

(3) 효 과

본점 또는 지점의 지배인과 동일한 권한이 있는 것으로 보아 지배인이 한 행위와 동일시되며 제3자가 대리권에 관하여 선의이며 중대한 과실이 없는 경우에는 영업주는 책임을 져야 한다.

[관련판례]

지사장은 본사에서 임면하나 운영은 지사장의 책임도급제로 하고 일정한 금액을 사고담보로서 회사에 임치하고 지사가 부분적 포괄대리권을 가지고 있다면 그 조직과 권한이 지점과 다르다고 할 것이다.[40)]

보험회사의 영업소장은 상법 제14조의 표현지배인에 해당되지 않는다.[41)]

표현지배인의 성립요건인 사용인의 근무장소가 지점으로서의 실체를 갖추었는지 여부의 판단 기준에 대해서는 상법 제14조 제1항 소정의 표현지배인에 관한 규정이 적용되기 위하여는 당해 사용인의 근무소가 상법상 지점으로서의 실체를 구비하여야 하고, 어떠한 영업장소가 상법상 지점으로서의 실체를 구비하였다고 하려면 그 영업장소가 본점 또는 지점의 지휘·감독 아래 기계적으로 제한된 보조적 사무만을 처리하는 것이 아니라, 일정한 범위 내에서 본점 또는 지점으로부터 독립하여 독자적으로 영업활동에 관한 결정을 하고 대외적인 거래를 할 수 있는 조직을 갖추어야 한다.[42)]

(4) 상법개정안

개정안은 표현지배인에 대한 표현을 "본부장, 지점장, 그 밖에 지배인으로 인정될 만한 명칭을 사용하는 자"로 변경하고 있다.

현 행	개정안
제14조 (표현지배인) ① 본점 또는 지점의 영업주임 기타 유사한 명칭을 가진 사용인은 본점 또는 지점의 지배인과 동일한 권한이 있는 것으로 본다. 그러나 재판상의 행위에 관하여는 그러하지 아니하다. ② 전항의 규정은 상대방이 악의인 경우에는 적용하지 아니한다.	제14조 (표현지배인) ① **본점 또는 지점의 본부장, 지점장, 그 밖에 지배인으로 인정될만한 명칭을 사용하는 자**는 본점 또는 지점의 지배인과 동일한 권한이 있는 것으로 본다. 그러나 재판상의 행위에 관하여는 그러하지 아니하다. ② 전항의 규정은 상대방이 악의인 경우에는 적용하지 아니한다.

40) 대법원 1978.12.13. 선고 78 다 1567 판결; 대법원 1983.10.25. 선고 83 다 107 판결.
41) 대법원 1967.9.26. 선고 67 다 1333 판결.
42) 대법원 1998.8.21. 선고 97 다 6704 판결.

현행 「상법」은 표현지배인의 예시로서 '영업주임'이라는 오래된 표현을 사용하고 있으며, '사용인'이라는 법문표현으로 인하여 마치 상업사용인만이 표현지배인 될 수 있는 것처럼 보이나, 상업사용인이 아닌 단순한 피용자도 지배인으로서 외관을 갖추면 거래의 안전을 위하여 표현지배인으로 인정하여야 한다.[43]

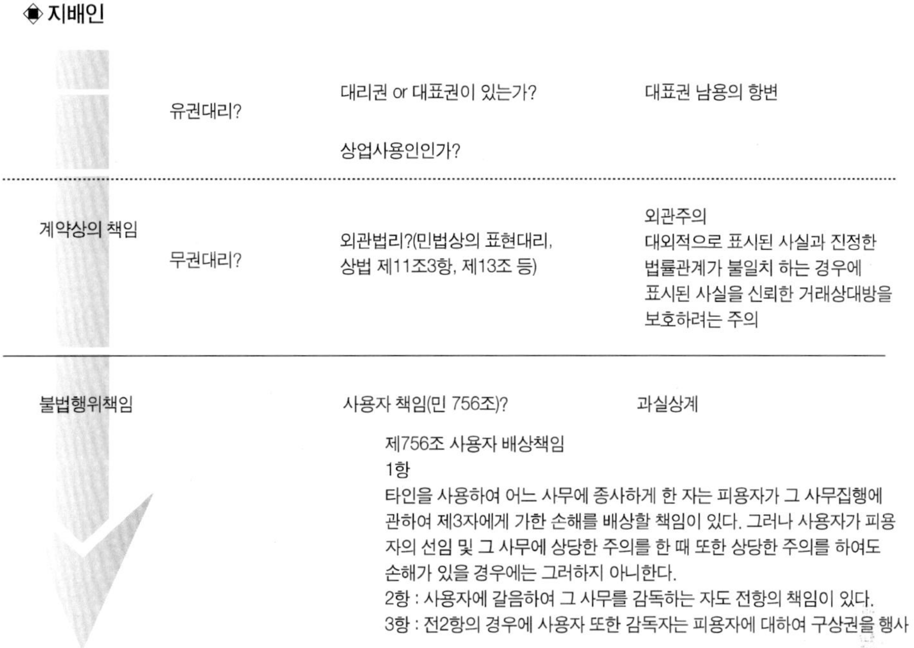

[그림 3] 지배인 책임의 전개

4. 부분적 포괄대리권을 가진 사용인

(1) 의의

영업의 특정한 종류 또는 특정한 사항에 대한 위임을 받은 사용인이다(제15조 1항). 보통 회사의 차장·과장·계장·대리 등의 명칭으로 불리운다. 판례는 증권회사의 지점장대리나 건설회사의 현장소장은 부분적 포괄대리권을 가진 사용인이라고 한 바가 있다.

43) 진정구, 전게보고서, 11면.

(2) 지배인과의 차이점

지배인과는 다음과 같은 차이가 있다. ① 영업주로부터 위임받은 특정사항에 관하여만 포괄성과 정형성이 인정되고(제15조 1항 전단), ② 재판상의 행위를 할 수 없으며, ③ 지배인이 부분적 포괄대리권을 가진 사용인을 선임할 수 있고, ④ 선임 및 변동사항이 등기사항이 아니다.

(3) 선임과 종임

영업주와 지배인도 선임할 수 있으며 소상인의 경우 지배인을 선임하더라도 상법이 적용되지 않지만 부분적 포괄대리권을 가진 상업사용인을 선임하는 경우에는 상법이 적용된다.

(4) 대리권의 범위

수권행위의 범위 내에서 영업의 특정한 종류 및 특정한 사항에 관하여 재판외의 모든 행위를 할 수 있다. 특별한 수권행위가 없는 한 영업주를 위한 채무부담행위는 하지 못한다.

부분적 포괄대리권을 가진 사용인의 포괄대리권은 거래안전을 위해 법률로 그 범위를 확정한 것이므로 제3자의 신뢰를 보호할 필요가 있기 때문에 부분적 포괄대리권을 가진 사용인은 대리권에 대한 제한으로 선의의 제3자에게 대항할 수 없다.

5. 물건판매점포의 사용인(의제상업사용인)

(1) 의의

물건을 판매하는 점포의 사용인은 그 판매에 관한 모든 권한이 있는 것으로 본다(제16조). 소규모의 거래에 있어서 거래의 신속성과 안전을 위한 것으로 외관법리에 근거한 제도이다.

(2) 선임과 종임

물건을 판매하는 점포에 사용인은 고용계약이 없거나 미성년자라도 무방하며 대리권의 수권행위 없이도 특수하게 대리권을 의제하고 있다.

(3) 적용범위

1) 장소적 제한

특별한 수권이 없는 한 점포에 사용된 자를 말하기 때문에 점포 외에서 대금을 수령할 권한이 없다. 판례는 상사회사인 백화점의 본점이나 지점의 외부사원이 점포 외에서 물건을 판매하는 행위에 대하여는 상법 제16조의 규정이 적용되지 않는다.

2) 업무적 제한

물건의 '판매'에 관해서만 그 권한이 있는 것으로 의제되기 때문에 당연히 물건을 구입하는 행위는 하지 못한다.

3) 악의의 자에 대한 제한

물건판매점포의 사용인에 대한 규정은 상대방이 악의인 경우에는 적용되지 않는다(제16조 2항). 상대방에 대한 악의는 영업주가 입증책임이 있으며 과실이 있는 경우 또는 무중과실일 경우 선의로 보아야 할 것이다.

[관련판례]

① **물건판매점포의 사용인에 대하여 표현대리의 성립을 부정한 사례**

상법 제16조의 물건판매점포의 사용인은 특별한 수권사실이 없는 한 그 점포 외에서의 대금 영수권한이 있다고는 볼 수 없으므로 그의 퇴직사실을 모르고 점포 외에서 그에게 외상대금을 지급하였다 하여도 본조의 표현대리가 성립할 수는 없다.44)

② **제16조 소정 물건판매점포의 사용인과 백화점 외무사원**

상사회사(백화점) 지점의 외무사원은 상법 제16조 소정의 물건 판매점포의 사용인이 아니므로 위 회사를 대리하여 물품을 판매하거나 또는 물품대금의 선금을 받을 권한이 있다고 할 수 없고 위 외무사원의 점포 밖에서 그 사무집행에 관한 물품거래행위로 인하여 타인에게 손해를 입힌 경우에는 위 회사는 사용자의 배상책임을 면할 수 없다.45)

---

44) 대법원 1971.3.30. 선고 71 다 65 판결.
45) 대법원 1976.7.13. 선고 76 다 860 판결.

제4절 상업사용인의 의무

1. 서 론

상업사용인은 영업주와 고용 또는 위임관계에 있기 때문에 민법상 선량한 관리자의 주의의무[46], 보고의무 등의 책임이 있다. 영업주와 고도의 인적 신뢰관계를 형성하기 때문에 상업사용인은 상법상 일정한 의무가 있다.[47]

2. 경업금지의무

상업사용인은 영업주의 허락없이 자기 또는 제3자의 계산으로 영업주의 영업부류에 속한 거래를 하지 못한다(경업금지의무, 제17조). 다만 영업주의 이익을 해하지 않거나, 영업주의 허락이 있는 경우에는 예외적으로 거래가 가능하다. 영업주의 허락은 명시적 또는 묵시적으로도 가능하다.

'자기 또는 제3자의 계산'이란 자기 또는 제3자가 경제적 이익을 향유할 수 있는 주체가 된다는 의미로 거래의 명의인은 누구라도 상관없다.

3. 겸직금지의무

상업사용인은 영업주의 허락 없이 다른 회사의 무한책임사원, 이사 또는 다른 상인의 사용인이 되지 못한다(제17조).[48]

'동종영업을 목적으로 하는 다른 회사'를 의미하는 것이라는 학설(소수설)과 영업의 종류와 상관없이 '다른 모든 회사'를 의미하는 것이라는 무제한설(다수설)이 있다. 본 제

---

46) 이철송, 전게서, 321면. 채무자의 직업, 사회, 경제적 지위에 비추어 거래상 요구되는 '일반적' 주의의무가 있으며 주의의무가 개개인의 차이를 고려하지 않고, 추상적(抽象的) 평균인(平均人)을 전제로 하는 것을 선량한 관리자의 주의의무 또는 선관주의의무(善管注意義務)라고 한다. 이러한 선관주의의무는 채무자의 구체적 상황에서의 '개인적 능력'을 고려하지 않기 때문에 주의의무의 정도가 구체적 과실에 비해 가중된 것이다.

47) 최기원, 전게서, 101면. 상업사용인 이외에 경업피지의무를 지는 자에는 영업양도인(제41조), 대리상(제89조), 합명회사의 사원 및 합자회사의 무한책임사원(제198조, 제269조), 주식회사 및 유한회사의 이사(제397조, 제567조) 등이 있다.

48) 충실의무, 정력집중의무 또는 겸직회피의무, 특정인지위취임금지 의무 등 다양한 형태로 불리어지고 있다.

도의 목적이 영업주의 영업에만 전념토록 하기 위한 목적이므로 영업의 종류와 관계없이 겸직을 금지하는 것이 타당하다.

4. 의무위반의 효과

(1) 경업금지의무위반의 효과

1) 해지권 및 손해배상청구권

영업주는 상업사용인과의 모든 계약을 해지할 수 있으며 상업사용인에게 손해배상을 청구할 수 있다.

2) 개입권(탈취권)

상업사용인이 영업주의 허락없이 자기 또는 제3자의 계산으로 영업주의 영업부류에 속한 거래를 한 경우에 그 거래가 자기의 계산으로 한 것인 때에는 영업주는 이를 영업주의 계산으로 한 것으로 볼 수 있고, 제3자의 계산으로 한 것인 때에는 영업주는 사용인에 대하여 이로 인한 이득의 양도를 청구할 수 있는 권리이다. 개입권의 법적성질은 형성권으로 영업주의 입증책임을 전환하고 영업주의 개인적 이익을 보호하기 위한 상법상의 제도이다.

영업주와 상업사용인의 내부적인 관계에만 문제가 되며, 상업사용인과 제3자와의 법률관계를 변경하거나 영업주가 그 거래의 당사자가 되지 못한다.[49] 영업주가 개입권을 행사하면 상업사용인은 거래의 경제적 효과를 영업주에게 귀속할 의무만을 부담한다. 영업주가 상업사용인에 대하여 계약을 해지하거나 손해배상의 청구에 영향을 미치지 아니한다(제17조 2항).

개입권은 영업주가 그 거래를 안날로부터 2주간을 경과하거나 거래가 있은 날로부터 1년을 경과하면 소멸한다(제척기간, 제17조 4항).

(2) 겸직금지의무위반의 효과

영업주는 그 상업사용인에 대하여 계약을 해지하거나 손해배상을 청구할 수 있으며 개입권을 행사할 수 있다는 견해가 있지만 개입권의 행사는 불가능하다.

---

49) 최기원, 전게서 104면. 영업주가 개입권을 행사한 때에는 상업사용인은 그 거래의 경제적 효과 전부를 영업주에게 귀속시켜야 할 채권적인 의무만을 부담할 뿐이다.

제 4 장 상호

제1절 상호 일반론

1. 상호의 의의

상호는 상인이 사용하는 명칭이다. 따라서 상인이 아닌 상호회사나 협동조합, 소상인 등이 사용하는 명칭은 상호가 아니다. 상호는 상인이 '기업(영업)활동상' 사용하는 명칭이다.

상호는 명칭이다. 따라서 상호는 문자로 표시되고 발음할 수 있는 것이어야 한다. 그리고 상호는 외국어라도 상관이 없으나 외국문자로 된 상호는 실무상 등기할 수 없고, 그 발음을 한글 또는 한자로 표시하는 경우에만 상호로 등기할 수 있다.

Toyota B1
한국에서의 Toyata 브랜드 심볼은 Toyota의 프리미엄하고 글로벌한 이미지를
표현하기 위해 3D 입체 무광 메탈릭을 채택해서 사용하고 있습니다.

상호 : 한국도요타 자동차 주식회사
상표 : 렉서스(LEXUS)
영업표

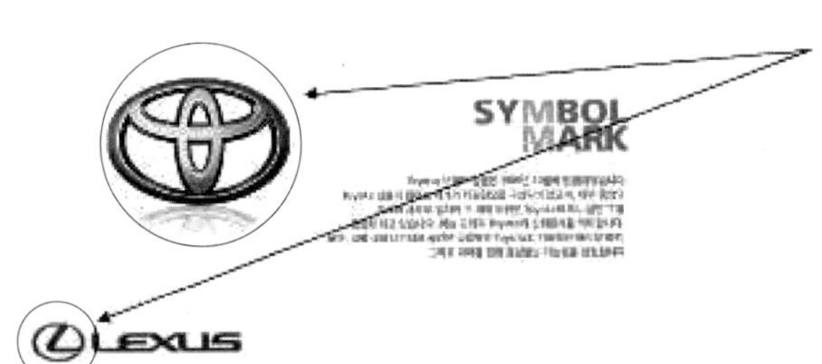

[그림 4] 상호와 상표

2. 상호의 선정

(1) 자유주의

상인은 성명 기타의 명칭으로 상호를 정할 수 있다(제18조).

(2) 상호선정에 관한 입법주의

상호선정에 관한 입법주의는 상호자유주의(영미법계), 상호진실주의(프랑스, 스페인, 남미 등), 절충주의가 있다. 절충주의는 상호의 선정은 자유이지만 새로운 상호는 진실을 선정하여야 한다. 우리나라는 상호자유주의를 원칙으로 하고 있지만 상호의 양도에 제한을 두는 등 여러 가지 제한을 가하고 있는 점에서 절충주의라 할 수 있다.

3. 상호자유주의의 제한

회사의 상호에는 그 종류에 따라 합명회사, 합자회사, 주식회사 또는 유한회사의 문자를 사용하여야 한다(제19조). 회사가 아니면 상호에 회사임을 표시하는 문자를 사용하지 못한다. 회사의 영업을 양수한 경우에도 같다(제20조).

누구든지 부정한 목적으로 타인의 영업으로 오인할 수 있는 상호를 사용하지 못한다(제23조). 타인에게 자기의 성명 또는 상호를 사용하여 영업을 할 것을 허락한 자는 자기를 영업주로 오인하여 거래한 제3자에 대하여 그 타인과 연대하여 변제할 책임이 있다(제24조 명의대여자의 책임).

상호는 부정경쟁방지법에 의해서도 일정한 제한이 있다. 국내에서 널리 인식된 타인의 성명·상호와 동일 또는 유사한 것을 사용하는 자가 있는 경우에 그로 인하여 영업상의 이익이 침해될 우려가 있는 자는 법원에 그 사용의 중지를 청구하고, 이익이 침해된 자는 사용자에게 고의 또는 과실이 있는 경우에 법원에 손해배상청구를 할 수 있다. 또한 법원에 신용회복조치를 청구할 수 있다. 상법상의 규정과는 달리 상호의 등기나 부정한 목적을 필요로 하지 않는다.

4. 상호의 단일성

동일한 영업에는 단일상호를 사용하여야 한다. 支店의 상호에는 본점과의 종속관계를 표시하여야 한다(제21조).

회사는 상호를 하나만 사용할 수 있는 반면에 개인 및 기타법인의 경우에 독립된 영업에 대하여 다른 상호를 사용할 수 있다.

5. 상호의 등기

(1) 개인기업의 경우

개인기업의 경우에는 상호의 등기가 강제사항은 아니지만 상호를 등기하면 상호에 대한 보호가 강화된다. 등기가 된 상호는 변경과 소멸의 사유가 발행한 경우에는 당사자는 지체없이 변경 또는 소멸의 등기를 하여야 한다(제40조).

(2) 회사기업의 경우

회사의 상호에는 그 종류에 따라 합명회사, 합자회사, 주식회사 또는 유한회사의 문자를 사용하여야 한다(제19조).

제 2 절 상호권

1. 상호권의 의의와 법적 성질

(1) 의 의

1) 상호사용권

적법하게 선정한 상호를 타인의 방해를 받지 않고 사용할 수 있는 권리이다.

2) 상호전용권

타인이 부정한 목적으로 자기가 사용하는 상호와 동일·유사한 상호를 사용하는 경우 그 사용의 금지를 청구할 수 있는 권리이다.

3) 등기유무에 따른 구분

상호전용권이 등기에 의하여 발생한다는 견해도 있으나(소수설), 이는 등기의 유무와는 관계없이 상호의 선정·사용만으로 생기는 권리이고 상호의 등기는 다만 상호전용권을 강화할 뿐이다(다수설).

(2) 상호권의 법적 성질

상호권의 법적 성질에 관하여는 인격권설, 재산권설, 인격권과 재산권 겸병설(다수설), 기업현상의 특수한 권리라는 학설로 나누어진다. 부정경쟁방지법 등에서 신용회복의 청구를 할 수 있게 하는 점 등을 고려해볼 때 인격권적인 성질을 포함하는 재산권으로 보는 것이 타당하다.

2. 상호권의 내용

(1) 상호사용권

상호사용권은 등기의 여부와 관계없이 권리행사가 가능하다.

(2) 상호전용권

1) 사용폐지청구권

① 의 의

누구든지 부정한 목적으로 타인의 영업으로 오인할 수 있는 상호를 사용하지 못한다. 또한 이로 인하여 손해를 받을 염려가 있는 자 또는 상호를 등기한 자는 그 폐지를 청구할 수 있다(제23조).

② 요 건

타인의 영업으로 오인할 수 있는 상호란 동일 또는 확연히 구별할 수 없는 유사한 상호를 의미하며 거래 또는 사회적 통념에 따라 객관적으로 결정된다.
부정한 목적이란 성명권 또는 상호권의 침해의사가 없더라도 자기의 상호를 일반 공중에 동종영업의 타인의 동일상호로 오인시키려는 목적이 있는 것으로 상호에 의해 향유하는 법익 등을 타인이 자기의 이익을 위하여 악용하려는 의도이다. 부정한 입증책임은 상호권자에게 있다.

상호권자에게 손해가 발생될 염려가 있어야 한다.

동일한 특별시·광역시·시·군에서 동종영업으로 타인이 등기한 상호를 사용하는 자는 부정한 목적으로 사용하는 것으로 추정한다.

③ 효 과

상호권자는 주체를 오인시킬 상호를 사용하는 자에게 상호사용폐지청구권을 갖는다.

[관련판례]

① 상법 제23조의 등기 상호의 보호에 있어서 부정한 목적의 의미

상법 제23조 제1항, 제4항 소정의 부정한 목적이란 "어느 명칭을 자기의 상호로 사용함으로써 일반인으로 하여금 자기의 영업을 그 명칭에 의하여 표시된 타인의 영업으로 오인시키려고 하는 의도"를 말한다.[50]

② 부정한 목적이 있는 경우

"뉴 서울 사장"이라는 상호 옆에 혹은 아래에 작은 글자로 "전 허바허바 개칭"이라고 기재하였다면 이는 "허바허바 사장"이라는 상호를 사용한 것으로 볼 것이며 원판결이 채무자의 상호간판 "뉴 서울 사장"의 위 또는 아래와 옆에 작은 글씨로 "전 허바허바 개칭" 또는 "허바허바 사장 개칭"이라고 덧붙여서 사용한 것은 비록 작은 글씨라 할지라도 같은 서울특별시 내에서 같은 사진영업을 하면서 다른 사람의 등기한 상호를 1958년 이래 사용하고 있는 것은 부정한 목적으로 다른 사람의 영업으로 오인할 수 있는 상호를 사용하고 있는 것이라 할 것이다.[51]

③ 부정한 목적이 없는 경우

A상인이 그의 간판에 "SINCE 1945 신용의 양과 서울 고려당 마산분점"이라고 표시한 것이 주식회사 고려당과의 관계를 나타내기 위하여 위 회사의 상호를 표시한 것이라면 A상인에게 위 상호의 사용과 관련하여 부정경쟁의 목적이 있는가를 판단함에 있어서

50) 대법원 1995.9.29. 선고 94 다 31365 판결.
51) 대법원 1964.4.28. 선고 63 다 811 판결.

A상인이 아닌 위 회사와 B상인의 명성과 신용을 비교한 것은 옳다. 따라서 이 경우에는 부정목적이 없다고 본다.[52)]

2) 손해배상청구권

상호전용권자는 부정한 목적으로 동일·유사상호를 사용하는 자에 대하여 그 부정사용으로 인하여 발생한 손해의 배상을 청구 할 수 있다(제23조). 부정한 목적이 인정되면 부정사용자의 고의·과실의 유무와 관계없이 손해배상의 청구가 가능하다.

3) 과태료의 제재

상법 제23조 1항에 위반하여 타인의 상호를 부정사용한 자는 200만원 이하의 과태료의 처벌을 받는다(제28조).

4) 등기 후의 상호전용권

등기상호의 경우에는 미등기 상호의 경우와 달리 손해를 받을 염려 유무에 관계없이 상호전용권이 인정된다. 또한 동일한 특별시·광역시·시·군에서 동종영업으로 타인이 등기한 상호를 사용하는 자는 부정한 목적으로 사용하는 것으로 추정이 된다(제23조 4항).

(3) 상호등기를 하여야 상호전용권을 창설하는지?
가. 부정설(다수설) : 상호전용권은 선정과 사용으로 발생.
상호등기는 상호전용권을 강화 시킬 뿐이다

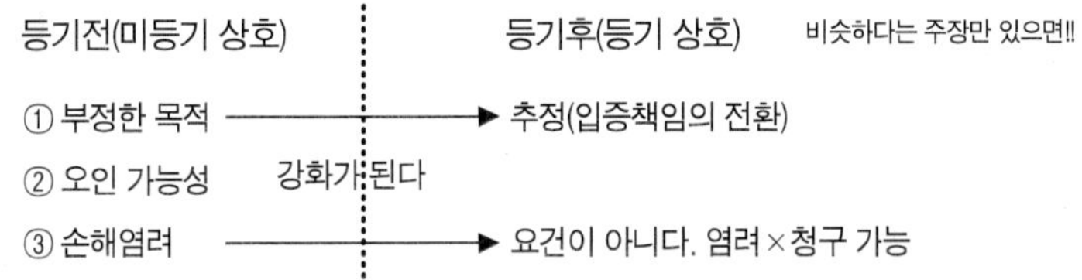

상호등기의 효력(제37조)
등기전 : 선의의 제3자에 대항하지 못한다(소극적 공시).
등기후 : 등기후에는 제3자에게도 대항이 가능하다(적극적 공시).

등기전에는 외관주의에 따른 거래의 안전을 기하여 제3자를 보호에 강화
등기후에는 제3자의 악의를 의제함으로써 상인의 권리를 보호

[그림 5] 상호등기의 효력

52) 대법원 1993.7.13. 선고 92 다 49492 판결.

(3) 등기상호권자의 사전등기배척권

① 원칙

타인이 등기한 상호는 동일한 특별시·광역시·시·군에서 동종영업의 상호로 등기하지 못한다(제22조). 즉 미등기상호권자는 사전등기배척권을 갖지 못한다. 상호를 사전에 등기하면 이후 동일한 상호의 등기를 할 수 없도록 규정한 것이다. 이는 상대방의 부정경쟁의 의도와 관계없이 상호를 먼저 등기함으로써 이후 등기한 상호와 동일·유사한 상호의 후등기를 할 수 없도록 효력을 인정한 것이다.

제22조는 등기관을 구속하여 등기법상의 효력을 규정하였는지(등기법상 효력설), 먼저 상호를 등기한 자의 사법상의 권리를 인정하여 그 권리의 내용으로서 동일 또는 유사 상호의 등기배척권을 인정한 것인지(사법상 효력설, 다수설)에 따라 학설이 대립된다.

② 예외

행정구역의 변경으로 동일지역에 두 개의 상호가 중복되는 경우 또는 지점소재지에 이미 동일상호가 등기되어 있는 경우(제35조)에는 제22조의 적용이 제외된다.

3. 유사상호금지 제도 폐지[53)]

(1) 유사상호에 대한 규제 폐지

유사상호에 대한 규제를 폐지하여 '동일 상호가 아닌 한' 유사상호도 등기 허용 하도록 개정되었다.

개정이전법은 동일한 특별시·광역시·시 또는 군 내에서 동일한 영업을 하려는 경우 동일상호뿐 아니라 유사상호도 등기할 수 없도록 규정하고 있으나, 개정법은 동일상호에 한하여 등기할 수 없도록 하고 있었다.[54)]

개정이전법은 회사를 설립하기 위하여 동일 또는 유사한 상호가 이미 등기되어 있는지 여부를 조사·확인하기 위한 시간의 지연과 추가 상호선정에 많은 시간이 소요되어 신속한 법인 설립에 걸림돌이 되고 있고, 기업활동의 광역화 추세[55)]에 부합하지 못하며,

---

53) "최저자본금제도 폐지, 전자투표제 도입 등 상법개정안 국회 통과 및 시행", 법무부 보도자료, 2009. 4.29 참조하여 재구성하였다.

54) 일본은 동일지번에서 동일상호만을 금지함으로써 개정법보다 더 규제를 완화하고 있으며, 미국, 캐나다 등도 다른 회사의 상호와 구분되는 상호를 선정하기만 하면 되도록 규정하고 있다.

등기관이 상호의 유사성 여부를 자의적으로 판단할 우려[56]가 있었다.

개정으로 유사상호라도 등기할 수 있게 됨으로써 상호선정에 소요되는 시간과 노력을 절약하여 신속한 창업절차를 기대할 수 있고, 등기관의 자의적인 판단을 방지하여 예측가능성과 등기업무의 투명성을 높이는 효과를 거둘 수 있다.

(2) 사후 책임 추궁으로 전환

유사상호 금지라는 사전적 규제를 사후 책임 추궁이라는 사후적 규제로 전환하였다. 개정법이 유사상호 등기를 허용한다고 해서 상호권 보호를 포기하려는 것은 결코 아니고 「상법」[57]에 의하여 상호권을 침해하는 자에 대하여 상호 사용 폐지나 손해배상을 청구할 수 있고, 「부정경쟁방지 및 영업비밀보호에 관한 법률」은 영업 주체를 오인시켜 이를 이용하는 행위를 현행과 같이 처벌한다.

(3) 개정이후 변화

지금까지는 영업활동을 개시하기 위하여 상호 등기(또는 설립등기)신청을 하는 경우, 인터넷 등(대법원 인터넷등기소)을 통하여 동일 또는 유사한 상호를 검색하여 유사상호가 아닌 것으로 보이는 상호를 수개 선택한 다음, 관할 등기소의 등기관에게 구체적으로 가능여부를 확인하는 절차를 거친 후 등기신청을 하고 있는데 일반적으로 2~3일의 시간이 걸린다.

등기관은 상호의 주요부분의 유사성(발음, 문자, 의미상의 유사성)과 상호전체로서의 유사성(목적 비교)을 고려하여 동일 또는 유사상호를 판단하여 등기가능 여부를 결정하는데, 유사성의 판단은 등기관마다 다르고, 등기과나 등기소마다 차이가 발생할 소지가 있어[58] 신청 후 반려되는 경우도 빈번하다.

---

55) 최근의 영업활동은 교통수단 및 광대역 통신의 발달로 동일지역 내의 동종영업에 대한 상호규제의 의미가 많이 퇴색되었다.

56) 법인 설립 시 설립자 중 32.4%가 유사상호라는 이유로 등기관 으로부터 등기 신청 반려를 경험하였다고 한다.

57) 상법 제22조는 타인이 등기한 상호는 동일한 특별시·광역시·시·군에서 동종 영업의 상호로 등기하지 못하도록 규정하고, 제23조는 누구든지 부정한 목적으로 타인의 영업으로 오인할 수 있는 상호를 사용하지 못하도록 규정하며, 이에 위반하는 자에 대하여는 상호의 폐지를 청구할 수 있고 손해배상을 청구할 수 있도록 규정하고 있다.

58) 개정이전법에 따르면, 유사상호에 해당하면 먼저 상호등기를 한 자의 동의가 있어도 유사상호의 등기는 할 수 없다(선례 1993. 3. 10. 등기 제570호).

앞으로 개정법에 따라 동일한 상호가 아닌 한, 유사한 상호라도 등기가 가능해지고, 회사 설립 시 등기관은 동일한 상호가 아닌 한 유사한 상호라는 이유로 등기를 거부할 수 없다.

제3절 명의대여자의 책임

1. 상법의 규정

타인에게 자기의 성명 또는 상호를 사용하여 영업을 할 것을 허락한 자는 자기를 영업주로 오인하여 거래한 제3자에 대하여 그 타인과 연대하여 변제할 책임이 있다(제24조).

2. 입법의 취지(표현대리와의 관계)

제24조는 외관법리 및 금반언의 원칙에 기하여 상호진실주의를 간접적으로 인정한 규정이며 특히 면허를 필요로 하는 사업을 위하여 그 면허가 없는 자가 면허가 있는 타인의 상호를 사용하여 영업을 하는 경우에 거래상대방의 보호와 동시에 불법행위인 명의의 차용을 간접적으로 금지시키는데 그 입법의 취지가 있다.[59]
명의대여가 문제되는 경우는 특정상인과 거래관계에서 발생한 효과를 그 상인과 동일유사한 상호를 사용하는 제3자에 대하여 주장하는 유형이다. 내부적인 계약이 존재하거나 출장소, 지사 등의 경우는 오히려 표현지배인이나 대리권이 문제가 된다.

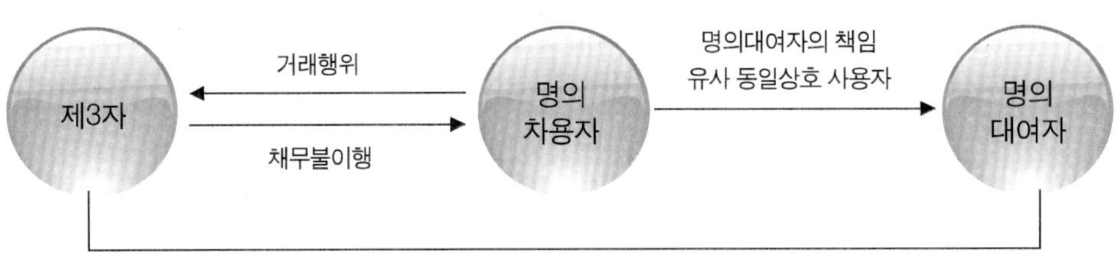

[그림 6] 명의대여자 개념

59) 최기원, 전게서, 131면.

명의대여는 민법상으로 대리권 수여표시에 의한 표현대리를 구성한다. 상법에서 제24조를 특별히 규정한 이유는 1) 대리권 수여의사표시를 정형화 하여 책임요건의 입증을 용이하게 하고, 2) 민법상의 표현대리인은 면책이 되나 상법에서는 연대책임을 부과하고 있고, 3) 거래상대방이 명의차용자를 명의대여자로 오인한 경우에 표현대리는 성립되지 않으나 명의대여법리는 성립됨으로써 책임의 범위가 확장된다.

3. 요 건

(1) 명의대여

자기의 성명 또는 상호를 사용하여 영업을 할 것을 허락하여야 한다.

명의는 거래통념상 대여자의 영업으로 오인할 수 있는 일체의 명칭을 말한다. 다만 판례에서는 대리점이라는 명칭을 붙여 사용하는 경우는 명의대여로 보지 않는다.[60]

명의를 사용하게 하는 방법에는 제한이 없다. 허락은 구두·서면에 의한 명시의 허락 및 묵시의 허락도 포함된다. 판례에서는 타인이 자기의 성명 또는 상호를 임의로 사용함을 알고 방치한 경우에 묵시적 허락이 있는 것으로 판단하고 있다.[61]

명의사용에 대하여 단순하게 방치하는 것을 넘어서 제3자의 오인가능성을 방임하는 것이 사회통념상 타당하지 않다고 인정할 수 있는 특별한 사정이 있어야 한다.

허락의 철회는 조건·기간이 경과하였을 경우에는 상호사용의 중지통지 또는 단순한 이의제기로 부족하고 명의대여자가 그 사용을 적극적으로 저지하여야 하며, 거래처에 대해서는 통지를 해야 한다.[62]

명의대여자는 상인임을 요하지 않으므로 공법인도 명의대여자의 책임을 부담할 수 있다.

(2) 외관의 존재

명의대여자의 영업에 대하여 명의 차용자의 영업과 동일하게 보일 수 있는 외관이 존재하여야 한다. 명의대여자가 영업을 하는 경우에 영업의 동일성도 필요 하는지 학설이 대립되고 있지만 영업종목의 제한은 양 당사자의 내부적인 문제로 볼 수 있는 점 등

60) 대법원 1989.10.10. 선고 88 다카 8354 판결.
61) 대법원 1992.11.12. 선고 91 다 18309 판결.
62) 대법원 1996.9.6. 선고 96 다 19536 판결.

을 고려해본다면 불필요설이 타당하다. 판례는 영업의 동일성과 관련하여 호텔경영과 나이트클럽 경영간에 동일성을 인정하였고, 보험인수업무와 보험계약체결의 알선 업무 간에도 동일성을 인정하고 있다.[63)]

(3) 상대방의 선의

명의차용자의 거래 상대방이 명의대여자를 영업주로 오인하여 거래하였어야 한다.
명의대여자의 상대방의 과실여부에 따라 악의인 경우에만 면책이 된다는 오인설, 경과실만 있어도 면책된다는 경과실면책설, 악의와 중과실이 있는 경우에 면책된다는 중과실 면책설(통설)이 있다. 상법상 다른규정과 해석의 조화 및 당사자 사이의 이익균형 등을 고려하여 판단해 볼 때 중과실 면책설이 타당하며 이에 대한 입증책임은 명의대여자에게 있다.

4. 효 과

(1) 책임의 성질

명의대여자는 명의차용자와 연대하여 채무를 변제할 책임이 있다. 이 때 연대의 의미는 부진정연대책임이며 명의대여자가 변제한 경우에는 명의차용자에게 구상을 할 수 있다.

(2) 책임의 범위

명의대여자는 그가 허락한 영업허락의 범위 내에서 명의차용자의 영업상의 거래와 관련하여 발생한 채무와 그 불이행에 의한 손해배상채무·계약해제로 인한 원상회복 의무 등에 대하여 책임을 진다.
어음·수표행위만을 위하여 명의를 대여한 경우에도 제24조를 확대해석 또는 유추적용 여부에 대하여 학설이 대립이 있으나 어음의 무인증권성으로 인하여 어음의 경우에 가중책임을 부여하는 취지에서 어음·수표 행위에 대하여 명의대여자의 책임을 긍정해야 한다.

---

63) 대법원 1978.6.13. 선고 78 다 236 판결; 1969.3.31. 선고 68 다 2270 판결.

명의대여자가 영업을 허락한 경우 명의차용자가 상업사용인을 사용하거나 피용자를 고용하는 경우 명의대여자의 영업과 동일한 외관이 존재하기 때문에 거래 상대방이 악의 또는 중과실이 없는 한 명의대여자의 책임이 인정된다.

그러나 단순한 불법행위에 대하여는 명의대여자에게 책임을 물을 수 없다(판례).

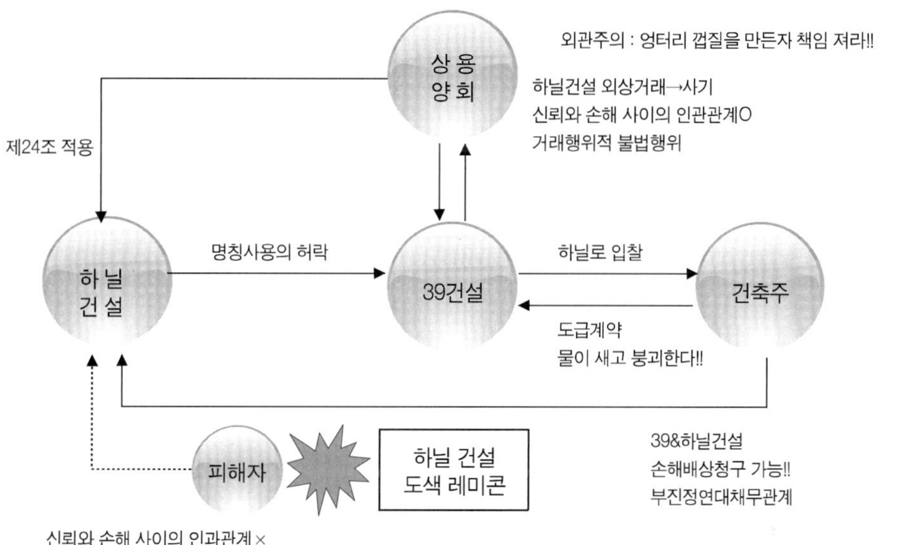

[그림 7] 명의대여자 책임

[관련판례]

① 농약판매등록명의자가 그 등록명의를 대여한 경우 상법 제24조에 의한 명의대여자책임 유무

농약관리법 제10조에 의하면 농약판매업을 하고자 하는 자는 일정한 자격과 시설을 갖추어 등록을 하도록 되어 있는 바 이는 농약의 성질로 보아 무자격자가 판매업을 할 경우 국민보건에 위해를 끼칠 염려가 있기 때문이며 따라서 그 등록명의를 다른 사람에

게 빌려준다든지 하는 일은 금지된다. 그러나 농약판매등록명의자가 그 등록명의를 대여하였다거나 그 명의로 등록할 것을 다른 사람에게 허락하였다면 농약의 판매업에 관한 한 등록명의자 스스로 영업주라는 것을 나타낸 것이라 할 것이므로 상법 제24조에 의한 명의대여자로서 농약거래로 인하여 생긴 채무를 변제할 책임이 있다.[64)]

② 공법인의 명의대여자의 책임 인정

상법 제24조는 금반언의 법리 및 외관주의의 법리에 따라 타인에게 명의를 대여하여 영업을 하게 한 경우 그 명의대여자가 영업주인줄로 알고 거래한 선의의 제3자를 보호하기 위하여 그 거래로 인하여 발생한 명의차용자의 채무에 대하여는 그 외관을 만드는 데에 원인을 제공한 명의대여자에게도 명의차용자와 같이 변제책임을 지우자는 것으로서 그 명의대여자가 상인이 아니거나, 명의차용자의 영업이 상행위가 아니라 하더라도 위 법리를 적용하는 데에 아무런 영향이 없다. 따라서 사단법인이 인천직할시로부터 병원시설을 임대받아 위탁경영하고 있던 인천직할시립병원의 경영주체가 사단법인이 아니고, 인천직할시라고 인정한 원심판결은 채증법칙을 위배하여 사실을 오인함으로써 판결에 영향을 미친 위법을 저질렀다. 따라서 직접책임이 아니고 명의대여자로서의 책임을 부담한다.[65)]

③ 명의대여자책임을 부정

상법 제24조의 규정에 의한 명의대여자의 책임은 명의자를 영업주로 오인하여 거래한 제3자를 보호하기 위한 것이므로 거래상대방이 명의대여사실을 알았거나 모른 데에 대하여 중대한 과실이 있는 때에는 명의대여자는 책임을 지지 않는다.[66)]

④ 명의대여자의 면책을 인정한 판례

피고가 관광사업허가를 받은 호텔의 나이트클럽을 피고로부터 임차하여 경영하는 사람과 원고가 위와 같은 임대경영사실을 알고 거래한 경우, 관광사업의 임대경영이 관광사업법 제6조의 규정에 위배되어 무효라고 하여도, 임대인인 피고가 임차인의 거래상의 채무에 책임이 있는 것은 아니고, 또한 원고가 피고를 경영주로 오인하여 거래하지 않은 이상, 피고에게 상법 제24조에 의한 명의대여자 책임도 없다.[67)]

---

64) 대법원 1988.2.9. 선고 87 다카 1304 판결.
65) 대법원 1987.3.24. 선고 85 다카 2219 판결.
66) 대법원 1991.11.12. 선고 91 다 18309 판결.
67) 대법원 1979.12.26. 선고 79 다 757 판결.

⑤ 사용자책임을 인정하기 위한 기준

실질적인 사업주체가 아닌 명의대여자가 사용자책임을 지기 위한 요건으로서의 사용관계의 결정기준 : 명의대여관계의 경우, 민법 제756조가 규정하고 있는 사용자책임의 요건으로서의 사용관계가 있느냐 여부는 실제적으로 지휘·감독을 하였느냐의 여부에 관계없이 객관적으로 보아 사용자가 그 불법행위자를 지휘·감독해야 할 지위에 있었느냐의 여부를 기준으로 결정하여야 한다. 본 판례는 비의료인에게 고용된 의사가 자신 명의의 사업자등록을 한 후 그 비의료인이 수표에 의사 명의의 배서를 위조하여 제3자로부터 할인받는 것을 방치한 경우, 의사의 피해자에 대한 책임을 인정한 사례이다.[68)]

⑥ 불법행위의 경우 사용자책임을 인정

타인에게 어떤 사업에 관하여 자기의 명의를 사용할 것을 허용한 경우에 그 사업이 내부관계에 있어서는 타인의 사업이고 명의자의 고용인이 아니라 하더라도 외부에 대한 관계에 있어서는 그 사업이 명의자의 사업이고 또 그 타인은 명의자의 종업원임을 표명한 것과 다름이 없으므로, 명의사용을 허가받은 사람이 업무수행을 함에 있어 고의 또는 과실로 다른 사람에게 손해를 끼쳤다면 명의사용을 허가한 사람은 민법 제756조에 의하여 그 손해를 배상할 책임이 있으며, 그 명의 대여로 인한 사용관계의 여부는 실제적으로 지휘·감독하였느냐 여부에 관계없이 객관적으로 보아 사용자가 그 불법행위자를 지휘·감독할 지위에 있었느냐 여부를 기준으로 결정하여야 한다.[69)]

⑦ 사용자책임을 부정

숙박업허가 명의대여자에게는 명의차용자에 대한 사실상의 지휘·감독의무가 존재한다고 볼 수 없으므로 사용자배상책임을 인정할 수 없다.[70)]

⑧ 불법행위 경우의 명의대여자책임의 부정

상법 제24조 소정의 명의대여자 책임은 명의차용인과 그 상대방의 거래행위에 의하여 생긴 채무에 관하여 명의대여자를 진실한 상대방으로 오인하고 그 신용·명의 등을 신뢰한 제3자를 보호하기 위한 것으로, 불법행위의 경우에는 설령 피해자가 명의대여자

---

68) 대법원 1997.4.11. 선고 97 다 386 판결.
69) 대법원 1996.5.10. 선고 95 다 50462 판결.
70) 대법원 1993.3.26. 선고 92 다 10081 판결.

를 영업주로 오인하고 있었더라도 그와 같은 오인과 피해의 발생 사이에 아무런 인과관계가 없으므로, 이 경우 신뢰관계를 이유로 명의대여자에게 책임을 지워야 할 이유가 없다.[71]

제4절 상호의 가등기

주식회사 또는 유한회사를 설립하고자 할 때에는 본점의 소재지를 관할하는 등기소에 상호의 가등기를 신청할 수 있다(제22조의2).

회사는 상호나 목적 또는 상호와 목적을 변경하고자 할 때에는 본점의 소재지를 관할하는 등기소에 상호의 가등기를 신청할 수 있다. 회사는 본점을 이전하고자 할 때에는 이전할 곳을 관할하는 등기소에 상호의 가등기를 신청할 수 있다.

상호의 가등기는 상호등기의 효력(제22조)의 적용에 있어서는 상호의 등기로 본다. 상호의 가등기를 하면 등기상호권자와 같이 사전등기배척권이 발생한다.

제5절 상호의 양도와 폐지

(1) 내용

상호를 인격권적 성질을 가진 재산권(다수설)으로 본다면 상호는 양도가 인정된다. 상호는 영업을 폐지하거나 영업과 함께 하는 경우에 한하여 이를 양도할 수 있다(제25조). 영업의 폐지란 사실상 폐업한 경우에도 이에 해당한다고 한다.

상호의 양도는 당사자간의 의사표시로 효력이 발생한다. 등기한 상호의 양도는 제3자에 대한 대항요건으로서 등기를 하여야 한다(제25조 2항). 상호는 상속도 가능하다.

상호를 등기한 자가 정당한 사유 없이 2년간 상호를 사용하지 아니하는 때에는 이를 폐지한 것으로 본다(제26조).

상호를 변경 또는 폐지한 경우에 2주간 내에 그 상호를 등기한 자가 변경 또는 폐지의 등기를 하지 아니하는 때에는 이해관계인은 그 등기의 말소를 청구할 수 있다(제27조).

---

71) 대법원 1998.3.24. 선고 97 다 55621 판결.

상호를 영업과 함께 양도하는 경우에는 원칙적으로 영업양도에 관한 규정(제41조~제45조)이 적용된다.

[관련판례]

① 사실상 폐업한 경우에도 상호의 양도가 가능

상법 제25조 제1항은 상호는 영업을 폐지하거나 영업과 함께 하는 경우에 한하여 이를 양도할 수 있다고 규정하고 있어 영업과 분리하여 상호만을 양도할 수 있는 것은 영업의 폐지의 경우에 한하여 인정되는데 이는 양도인의 영업과 양수인의 영업과의 사이에 혼동을 일으키지 않고 또 폐업하는 상인이 상호를 재산적 가치물로서 처분할 수 있도록 하기 위한 것인 점에 비추어 위 법조항에 규정된 영업의 폐지라 함은 정식으로 영업폐지에 필요한 행정절차를 밟아 폐업하는 경우에 한하지 아니하고 사실상 폐업한 경우도 이에 해당한다.[72)]

② 상호폐지의 의제

주식회사 천일약방과 천일한약주식회사라는 2개의 상호는 유사상호로 볼 수 있느냐 하는 점은 별문제로 하고 상법상 동일상호라고는 볼 수 없다. 또한 상호를 등기한 후 2년 이상 사용하지 아니한데 대한 정당한 사유 있음을 찾아볼 수 없을 경우에는 폐지한 것으로 간주된다.[73)]

---

72) 대법원 1988.1.19. 선고 87 다카 1295 판결.
73) 대법원 1970.9.17. 선고 70 다 1225·1226 판결.

제 5 장 상업장부

제1절 상업장부의 의의

상업장부란 영업상의 재무상태와 경영성과를 명백히 하기 위하여 법률상 작성해야 하는 장부이다. 즉 상인의 장부이며, 영업과 재산상태를 파악하기 위한 장부이고 제무재표와는 다르다.

따라서 기업회계에 관한 장부가 아닌 주주명부·사채원부·중개인일기장 등은 상업장부가 아니며, 小商人이 작성한 상업장부 역시 상법상의 상업장부가 아니다.

제2절 상업장부의 종류와 작성방법

1. 회계장부

회계장부란 상인이 거래와 기타 영업상의 재산에 영향이 있는 사항을 기재하는 장부로 재산상태의 변동을 기록한 것이다.

2. 대차대조표

대차대조표란 일정시점에 있어서 기업의 재산 및 자본·부채의 상태를 파악하기 위하여 양자를 차변·대변으로 구분하여 대조시킨 열람표이다.[74)]

3. 상업장부의 종류와 작성원칙

상인은 영업상의 재산 및 손익의 상황을 명백히 하기 위하여 회계장부 및 대차대조표를 작성하여야 한다. 상업장부의 작성에 관하여 이 법에 규정한 것을 제외하고는 일반적으로 공정·타당한 회계관행에 의한다(제29조).

4. 상업장부의 작성방법

회계장부에는 거래와 기타 영업상의 재산에 영향이 있는 사항을 기재하여야 한다. 상인은 영업을 개시한 때와 매년 1회 이상 일정시기에, 회사는 성립한 때와 매 결산기에 회계장부에 의하여 대차대조표를 작성하고, 작성자(작성의무자)가 이에 기명날인 또는 서명하여야 한다(제30조).

대차대조표의 작성방법에 의한 상세한 내용은 기업회계기준에 상세하게 규정되어 있다.

제3절 자산평가원칙

1. 현행규정

회계장부에 기재될 자산은 다음의 방법에 의하여 평가하여야 한다(제31조).

유동자산은 취득가액·제작가액 또는 시가(원가주의)에 의한다. 그러나 시가가 취득가액 또는 제작가액보다 현저하게 낮은 때에는 시가(시가주의)에 의한다.

고정자산은 취득가액 또는 제작가액으로부터 상당한 감가액을 공제한 가액에 의하되(원가주의), 예측하지 못한 減損이 생긴 때에도 상당한 감액(저가주의)을 하여야 한다.[75]

---

74) 이철송, 전게서, 90면.

75) 최기원 전게서 151면. 자산평가의 원칙에는 일반적으로 다음과 같은 것이 있다.

(1) 원가주의 : 자산의 취득원가를 기준으로 평가하는 것이다. 즉 타인으로부터 취득하는 기존의 재산에 대하여는 취득가액으로 평가하고, 제작한 재산은 제작가액 또는 제조원가로 평가하며 고정자산의 경우에는 일정한 감가액을 공제한 가액으로 평가하는 것이다. 원가주의에 의하면 주관적인 요소가 개입될 여지가 적고 확실한 계산을 가능하게 한다.

(2) 시가주의 : 자산을 평가시의 시장가액을 기준으로 평가하는 것으로서, 자산의 현재의 가치를 중시

2. 상법개정안과의 비교 및 변경취지

개정안은 자산평가와 관련하여 자산평가의 원칙을 규정한 제31조를 삭제하였다.

현 행	개정안
제31조 (자산평가의 원칙) 회계장부에 기재될 자산은 다음의 방법에 의하여 평가하여야 한다. 1. 유동자산은 취득가액·제작가액 또는 시가에 의한다. 그러나 시가가 취득가액 또는 제작가액보다 현저하게 낮은 때에는 시가에 의한다. 2. 고정자산은 취득가액 또는 제작가액으로부터 상당한 감가액을 공제한 가액에 의하되, 예측하지 못한 감손이 생긴 때에도 상당한 감액을 하여야 한다.	제31조 (자산평가의 원칙) **(삭제)**

국제적으로는 자산평가의 원칙에 대한 규정을 폐지하는 추세이며, 수시로 변하는 기업회계관행에 신속하게 대응하기 위한 개정안은 타당하다.[76]

하는 입장이다. 이에 의하면 자산의 현재가치를 정확하게 알 수 있는 장점이 있는 반면에, 시가가 원가를 초과하는 때에는 평가익이 계상되는 불합리한 결과가 생긴다.

(3) 저가주의 : 자산을 그 원가와 비교하여 그 중에 낮은 가액을 기준으로 평가하는 것이다. 이에 의하면 시가주의에 의하는 경우에 생기는 불합리한 점(평가익의 산정)과 시가가 하락한 경우에도 원가를 기재하는 원가주의의 불합리성을 피할 수 있다. 또한 저가주의에 의하면 자산을 낮게 평가하기 때문에 기업자산을 건실하게 한다는 이점이 있다.

76) 「상법」 회사편 개정안도 같은 취지에서 제452조(자산평가의 방법)부터 제457조의2(연구개발비의 계상)까지의 조항을 삭제하고, 기업회계를 "일반적으로 공정하고 타당한 회계관행"에 따르도록 하는 제446조의2를 신설하고 있다. 진정구, 전게보고서, 12면.

제4절 상업장부에 관한 의무

1. 상업장부의 작성

상인은 상업장부작성의무가 있다(제29조 1항). 다만 소상인의 경우는 동 조의 적용이 제외된다.

회사의 경우에는 이사·청산인 등이 작성을 하여야 한다.

2. 상업장부의 제출

법원은 신청에 의하여 또는 직권으로 소송당사자에게 상업장부 또는 그 일부분의 제출을 명할 수 있다(제32조).

3. 상업장부 등의 보존

상인은 10년간 상업장부와 영업에 관한 중요서류를 보존하여야 한다. 다만, 전표 또는 이와 유사한 서류는 5년간 이를 보존하여야 한다. 이 기간은 상업장부에 있어서는 그 폐쇄한 날로부터 기산한다.

이 장부와 서류는 마이크로필름 기타의 전산정보처리조직에 의하여 이를 보존할 수 있다. 이와 같은 방법에 의하여 장부와 서류를 보존하는 경우 그 보존방법 기타 필요한 사항은 대통령령으로 정한다(제33조).

4. 제재 및 특칙

개인상인은 상업장부의 작성의무를 위반한 경우 제제가 불가능하다.

회사의 경우에는 상업장부를 작성할 의무를 부담하는 자가 기재할 사항을 기재하지 않거나 부실등기를 한때에는 업무집행사원·이사·감사·검사인·청산인·지배인 등에 대하여 500만원 이하의 과태료의 제재가 따른다(제636조 1항 9호).

제 6 장 영업소

제1절 영업소의 의의

영업소란 기업의 존재와 활동을 공간적으로 통일하는 일정한 장소이다. 기업활동의 기본적인 사항을 결정하고 영업에 관하여 내부적으로 지휘·명령을 하는 장소이며 외부적으로는 기본적인 거래가 이루어지는 장소이다. 일정한 기간 계속적으로 영업을 하여야 하며 기업활동의 결과가 보고·통일되는 중심지가 되어야 한다. 인적 조직과 물적 조직에 의한 하나의 단위가 되어야 하고 영업소 여부에 대한 판단은 단순한 표시나 당사자의 주관적 의사 대신에 객관적 사실에 따라 구비요건을 판단하여 결정하여야 한다.

제2절 영업소의 종류

本店은 기업활동 전체의 지휘명령의 중심점으로서 지위를 가진 영업소이고 支店은 본점에 종속되어 지휘·명령을 받는 영업소이다.

제3절 영업소에 관한 법률상의 효과

1. 일반적 효과

상행위로 인한 채무변제의 장소가 된다(제56조, 민법 제467조 2항).

어음상의 권리의 행사 또는 보존의 장소가 된다(어음법 제2조·제4조·제21조 이하, 제48조, 제52조, 제60조, 제76조, 제77조).
등기소 및 법원의 관할결정의 표준이 된다(제34조, 민사소송법 제4조).
민사소송법상의 서류송달의 장소가 된다(민사소송법 제170조 1항).

2. 지점의 법률상의 효과

지점은 표현지배인의 여부를 결정하는 결정적인 기준이 된다(제14조). 상업등기의 대항력을 결정하기 위한 독립적 단위가 되고, 본점소재지에서 등기할 사항은 원칙적으로 지점소재지에서 등기를 하여야 등기의 효력 등이 인정될 수 있다(제35조, 제38조).
특정지점의 영업을 본점 또는 다지점의 영업과 분리하여 독립적으로 영업양도의 대상으로 할 수 있다(제374조 제1항 제1호, 제576조 제1항). 지점은 독립한 법인격을 전제로 한 능력을 갖지는 못한다.

제 7 장 상업등기

제1절 상업등기의 개념 및 절차

1. 서 론

상인은 영업에 관한 필수적인 내용을 공시하여 신용의 유지와 함께 제3자와 대항할 수 있다.

상업등기란 상법의 규정에 따라 법원의 상업등기부에 완전상인에 관한 법정사항을 법정의 절차에 따라 등기하는 것을 말한다(제34조).[77]

부동산 등기와 유사한 선박등기, 상법의 규정에 의하지 않는 등기, 협동조합, 상호회사의 등기는 상업등기가 아니다.

2. 등기사항

(1) 내용

상법의 규정에 의하여 상업등기부에 등기하도록 되어 있는 사항이다.

1) 상인일반에 관한 사항

상호, 지배인에 관한 사항은 등기하여야 한다.

77) 최기원, 전게서, 157면.

2) 개인기업에 관한 사항

무능력자, 법정대리인에 관한 사항은 등기하여야 한다.

3) 회사에 관한 사항

설립, 자본의 증감, 사채의 발행, 해산, 청산, 합병 등에 관한 사항은 등기하여야 한다.

(2) 절대적 등기사항과 상대적 등기사항

상인이 반드시 등기를 하여야 하는 사항을 절대적 등기사항이라 한다. 대부분의 상업 등기는 절대적 기재사항이다. 등기권리는 있으나 의무가 없는 사항을 상대적 등기사항이라 한다. 그러나 상대적 등기사항이라 하더라도 변경 혹은 소멸이 있는 경우에는 변경·소멸의 등기가 필요하다.

(3) 변경·소멸의 등기

등기한 사항에 변경이 있거나 그 사항이 소멸한 때에는 당사자는 지체 없이 변경 또는 소멸의 등기를 하여야 한다(제40조).

(4) 지점소재지에서의 등기

본점의 소재지에서 등기할 사항은 다른 규정이 없으면 지점의 소재지에서도 등기하여야 한다(제35조). 이 때 다른 규정은 지배인의 등기에 관한 규정이다. 지배인의 선임과 대리권의 소멸에 관한 등기는 그 지배인을 둔 본점 또는 지점소재지에서 등기하면 된다(제13조).

(5) 법적 효과에 따른 분류

창설적 등기사항은 지배인의 선임등기(제13조), 상호의 선정등기(제22조, 제23조), 회사의 설립등기(제172조) 등과 같이 법률관계를 창설하는 내용이다.
면책적 등기사항은 법률관계의 해소를 목적으로 하는 등기사항이다. 지배인의 해임등기(제13조), 상호를 속용하는 영업양수인의 채무불인수(제42조 2항), 합명사원의 퇴사 등과 같이 법률관계가 소멸하는 내용이다.[78]

3. 등기절차

(1) 신청주의

상업등기는 원칙적으로 당사자의 신청에 의하여 한다(제34조, 제40조, 비송사건절차법 제147조 1항).

(2) 신청주의의 예외[79)]

등기사항이 재판에 의하여 생긴 때에는 법원의 촉탁에 의하여 아래와 같은 사항을 등기한다.

첫째로, 법원의 해산명령(제176조)이나 해산판결에 의한 회사의 해산(비송사건절차법 제90조, 제93조)이다.

둘째로, 회사의 설립무효(제184조, 제269조, 제328조, 제552조), 설립취소(제184조, 제185조, 제269조, 제552조), 합병무효(제236조, 제269조, 제529조, 제603조)의 판결이 확정되었을 경우(비송사건절차법 제98조, 제99조, 제107조, 제107조 2호)이다.

셋째로, 등기사항인 총회결의의 취소, 무효 또는 부존재(제380조, 제578조)의 판결이 확정된 경우(비송사건절차법 제107조 7호)이다.

넷째로 휴면회사의 해산이 의제된 때(제520조의2)이다.

(3) 전산정보처리조직에 의한 상업등기

상업등기사무는 그 전부 또는 일부를 전산정보처리조직에 의하여 처리할 수 있다. 이에 의한 상업등기사무의 처리절차는 대법원규칙으로 정한다(제34조의2).

(4) 등기소의 심사권

형식적 심사주의는 등기신청의 적법성 여부만 판단할 수 있다. 즉 신청사항의 진실성에 대하여 조사할 권한과 의무는 없다. 반면에 실질적 심사주의는 형식적 심사와 더불

---

78) 이철송, 전게서, 213면; 주의할 점은 설정적 등기사항이라 해서 등기에 의해 법률관계가 창설된다는 뜻이 아니라, 등기하는 사항이 법률관계를 창설하는 내용이라는 뜻이다. 등기에 의해 비로소 법률관계가 창설되는 경우 이를 창설적 등기라 하는데, 창설적 등기는 전부 설정적 등기이지만, 설정적 등기 중에는 창설적 등기가 아닌 것도 있다.

79) 정찬형, 전게서, 146면.

어 신청사항의 진실성까지 조사할 권한과 의무가 있다.

다수설인 수정실질심사주의에 의하면 등기소는 등기사항을 실질적 심사주의에 근간하여 심사가 필요가 없고 다만 진실성이 명확하여 의문이 없는 경우에는 심사할 의무가 없다고 한다.

(5) 등기의 공시

1995년의 상법개정으로 상업등기의 공고제도를 폐지하였다. 따라서 상업등기도 등기부의 열람에 의한 수동적 공시만이 가능하게 되었다.

제2절 상업등기의 효력

1. 일반적 효력(선언적 효력)

(1) 등기의 효력

등기할 사항은 등기하지 아니하면 선의의 제3자에게 대항하지 못한다. 등기한 후라도 제3자가 정당한 사유로 인하여 이를 알지 못한 때에도 선의의 제3자에게 대항하지 못한다(제37조).[80)]

(2) 등기전의 효력(소극적 공시의 원칙)

소극적 공시의 원칙이란 '등기 전에는 등기사항을 선의의 제3자에 대해서는 대항하지 못한다'는 원칙이다. 절대적 등기사항과 상대적 등기사항이 모두 포함되며 당사자의 귀책여부는 문제시 되지 않는다.

선의란 등기하지 아니하였지만 등기할 사항이 존재하는 것에 내한 선의·무중과실을 의미하며, 제3자란 거래상대방뿐만 아니라 등기사항에 대하여 법률상 이해관계를 갖는 모든 자이다.

---

80) 이철송, 전게서, 220면; 등기를 전후하여 법률관계의 대항력에 차이를 두어 등기전에는 외관주의에 따른 거래의 안전을 기하여 제3자를 보호하고, 등기후에는 제3자의 악의를 의제함으로서 상인의 권리를 확보해 주기 위한 것이라 한다.

제37조는 대항력에 관한 규정이기 때문에 제3자 보호를 위하여 자신의 이익을 포기하고 실제 존재하는 사실을 인정한다.

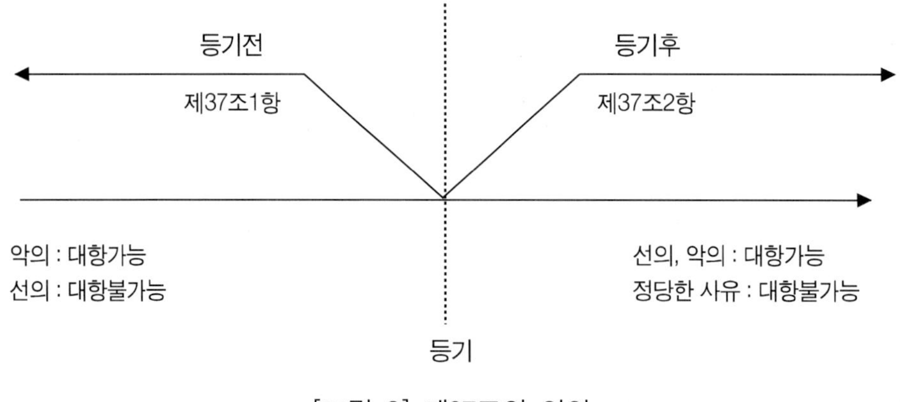

[그림 8] 제37조의 의의

(3) 등기후의 효력(적극적 공시의 원칙)

제37조 1항의 반대해석에 따라 등기할 사항을 등기한 후에는 등기한 사항을 선의의 제3자에게도 주장이 가능하다(적극적 공시의 원칙).

등기한 이후에는 제3자의 악의가 의제되기 때문에 제3자의 악의를 입증할 필요가 없다. 다만 선의의 제3자에게 정당한 사유가 있을 경우에는 대항하지 못한다. 정당한 사유는 객관적인 장애원인(천재지변 등의 사유 등으로 관보 등을 볼 수 없는 경우)을 의미하며 개인적인 사정은 정당한 사유가 되지 못한다.

정당한 사유가 있는 경우에는 제37조 제1항에 의해 등기당사자가 이미 대항력을 갖추고 있으므로 제3자는 등기한 사항에 관한 선의와 정당한 사유가 있음에 대하여 2중의 입증책임이 부과된다.[81]

81) 이철송, 전게서, 224면.

(4) 일반적 효력이 미치는 범위

거래관계에 대해서는 상업등기의 일반적인 효력이 인정이 되지만 불법행위·사무관리·부당이득 등 비거래관계에서는 적용되지 않는다(다수설). 지점의 거래관계 에서는 본점의 소재지에 등기할 사항을 지점의 소재지에서도 등기하여야 효력이 인정된다(제35조·제38조). 소송행위도 적용되며 조세관계 등의 공법적 관계에서는 상업등기의 일반적 효력이 적용되지 않는다(다수설).

표현지배인(제14조)·표현대표이사(제395조) 등에 대하는 상업등기의 일반적 효력이 미치지 않는다. 따라서 이 경우 선의의 제3자는 악의로 의제되지 않고 보호받는다.

[관련판례]

① 선의의 제3자의 범위

상법 제37조 소정의 "선의의 제3자"라 함은 대등한 지위에서 하는 보통의 거래관계의 상대방을 말한다 할 것이므로 조세권에 기하여 조세의 부과처분을 하는 경우의 국가는 동조 소정의 제3자라 할 수 없다.[82)]

② 선의의 제3자에게 대항하지 못함

합자회사의 무한책임사원으로 A가 등재되어 있는 상태에서 총사원의 동의로 B를 무한책임사원으로 가입시키기로 합의하였으나 그에 관한 변경등기가 이루어지기 전에 A가 등기부상의 총사원의 동의를 얻어 제3자에게 자신의 지분 및 회사를 양도하고 사원 및 지분 변경등기까지 마친 경우, 구 상법(1995. 11. 30. 법률 제5053호로 개정되기 전의 것) 제37조 제1항에 의하면 등기할 사항은 등기와 공고 후가 아니면 선의의 제3자에게 대항하지 못하므로, 총사원의 동의로 B의 무한책임사원으로서의 지위를 취득하였다고 하더라도 그에 관한 등기가 마쳐지기 전에는 등기 당사자인 회사나 B로서는 선의의 제3자에게 B가 무한책임사원이라는 사실을 주장할 수 없으므로, 만약 제3자가 A만이 유일한 무한책임사원이라고 믿은 데 대하여 선의라면, 회사나 B로서는 제3자가 B의 동의를 받지 아니하였음을 주장하여 그 지분양도계약이 효력이 없다고 주장할 수 없다.[83)]

---

82) 대법원 1978.12.26. 선고 78 누 167 판결.
83) 대법원 1996.10.29. 선고 96 다 19321 판결.

③ 상업등기의 일반적 효력을 공법관계에서 적용배제

상법 제37조에서 제3자라 함은 대등한 지위에서 하는 보통의 거래관계의 상대방을 말한다 할 것이므로 조세권에 기하여 조세의 부과처분을 하는 경우의 국가는 여기에 규정된 제3자라 할 수 없다.[84)]

2. 특수적 효력

(1) 창설적 효력

상업등기로 새로운 법률관계가 창설이 된다. 회사의 설립등기에 의한 회사의 성립(제172조) 및 회사의 합병등기에 의한 합병의 효력발생(제234조, 제530조 2항, 제603조)에서 나타나는 효력이다.

(2) 보완적 효력

상업등기의 전제가 되는 법률관계에 하자가 있더라도 등기를 하면 등기의 외관력에 의해 보완 또는 치유되어 더 이상 하자를 주장할 수 없게 된다.[85)]

회사의 설립등기로 인하여 일단 회사가 성립되면 회사설립의 무효 · 취소판결(제190조 · 제269조 · 제328조 2항 · 제552조 2항)이 있어도 종래의 법률관계에 영향이 없으며, 주식회사의 설립등기 이후에는 주식의 인수 또는 무효를 취소하지 못한다(제320조 1항).

(3) 부수적 효력

상업등기가 다른 법률행위의 허용 또는 면책의 기초가 되는 효력이다. 주권은 회사의 성립 후 발행할 수 있으며(제355조 2항) 주식회사의 성립 후 유효한 주식양도가 가능하며(제319조), 등기가 면책의 기초가 되는 경우로는 합명회사 · 합자회사의 사원의 책임이 퇴사등기를 한 때로부터 2년(제225조, 제269조), 해산등기를 한 때로부터 5년(제267조, 제269조)이 경과할 때에는 책임을 면하는 것 등이다.

---

84) 대법원 1978.12.26. 선고 78 누 167 판결.
85) 이철송, 전게서, 229면.

3. 부실등기의 효력(공신력)

(1) 의 의

고의 또는 과실로 인하여 사실과 상위한 사항을 등기한 자는 그 상위를 선의의 제3자에게 대항하지 못한다(제39조).

제39조의 취지는 상업등기는 공시하여 대항력을 갖출 수는 있으나 등기된 대로 효력을 부여하는 공신력은 인정되지 않는다.[86)]

등기관에게는 형식적 심사권 및 의무만이 부여된다. 등기신청인의 고의 또는 과실에 의하여 사실과 상위한 등기가 되는 폐단을 방지하고 거래안전을 보호하기 위함에 있다.[87)]

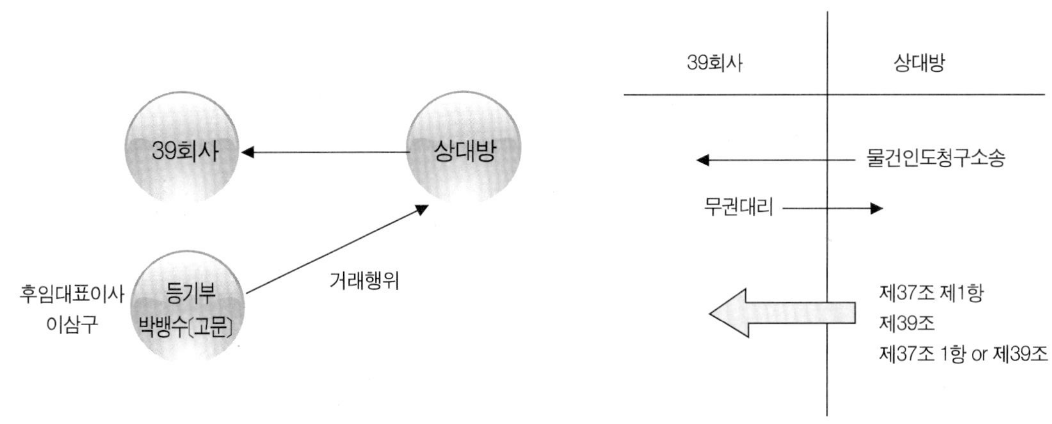

[그림 9] 부실등기의 효력

86) 등기에 사실상의 추정을 인정한 판례로는 다음과 같은 판례가 있다. 법인등기부에 이사 또는 감사로 등재되어 있는 경우에는 특단의 사정이 없는 한 정당한 절차에 의하여 선임된 적법한 이사 또는 감사로 추정된다고 할 것이다. 대법원 1991.12.27. 선고 91 다 4409·4416 판결.

87) 이철송, 전게서, 232면. 제37조 제1항은 등기를 해태한점, 즉「소극적 착오」에 대한 비난이고, 제39조는 등기를 잘못한 점, 즉「적극적 착오」에 대한 비난이다. 예를 들어 회사가 대표이사 A를 해임한 후 등기를 게을리 하여 A를 대표이사로 믿고 거래한 자는 제37조 제1항에 의해 거래의 유효를 주장할 수 있고, A가 대표이사인데 잘못하여 B를 대표이사로 등기하였으므로 B가 대표이사인 줄 알고 거래한 자는 제39조에 의해 거래의 유효를 주장할 수 있다.

(2) 요 건

고의 또는 과실로 인하여 사실과 상위한 사항을 등기하여야 한다.
제3자는 선의·무중과실이어야 한다. 판단시기는 거래시를 기준으로 하고, 등기신청인이 입증책임을 부담한다.

(3) 효 과

부실등기를 한 자는 그 등기가 사실과 다름을 선의의 제3자에게 대항하지 못한다. 제3자는 등기와 상위한 사실에 대하여 등기와 다른 사실에 맞는 주장을 하는 것은 가능하다.

제 8 장 영업양도

제1절 영업양도 일반론

1. 영업의 의의와 영업양도의 법적 성질

(1) 영업의 의의

주관적 의의의 영업이란 '상인의 영리활동'을 의미한다.
객관적 의의의 영업이란 '상인이 영리적 목적을 수행하기 위해 결합시킨 재산의 전체'를 의미한다.

(2) 영업양도의 법적 성질

1) 양도처분설

영업양도의 대상을 물적 요소에 중점을 두는 견해이다.

① 영업재산양도설(다수설·판례)

영업양도는 객관적 의의의 영업을 양도하는 것이며, 영업양도에 관한 상법규정은 영업재산양도설에 따라 입법화 된 것이다.

② 영업조직양도설

영업의 본질을 재산적 가치 있는 사실관계인 영업조직에 있으며 영업양도란 이러한 사실관계 내지 영업조직의 양도라고 한다.

③ 영업유기체양도설

영업의 본질을 단순한 영업용재산과는 다른 사회적 활력이 있는 유기체로서 파악하고, 영업양도란 이러한 유기체로서의 기능적 재산의 양도라는 주장이다.

2) 지위교체설

영업양도의 대상을 인적 요소에 중점을 두는 학설로서, 영업양도는 영업자인 지위의 양도이다.

3) 절충설(소수설)

영업양도의 대상을 물적 요소와 인적 요소의 양자에 중점을 두는 학설로서, 영업양도는 영업자인 지위의 이전과 영업재산의 이전이라는 두 가지 요소가 포함되는 행위이다.

(3) 영업양도의 의의

영업양도란 영업재산양도설에 의하면 일정한 영업목적에 의하여 조직화된 유기적 일체로서의 기능적 재산의 이전을 목적으로 하는 채권계약이다.[88)]

이는 '개개의 영업용 재산 또는 단순한 영업용 재산의 전부의 양도'와는 구별되며 양도인과 양수인이 당사자가 되어 체결되기 때문에 단체법상 계약으로 효력이 발생되는 합병과는 차이가 있다.

(4) 영업양도와 회사합병의 공통점과 차이점

1) 공통점

기업의 집중, 규모의 확장, 주주총회의 특별결의 사항, 반대주주의 주식매수청구권이 인정되는 점은 공통적이다.

2) 차이점

① 의의

2개 이상의 회사가 청산절차를 거치지 않고 합쳐지면서 최소한 1개 이상의 회사가 법인격을 소멸시키되, 존속신설회사가 소멸하는 회사의 권리의무를 포괄적으로 승계하고

88) 최기원, 전게서, 187면.

그의 사원을 수용하는 회사법상의 법률사실을 합병이라 한다.

영업양도는 물건, 권리, 사실관계를 포함하는 조직적, 기능적 재산으로서 영업재산 일체를 영업의 동일성을 유지하면서 이전하기로 하는 채권계약이다.

② 내용상의 차이점

회사합병은 요식계약이며 최소한 1개의 법인격이 소멸되고, 포괄승계되기 때문에 별도의 재산이전절차가 필요 없이 합병등기가 완료된때 합병이 성립한다. 합병을 통하여 사원의 지위를 수용하고 일반적 채권자 보호절차가 규정되어 있다. 또한 보고총회, 창립총회 등 일정한 절차가 요구된다.

영업의 양도는 불요식의 낙성계약이다. 법인격의 소멸이 없고, 특정 승계되기 때문에 양도등기는 필요 없이 각 재산권의 성질에 따라 등기, 인도 등의 절차가 필요하다. 양도 후 주주의 지위는 변동이 없으며 개별적 규정에 의하여 채권자를 보호하게 된다.

[관련판례]

① 영업양도의 개념

영업의 양도라 함은 일정한 영업목적에 의하여 조직화된 업체 즉 인적, 물적 조직을 그 동일성을 유지하면서 일체로서 이전하는 것을 말하고, 영업이 포괄적으로 양도되면 양도인과 근로자간에 체결된 고용계약도 양수인에게 승계된다.[89)]

② 영업재산양도설에 의한 판례

영업양도라 함은 일정한 영업목적에 의하여 조직화된 업체의 일체로서 이전을 목적으로 하는 것으로서 영업이 그 동일성을 유지하면서 이전됨을 요하는 것인바 점포에 있는 재고품 전부와 가공용 재봉틀을 매수하고 점포를 명도 받아 같은 상호로 잠시 동안 같은 종류의 영업을 한 사실만으로 영업을 양수한 것이라고 인정할 수 없다. 영업의 양도라 함은 일정한 영업목적에 의하여 조직화된 업체 즉 인적, 물적 조직을 그 동일성을 유지하면서 일체로서 이전하는 것을 말하고, 영업이 포괄적으로 양도되면 양도인과 근로자간에 체결된 고용계약도 양수인에게 승계된다.[90)]

89) 대법원 1991.8.9. 선고 91 다 15225 판결.

90) 대법원 1968.4.2. 선고 68 다 185 판결; 대법원 1991.8.9. 선고 91 다 15225 판결.

③ 영업양도의 의미와 그 판단 기준

상법 제42조 제1항의 영업이란 일정한 영업목적에 의하여 조직화된 유기적 일체로서의 기능적 재산을 말하고, 여기서 말하는 유기적 일체로서의 기능적 재산이란 영업을 구성하는 유형·무형의 재산과 경제적 가치를 갖는 사실관계가 서로 유기적으로 결합하여 수익의 원천으로 기능한다는 것과 이와 같이 유기적으로 결합한 수익의 원천으로서의 기능적 재산이 마치 하나의 재화와 같이 거래의 객체가 된다는 것을 뜻하는 것이므로, 영업양도가 있다고 볼 수 있는지의 여부는 양수인이 유기적으로 조직화된 수익의 원천으로서의 기능적 재산을 이전받아 양도인이 하던 것과 같은 영업적 활동을 계속하고 있다고 볼 수 있는지의 여부에 따라 판단되어야 한다.[91]

2. 영업양도계약의 당사자

(1) 양도인

상인이 자연인일 경우 영업의 양도에 의하여 상인자격을 상실한다. 영업양도는 회사의 해산사유가 되지 않으며, 회사는 청산중에도 양도할 수 있다.

(2) 양수인

양수인은 상인성의 여부와는 상관없이 주체가 될 수 있다. 비상인도 영업을 양수하는 경우 개업준비행위(보조적 상행위)로 볼 수 있기 때문에 상인자격을 취득하게 된다.

3. 영업양도의 절차

(1) 내부적 절차

주식회사 또는 유한회사가 영업의 전부 또는 중요한 일부를 양도·양수할 경우에는 주주 혹은 사원총회의 특별결의가 필요하다(제374조 제1호·제576조 제1항). 이러한 내부적 절차가 없을 경우에는 무효가 된다. 또한 주식회사가 영업을 양도하는 경우에는 그 반대하는 주주들이 주식매수청구권을 행사할 수 있다(제374조의2).

---

91) 대법원 1998.4.14. 선고 96 다 8826 판결.

합명회사 또는 합자회사의 영업을 양도하는 경우에 회사가 존립중일 때에는 총사원의 동의가(제204조·제269조) 있어야 하고 해산후에 양도할 때에는 총사원의 과반수의 동의가 필요하다(제257조·제269조).[92]

(2) 계약의 체결

영업양도는 당사자간의 합의로 계약이 성립되며, 합의할 사항이 워낙 광범위 하므로 양도계약서를 작성하는 것이 일반적이다.

(3) 계약의 내용

① 이전할 자산·부채의 범위와 이전시기 등에 관한 사항

② 영업소 및 상호의 양도에 관한 사항

③ 양도 이후에 양도인의 폐업 또는 기업의 해산에 관한 사항

④ 사용인의 인계에 관한 사항

⑤ 해약사유, 기타 계약조건의 변경에 관한 사항

⑥ 양도의 대가와 지급시기 및 그 방법

(4) 계약의 성질

영업재산의 포괄적인 이전을 내용으로 하는 상법상의 특유한 채권계약이다.

4. 양도계약의 효과

(1) 영업재산의 이전의무

① 부동산은 등기(민법 제188조), 동산은 인도(민법 제186조) 등으로 이전하여야 한다.

② 지명채권은 채무자에 대한 통지 또는 승낙(민법 제450조), 지시채권은 배서하여 양수인에게 교부(민법 제508조·어음법 제14조·수표법 제16조)하여야 한다.

---

92) 인적회사가 다른 회사의 영업을 전부 양수하는 경우에는 주식회사 등 물적회사의 규정(제374조·제576조)을 준용하여 총사원의 동의를 얻어야 한다는 것이 통설이다. 최기원, 전게서, 191면 참조.

③ 상호는 등기(제25조 제2항), 특허권·상표권은 등록(특허법 제101조·상표법 제56조)이 필요하다.

④ 주식은 주권을 양수인에게 교부하고 기명주식은 주주명부에 명의개서(제336조·제337조)하여야 한다.

⑤ 재산적 가치 있는 사실관계(영업권 등)는 거래통념에 부합하게 이전하여야 한다.

⑥ 반드시 영업상의 채무는 이전되는 것은 아니지만 이전시에는 채무인수절차가 필요하다(민법 제453조·민법 제454조).

(2) 경영자 지위의 이전의무 및 사용인에 대한 관계

다수설인 영업재산양도설의 입장을 취한다면 경영자의 지위도 원칙적으로 이전이 되며 고용계약상의 권리도 영업의 동일성을 유지하기 위하여 이전된다고 한다.[93] 다만 이 경우에 상업사용인 등은 고용계약을 해지할 수 있다.

[관련판례]

① 현물출자의 경우 영업양도규정의 유추적용

영업을 출자하여 새로 회사를 설립하면서 종전 상호를 계속 사용하는 경우, 그 회사가 영업 출자자의 종전의 영업상 채무를 변제할 책임이 있는지 여부 : 영업을 출자하여 주식회사를 설립하고 그 상호를 계속 사용하는 경우에는, 영업의 양도는 아니지만 출자의 목적이 된 영업의 개념이 동일하고 법률행위에 의한 영업의 이전이란 점에서 영업의 양도와 유사하며 채권자의 입장에서 볼 때는 외형상의 양도와 출자를 구분하기 어려우므로, 새로 설립된 법인은 상법 제42조 제1항의 규정의 유추적용에 의하여 출자자의 채무를 변제할 책임이 있다.[94]

② 영업양도에 따른 재산이전관계에 있어서 지명채권의 이전방법

영업양도는 채권계약이므로 양도인이 재산이전의무를 이행함에 있어서는 상속이나 회사의 합병의 경우와 같이 포괄적 승계가 인정되지 않고 특정 승계의 방법에 의하여 재산의 종류에 따라 개별적으로 이전행위를 하여야 할 것인바, 그 이전에 있어 양도인의

93) 대법원 1994.11.18. 선고 93 다 18938 판결·대법원 2002.3.29. 선고 2000 두 8455 판결.
94) 대법원 1995.8.22. 선고 95 다 12231 판결.

제3자에 대한 매매계약 해제에 따른 원상회복청구권은 지명채권이므로 그 양도에는 양도인의 채무자에 대한 통지나 채무자의 승낙이 있어야 채무자에게 대항할 수 있다.[95]

제2절 영업양도효과

1. 대내관계(경업금지의무)

(1) 당사자간에 약정이 없는 경우

영업을 양도한 경우에 다른 약정이 없으면 양도인은 10년간 동일한 특별시·광역시·시·군과 인접 특별시·광역시·시·군에서 동종영업을 하지 못한다(제41조 1항).

(2) 당사자간에 약정이 있는 경우

당사자간의 약정으로 경업금지의무를 면제 혹은 지역과 기간을 단축할 수는 있다. 양도인이 동종영업을 하지 아니할 것을 약정한 때에는 동일한 특별시·광역시·시·군과 인접 특별시·광역시·시·군에 한하여 20년을 초과하지 아니한 범위 내에서 그 효력이 있다(제41조 2항).

(3) 의무위반의 효과

양수인은 양도인의 비용으로 그 위반한 것을 제거하고 장래에 대한 적당한 처분을 법원에 청구할 수 있고(민법 제389조 제3항), 의무 위반으로 인하여 손해를 입은 경우에는 손해배상청구를 할 수 있다(민법 제389조 제4항, 제390조, 제393조).[96]

2. 대외관계(영업상의 채권자 및 채무자의 보호)

(1) 영업상의 채권자의 보호

1) 상호를 속용하는 경우(제42조)

영업양수인이 양도인의 상호를 계속 사용하는 경우에는 양도인의 영업으로 인한 제3자

---

95) 대법원 1991.10.8. 선고 91 다 22018·22025 판결.
96) 최기원, 전게서, 196면.

의 채권에 대하여 양수인도 변제할 책임이 있다(제42조 제1항). 이러한 경우에 양수인이 영업양도를 받은 후 지체 없이 양도인의 채무에 대한 책임이 없음을 등기한 때에는 적용하지 아니한다. 양도인과 양수인이 지체 없이 제3자에 대하여 그 뜻을 통지한 경우에 그 통지를 받은 제3자에 대하여도 같다(제42조 제2항).

양도인의 상호와 반드시 일치하지 않더라도 상호의 주요부분이 공통되면 책임을 진다. 양도인과 양수인간에 면책적 채무인수를 한 경우에는 양도인의 책임이 면책되지만 그렇지 않은 경우에는 양도인과 양수인은 채권자에 대하여 부진정연대채무를 부담한다(통설). 양수인은 양도인의 제3자에 대한 계약상의 채무와는 별도로 영업과 관계있는 불법행위 또는 부당이득으로 인한 채무 및 소송비용 등에 대하여 책임이 있다.

양수인이 채무를 승계한 것이 아니므로 채권자가 양도인에 대한 소송에서 승소하여 얻은 채무명의를 가지고 양수인의 소유자산에 대해 강제집행 할 수 없다.[97)]

[관련판례]

① **양도인이 상인이 아닌 경우의 경업금지의무의 부정**

농업협동조합은 영리나 투기사업을 하지 못하게 되어 있으므로 동 조합은 상인이라 할 수 없고, 따라서 동 조합이 도정공장을 양도하였다 하더라도 동 조합은 양수인에 대하여 상법 제41조에 의한 경업금지의무를 부담하지 않는다.[98)]

② **영업양도인의 채무를 변제한 연대보증인의 영업양수인에 대한 구상권을 부정**

A가 유흥업소를 경영하면서 원고의 연대보증 아래 B로부터 영업자금을 차용하였는데 피고가 A로부터 그 유흥업소를 양수하고 상호를 계속 사용하여 영업을 계속하였고 그 후 원고가 A의 연대보증인으로서 위 영업자금대출금 중 일부를 변제한 경우, 원고는 피고에 대한 채무를 보증한 사실이 없으므로 보증인으로서의 구상권이 발생할 수는 없으며, 영업양도 당시에는 원고의 영업양도인에 대한 구상금채권이 아직 발생된 바 없으므로 영업양도인으로서 양도인이 부담한 구상금채권을 변상할 책임이 있다고 하기도 어렵고, 원고의 영업양수가 양도인의 영업자금과 관련한 피보증인의 지위까지 승계하는 것이라고 보기도 어려우므로 피고는 원고에게 구상금을 지급할 근거가 없다.[99)]

---

97) 대법원 1979.3.13. 선고 78 다 2330 판결.
98) 대법원 1969.3.25. 선고 68 다 1560 판결.

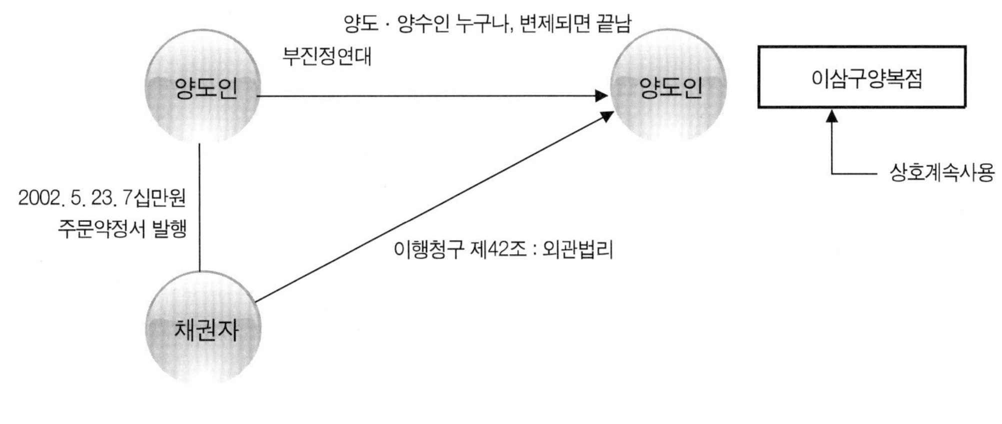

[그림 10] 영업양도

※ 양복점에서의 영업양도 사례[100)]

1. 사실관계

본 주문약정서는 2002년 5월 23일 700,000원을 완불하였다는 것을 증명하는 약정서이며 이삼구 양복점의 대표이사의 날인이 되어 있는 약정서입니다.
또한 본 증서는 상품권의 형태와 유사하지만, 주문약정서라 표현되어 있고 채권자가 명시되어 있지 않은 점 등으로 미루어 보아 민법상의 무기명채권으로 판단이 됩니다.

2. 의견

민법 제163조와 상법 제64조에 근거하여, 이삼구 양복점에 대한 주문약정서의 소멸시효기간은 2005년 5월 22일입니다(3년 기준).
상법 제42조에 의거 동일한 상호를 사용하며, 양도인의 영업으로 인한 제삼자의 채권에 대하여는 양수인(지금의 주인)이 변제할 법적 책임이 있습니다. 다만 42조 2항과 같이 등기하거나 해당 채무에 대해 통지를 할 경우에는 양수인이 변제할 책임이 없습니다.

99) 대법원 1989.12.22. 선고 89 다카 11005 판결.
100) 필자가 실제로 법률적인 조언을 구해준 사례이다. 결론적으로는 영업주와 고객이 잘 협의가 되어 해당 주문약정서의 관계대로 일이 해결되었다.

3. 검토

본 상품권의 채무를 이행하라는 내용증명을 해당 양복점에 송부한 후 일정기간 동안 응답이 없으면 소비자 보호원에 고발 등의 조치와 법적인 전문가의 도움을 받으셔야 할 것 같습니다.

4. 내용증명 실례

1. 관련근거 : 주문약정서 (2002.5.23) 및 관계법령
2. 귀하의 영업양수인은 본인(홍길동)에게 금 700,000원을 지급받음과 동시에 2002.5.23에 주문약정서를 다음과 같이 발행한 사실이 있습니다.

- 다 음 -

가. 발행일 : 2002.5.23

나. 완불금 : 700,000원

다. 발행자 : 이○○

라. 발행처 : 이○○ 양복점(인천직할시 ○○구 ○○동)

3. 관련법적 근거

상법 제42조 (상호를 속용하는 양수인의 책임) ① 영업양수인이 양도인의 상호를 계속 사용하는 경우에는 양도인의 영업으로 인한 제삼자의 채권에 대하여 양수인도 변제할 책임이 있다. ②전항의 규정은 양수인이 영업양도를 받은 후 지체없이 양도인의 채무에 대한 책임이 없음을 등기한 때에는 적용하지 아니한다. 양도인과 양수인이 지체없이 제삼자에 대하여 그 뜻을 통지한 경우에 그 통지를 받은 제삼자에 대하여도 같다.

제517조 (증서의 제시와 이행지체) 증서에 변제기한이 있는 경우에도 그 기한이 도래한 후에 소지인이 증서를 제시하여 이행을 청구한 때로부터 채무자는 지체책임이 있다.

4. 본인은 위의 관련법에 근거하여 귀하에게 유선 및 방문하여 수차례 본 주문약정서 상의 채무를 이행하라는 청구를 하였지만 귀하께서는 상호를 속용하는 양수인으로써 본인에게 어떠한 통보도 없이, 관련 법적 근거 없이 본인 채무의 이행을 거절하고 있습니다.
5. 본인은 다시 한번 통보하건대, 2005.4.10(통상 발송일로부터 보름정도 이지만, 소멸시효가 얼마 안남았기 때문에 4월 초로 해야 할 것임)까지 귀하의 채무를 이행 또는 금전으로 변제하여 주시길 통보하여 드립니다.

6. 또한, 2005.4.6 오전 11:00까지 본 채무의 이행에 대한 확답을 위 주소에 서면으로 통보하여 주시길 바랍니다.
   만약 지정된 시간까지 위 사항에 대한 확답을 서면으로 하지 않을 시에는 소비자보호원등에 문제 제기 및 관련된 조치를 취할 예정임을 통보하여 드립니다.
7. 또한, 동채무의 이행의 지연으로 인한 일체의 손해의 원인은 귀하에게 귀속됨을 통지하오니 부디 관련법상 명시된 권리와 제반 의무를 다하시어 불미한 사항이 발생하지 않도록 협조 부탁드립니다.

2005년 3월 일

통 지 인 홍길동 (인) 수 신 인 이○○ 양복점 대표이사 귀하
인천시 ○○구 ○○동 앞

2) 상호를 속용하지 않는 경우

양수인은 원칙적으로 양도인의 영업으로 인한 채무를 변제할 책임이 없다.
예외적으로 영업양수인이 양도인의 상호를 계속 사용하지 아니하는 경우에 양도인의 영업으로 인한 채무를 인수할 것을 광고한 때에는 양수인도 변제할 책임이 있다(제44조).

3) 양도인의 책임의 존속기간

영업양도인이 제42조 제1항 또는 전조의 규정에 의하여 변제의 책임이 있는 경우에는 양도인의 제3자에 대한 채무는 영업양도 또는 광고 후 2년의 제척기간이 경과하면 소멸한다(제45조).

(2) 영업상의 채무자의 보호

1) 상호를 속용하는 경우

원칙적으로 양도인의 영업으로 인한 채권에 대하여 채무자가 선의이며 중대한 과실 없이 양수인에게 변제한 때에는 그 효력이 있다(제43조).
예외적으로 어음·수표와 같은 증권상의 채무에 대하여는 그 소지인에게 변제하여야

하기 때문에 해당 법리가 적용되지 않는다.[101)]

2) 상호를 속용하지 않는 경우

상법상에 규정이 존재하지 않기 때문에 채권양도의 일반원칙상 채권양도가 없는 한 채무자는 양수인에게 변제하여 면책될 수는 없다.

제3절 영업의 임대차·경영위임·담보와 강제집행

1. 영업의 임대차

영업의 임대차는 상인이 영업재산과 조직의 전부 또는 일부를 타인으로 하여금 이용하게 하는 것이다.

임차인에게 기업의 일시적인 확대나 콘체른을 형성하기 위한 수단으로서 편리하고, 임대인은 기업소유자의 지위를 유지하면서 안정된 임대료를 받을 수 있다.[102)]

민법의 임대차에 관한 규정을 유추 적용한다. 임대차기간 중에는 임대인은 영업양도인에 준하여 경업금지의무를 부담한다.

2. 영업의 경영위임

기업의 경영을 타인에게 위임하는 경우로 외국의 호텔경영전문업체에 호텔경영을 위임하는 등이 대표적인 사례이다.

경영위임으로 영업재산의 관리와 영업활동이 수임인의 관장하에 놓이게 되며 임원선임, 신주발행 등 회사법상의 효력이 생기는 사항은 위임의 범위에서 당연히 제외된다. 통상 수임인에게는 보수만 지급되며 영업활동의 법률관계는 영업주에게 귀속된다.[103)]

---

101) 최기원, 전게서, 206면.
102) 최기원, 상게서, 209면.
103) 이철송, 전게서, 265면.

3. 영업의 담보와 강제집행

현행법상에 규정이 없기 때문에 영업 그 자체에 질권·저당권을 설정할 수는 없다. 따라서 영업 자체에 대한 강제집행은 불가능하고 다만 개별적인 재산에 대하여 강제집행이 가능하다.

제 2편

상행위법

제 1 장 상행위의 개념

제1절 상행위법의 의의와 특성

1. 상행위법의 의의

실질적 의의의 상행위법이란 기업의 거래활동에 대하여 상인과 제3자간의 법률 관계를 규율하는 법이다.
형식적 의의의 상행위법은 상법 제2편 상행위 부분을 말한다.

2. 상행위법의 특성

임의법규성, 유상성, 신속성, 안전성, 기업책임의 가중과 경감 등이 있으며 거래의 정형성이 있다.

제2절 상행위의 의의와 종류

1. 상행위의 의의와 입법주의

(1) 의 의

형식적 의의의 상행위는 상법 및 특별법에서 상행위로 규정되어 있는 행위이며, 실질적 의의의 상행위는 상인이 영업으로서 하는 행위이다.

(2) 상행위에 관한 입법주의

1) 객관주의

행위의 성질을 기준으로 일정한 행위에 대하여 상행위로 규정하는 입법주의이다.

2) 주관주의

상인의 개념을 먼저 결정하고 그러한 '상인'이 영업으로 행하는 행위를 상행위로 정하는 입법주의이다.

3) 절충주의

객관주의와 주관주의를 병용하는 입법주의이다.

2. 상행위의 종류

(1) 영업적 상행위(기본적 상행위)

상법 제46조의 행위를 영업으로 하는 것을 상행위라 한다. 그러나 오로지 임금을 받을 목적으로 물건을 제조하거나 노무에 종사하는 자의 행위는 그러하지 아니하다.

1) 동산, 부동산, 유가증권 기타의 재산의 매매

매매의 의미에 대하여 견해가 대립된다. 첫째는 매매를 매수와 매도로 보는 견해이다. 어느 하나의 행위만으로는 상행위가 되지 아니하며 매수와 매도간에 내면적 연관성이 있어야 한다. 둘째는 매매를 매수 또는 매도로 보는 견해로서, 어느 하나의 영업으로 행해지면 상행위가 된다는 견해이다.[104)]

한편 매수에 의하여 취득한 물건을 제조 또는 가공을 하여 매도하는 경우에 매매에 해당하는 것으로 보는 견해도 있지만 제46조 제3호의 제조·가공에 관한 행위로 보는 견해가 타당하다.

2) 동산, 부동산, 유가증권 기타의 재산의 임대차

건물·자동차·비디오 테이프 등의 임대업이나 선박 또는 항공기의 나용선업 등이 있다.

---

104) 상세한 학설의 대립 등은 최준선, 「제3판 상법총칙·상행위법」, 삼영사, 2007, 90면 참조.

3) 제조, 가공 또는 수선에 관한 행위

제조란 재료에 노력을 들여 새로이 전혀 다른 물건을 만드는 행위이고 가공은 재료의 동일성을 유지시키면서 약간의 변화를 가하는 행위이다. 수선이란 효율적인 사용을 위하여 노력을 가하는 것으로서 광의의 가공속에 포함시킬 수 있다.[105]

4) 전기, 전파, 가스 또는 물의 공급에 관한 행위

전기회사·가스회사·수도사업자 등의 공급행위를 말한다.

5) 작업 또는 노무의 도급의 인수

작업의 도급의 인수란 부동산, 도로, 선박에 관한 공사를 인수하는 계약이며 노무의 도급이란 인부 또는 기타 노무자의 공급을 인수하는 계약이다.

6) 출판, 인쇄 또는 촬영에 관한 행위

7) 광고, 방송, 통신 또는 정보에 관한 행위

8) 수신·여신·환 기타의 금융거래

금전 또는 유가증권의 수신·여신에 관한 행위로 은행이 대표적인 예이다.

9) 객의 집래에 의한 시설의 거래

공중이 이용하는 시설에 적합한 설비를 갖추어 그것을 객의 수요에 따라 이용시키려는 것을 목적으로 하는 행위이다.[106] 호텔·여관·목욕탕·독서실 등이 있다.

10) 상행위의 대리의 인수

수탁자를 위하여 상행위의 대리를 인수하는 행위이다. 체약대리상(제87조)의 행위가 대표적인 예이다.

---

105) 최기원, 전게서, 57면.
106) 최기원, 상게서, 58면.

11) 중개에 관한 행위

타인간의 법률행위의 성립의 중개를 인수하는 계약[107]으로 민사상의 행위(부동산매매·직업소개소·결혼상담소 등의 행위)를 포함한다.

12) 위탁매매 기타의 주선에 관한 행위

주선에 관한 행위란 자기명의로 타인의 계산에 따른 법률행위를 인수하는 행위[108]로, 위탁매매인(제101조)·운송주선인(제114조 이하)·준위탁매매인(제113조)의 인수행위가 해당한다.

13) 운송의 인수

물건 또는 사람의 운송을 인수하는 행위 이다. 물건운송·여객운송·육상운송·해상운송·항공운송 등이 모두 포함된다.

14) 임치의 인수

타인을 위하여 물건, 금전 또는 유가증권 등을 보관하는 행위로 창고업자의 업무행위(제155조 이하)가 있다.

15) 신탁의 인수

신탁이란 '위탁자와 수탁자와의 특별한 신임관계에 기하여 위탁자가 특정의 재산권을 수탁자에게 이전하거나 기타의 처분을 하고, 수탁자로 하여금 수익자의 이익을 위하여 또는 특정의 목적을 위하여 그 재산권을 관리·처분하게 하는 법률관계'(신탁법 제1조 제2항)이다.

16) 상호부금 기타 이와 유사한 행위

상호부금이란 일정한 기간을 정하여 부금을 납입하면 중도 또는 만기에 일정한 금액을 지급할 것을 약정하는 것으로 상호신용금고가 대표적인 것이다.[109]

107) 최준선, 전게서, 94면.
108) 최기원, 전게서, 59면.
109) 최기원, 상게서, 59면.

17) 보험

보험이란 동일한 경제상의 위험을 예상하는 다수인이 단체를 형성하고 그 구성원이 미리 금전을 모아 그 구성원 중에 위험을 당한 자에게 일정한 금액을 급여하는 제도로 영리보험만을 의미한다.110)

18) 광물 또는 토석의 채취에 관한 행위

광물 또는 토석의 채취행위는 원시적인 행위이지만 기업성을 인정하여 기본적 상행위로 규정 하였다.

19) 기계·시설 기타 재산의 금융에 관한 행위

리스는 새로운 설비조달수단으로서 특정물건을 새로이 취득하거나 대여받아 거래 상대방에게 일정기간 이상 사용하게 하고, 그 기간에 걸쳐 일정한 대가(리스료)를 정기적으로 분할하여 지급받으며, 그 기간이 종료된 후의 물건의 처분에 대하여는 당사자간의 약정으로 정하는 물적 금융'을 말한다(여신전문금융업법 제2조 10호).111)

20) 상호·상표 등의 사용허락에 의한 영업에 관한 행위

프랜차이즈(Franchise)제도란 제품, 용역, 특허권, 신기술 또는 독특한 경영방법 등을 소유한 모기업이 소매점(가맹점)에게 합작사업의 형식으로 또는 일정한 협정에 따라 일정장소에서 일정기간 동안 사전에 합의된 방법으로 소매수준에서 영업할 수 있는 특권을 부여하는 제도이다.112)

21) 영업상 채권의 매입·회수 등에 관한 행위

팩토링(factoring)이란 금융기관(factor)이 고객(client)과 그 고객의 고객(customer)간의 영업활동의 결과로서 발생하는 현재 및 장래의 외상채권을 일괄 매입하여 채권의 관리·추심·금융의 공여, 그 고객의 고객에 대한 신용조사, 신용위험인수, 경영정보제공 기타 사무처리의 대행 등을 행하는 제도이다.113)

---

110) 최준선, 전게서, 96면.
111) 최기원, 전게서, 60면.
112) 최준선, 상게서, 97면.
113) 최준선, 상게서, 97면.

[관련판례]

① 리스계약의 법적 성질

리스계약은 실질에 있어 대여시설을 취득하는 데 소요되는 자금에 관한 금융의 편의를 제공하는 것을 내용으로 하는 물적금융으로서 그의 구체적 사항은 당사자 사이의 약정에 의하여 정하여진다.[114)]

② 시설대여(금융리스)의 법적 성격

시설대여(금융리스; Finance Lease)는 시설대여회사(리스회사)가 대여시설이용자(리스이용자)가 선정한 특정 물건을 새로이 취득하거나 대여받아 그 리스물건에 대한 직접적인 유지 관리책임을 지지 아니하면서 리스이용자에게 일정 기간 사용하게 하고 그 대여기간 중 지급받는 리스료에 의하여 리스물건에 대한 취득 자금과 그 이자, 기타 비용을 회수하는 거래관계로서, 그 본질적 기능은 리스이용자에게 리스물건의 취득 자금에 대한 금융 편의를 제공하는 데에 있다.[115)]

(2) 준상행위

의제상인이 '영업으로'하는 상행위는 제66조에 의하여 준상행위로 영업적 상행위에 포함된다.

(3) 보조적 상행위

상인이 영업을 위하여 하는 행위는 상행위로 본다. 상인의 행위는 영업을 위하여 하는 것으로 추정한다(제47조).

상인의 행위가 영업의 행위가 아님을 주장하려면 그것을 주장하는 자가 입증책임을 진다.[116)] 영업을 위하여 하는 행위에 대한 판단은 행위의 객관적 성질에 의하여 결정된다.

---

114) 대법원 1999.9.3. 선고 99 다 23055 판결.
115) 대법원 1997.11.28. 선고 97 다 26098 판결.
116) 대법원 1993.10.26. 선고 92 다 55008 판결.

(4) 일방적 상행위와 쌍방적 상행위

'당사자의 일방에게만 상행위가 되는 행위'를 일방적 상행위라 하며 당사자 전원에게 상법이 적용된다(제3조).

'당사자의 쌍방에게 상행위가 되는 행위'를 쌍방적 상행위라 하며 매수인의 목적물의 검사와 하자통지의무(제69조) 등 상법의 일부규정은 쌍방적 상행위에만 적용된다(제55조, 제58조, 제67조~제71조 등).

(5) 공법인의 상행위

공법인의 상행위는 법령에 다른 규정이 없는 경우에 한하여 상법을 적용한다(제2조). 따라서 공법인도 특별법령이 없는 한 상인으로서 기본적 상행위 등을 할 수 있다.

제 2 장 상행위 특칙

제1절 민법 총칙편에 대한 특칙

1. 서론

상법상 법률행위는 대개 계속적·집단적으로 반복되는 특성을 가지고 있기 때문에 민법상의 법률행위와 다른 특성을 갖는다.

2. 상행위의 대리권의 특색

(1) 대리행위의 방식

민법상의 대리는 현명주의를 원칙으로 하며, 민법상 대리인이 본인을 표시하지 아니한 행위는 본인에 대하여 효력이 없고 그 의사표시는 대리인 자신을 위한 것으로 본다(민법 제114·제115조).

상법에서는 상거래의 간이성과 신속성을 위하여 비현명주의를 채택하고 있다. 즉 상행위의 대리인이 본인을 위한 것임을 표시하지 아니하여도 그 행위는 본인에 대하여 효력이 있다.

따라서 상대방이 본인을 위한 것임을 알지 못한 때에는 대리인에 대하여도 이행의 청구를 할 수 있으며 본인과 대리인은 부진정연대채무 관계에 있다(제48조).

어음·수표행위의 대리에 있어서는 어음·수표의 문언성 때문에 본인을 위한 것임을 표시 하여야 한다.

민법상의 대리에서는 대리인의 대리권한 밖의 행위는 원칙적으로 본인에 대해 효력이 없지만(민법 제114조·제115조) 상법상의 대리에서는 위임권한 밖의 행위도 본인에게 효력이 있다(제49조).
민법상의 대리관계는 본인의 사망에 의하여 소멸한다. 기업의 유지와 거래의 안전을 위하여 상행위의 위임에 의한 대리권은 본인의 사망으로 인하여 소멸하지 아니한다(제50조).

3. 상행위의 위임

민법상의 수임인은 '위임의 본지에 따라 선량한 관리자의 주의'로써 위임사무를 처리하여야 한다(민법 제681조).
상행위의 위임을 받은 자는 위임의 본지에 반하지 아니한 범위 내에서 위임을 받지 아니한 행위를 할 수 있다(제49조).
상법의 규정은 민법의 규정을 선명하게 하기 위한 주의규정이다(다수설).[117)]

4. 소멸시효기간

민사채권의 소멸시효기간은 10년이다(민법 제162조 제1항). 그러나 상행위로 인한 채권은 본법에 다른 규정이 없는 때에는 5년간 행사하지 아니하면 소멸시효가 완성한다. 다른 법령에 이보다 단기의 시효의 규정이 있는 때에는 그 규정에 의한다(제64조).
상행위로 인하여 생긴 채권이어야 하며 기본적상행위·보조적 상행위·쌍방적 상행위·일방적 쌍행위의 구별없이 모두 적용된다.
채권은 직접 상행위로 인하여 발생한 채권뿐만 아니라 이와 동일성이 있거나 이로부터 변형된 채권(채무불이행으로 인한 손해배상청구권, 계약해제에 따른 원상회복청구권)도 포함이 된다.[118)]
상사시효기간은 상법에 2년(제662조, 제848조), 1년(제121조, 제122조, 제147조, 제662조, 제811조, 제812조, 제831조, 제842조), 6월(제154조) 등 특칙이 있는 때에는 적용하지 아니

117) 최기원, 전게서, 226면
118) 최준선, 전게서, 228면.

하며, 상법 이외의 다른 법령에서 5년보다 짧은 시효의 규정이 있는 경우에도 적용하지 아니한다(민법 제163조, 제164조, 어음법 제70조).[119)]

제2절 민법 물권편에 대한 특칙

1. 상사유치권

(1) 서론

계속적으로 상거래가 유지되기 위해서는 상대방에 대한 신뢰의 담보가 강화될 필요가 있다. 상대적으로 요건과 절차가 엄격한 민법상의 유치권 보다는 상인간의 거래에서 신속하고 편리한 방법으로 담보를 취득하기 위한 목적에서 상사유치권이 나타나게 되었다.[120)]

상사유치권이란 상인간의 상행위로 인한 채권이 변제기에 있는 때에는 채권자는 변제를 받을 때까지 그 채무자에 대한 상행위로 인하여 자기가 점유하고 있는 채무자 소유의 물건 또는 유가증권을 유치할 수 있는 권리이다. 그러나 당사자간에 다른 약정이 있으면 그러하지 아니하다(제58조).

(2) 요건

1) 당사자

당사자의 쌍방이 상인이어야 한다.

2) 피담보채권

민사유치권이 '유치목적물에 관하여 생긴 채권'만이 피담보채권이 되는 반면에(민법 제320조), 상사유치권은 쌍방적 상행위이어야 하며 상행위로 인한 채권이 변제기에 있어야 한다.

---

119) 최준선, 전게서, 228면.
120) 이철송, 전게서, 297면.

3) 목적물

채권자가 유치할 수 있는 목적물은 채무자 소유의 물건(부동산 포함) 또는 유가증권에 한한다. 또한 목적물은 채권자가 채무자와의 상행위로 인하여 취득한 상행위로 인하여 점유를 취득한 것이어야 한다.

4) 피담보채권의 목적물과의 견련성

민법상의 민사유치권의 경우에는 피담보채권과 유치물 사이에 개별적인 견련성을 요구하는데 반하여, 상인간의 일반상사유치권에서는 일반적 관련성만 있으면 된다.[121)]

5) 유치권 배제의 특약

상사유치권에 관한 규정은 임의규정이므로 명시적 혹은 묵시적인 방법으로 유치권배제의 특약을 할 수 있다(제58조 단서).

2. 유질계약의 허용

민법에서는 질권설정시 또는 채무변제기전 계약으로 질권자에게 변제에 갈음하여 질물의 소유권을 취득하게 하거나 법률에 의하여 질물을 처분할 것을 약정하지 못하지만(민법 제339조), 상법에서는 기업금융의 원활화와 상사채권 담보의 강화를 위하여 상행위로 발생한 채권을 담보하기 위하여 설정한 질권에 대하여는 민법 제339조를 적용하지 않는다(제59조).

제3절 민법 채권편에 대한 특칙

1. 상사계약

(1) 계약청약의 효력

---

121) 최기원, 전게서, 236면.

1) 대화자간의 청약의 구속력

대화자간의 계약의 청약은 상대방이 즉시 승낙하지 아니한 때에는 그 효력을 잃는다(제51조).

2) 격지자간의 청약의 구속력

① 현행 규정

격지자간의 계약의 청약은 승낙기간이 없으면 상대방이 상당한 기간 내에 승낙의 통지를 발송하지 아니한 때에는 그 효력을 잃는다(제52조). 지연된 승낙은 청약자가 이를 새로운 청약으로 볼 수 있다(민법 제530조 준용).

계약의 성립시기에 관하여는 민법의 원칙인 도달주의(민법 제111조)를 취하고 있지만 상법은 거래의 신속을 도모하기 위하여 발신주의를 취하고 있다.

② 상법개정안

개정안은 격지자간 계약의 청약에 있어서 승낙기간이 없으면 상대방이 상당한 기간내에 승낙의 통지를 발송하지 아니한 때에 그 효력을 상실한다는 현행 격지자간의 청약의 구속력 규정을 삭제하였다.

현 행	개정안
제52조 (격지자간의 청약의 구속력) ① 격지자간의 계약의 청약은 승낙기간이 없으면 상대방이 상당한 기간내에 승낙의 통지를 발송하지 아니한 때에는 그 효력을 잃는다. ② 민법 제530조의 규정은 전항의 경우에 준용한다.	제52조 (격지자간의 청약의 구속력) **(삭제)**

현행 제52조는 격지자간 계약에 있어서 승낙기간이 없는 경우에는 발신주의를 채택하여 발송한 때에 확정적으로 효력이 발생함을 명확히 하고 있는 규정이다. 그러나 승낙기간이 있는 경우에는 「상법」에 특별한 규정이 없어 「민법」제528조와 제531조[122]가 적

122) 민법 第528條(承諾期間을 定한 契約의 請約) ① 承諾의 期間을 定한 契約의 請約은 請約者가 그 期

용됨에 따라 승낙기간 유무에 따라 효력발생시기가 서로 상이해지는 문제가 있다. 따라서 현행 제52조를 삭제하여 격지자간의 청약에 관하여는 승낙기간 유무와 관계없이 모두 「민법」규정의 적용을 받도록 하였다.[123)]

[관련판례]

① 이의가 없으면 승낙으로 간주한다는 표시의 효력

청약자가 미리 정한 기간 내에 이의를 하지 아니하면 승낙한 것으로 간주한다는 뜻을 청약시 표시한 경우 그 효력 : 청약이 상시거래관계에 있는 자 사이에 그 영업부류에 속한 계약에 관하여 이루어진 것이어서 상법 제53조가 적용될 수 있는 경우가 아니라면, 청약의 상대방에게 청약을 받아들일 것인지 여부에 관하여 회답할 의무가 있는 것은 아니므로, 청약자가 미리 정한 기간 내에 이의를 하지 아니하면 승낙한 것으로 간주한다는 뜻을 청약시 표시하였다고 하더라도 이는 상대방을 구속하지 아니하고 그 기간은 경우에 따라 단지 승낙기간을 정하는 의미를 가질 수 있을 뿐이다.[124)]

(2) 계약의 청약을 받은 상인의 의무

1) 낙부통지의무

민법에서는 계약의 청약을 받은자는 낙부통지의무가 없다. 이에 반하여 상법에서는 상인이 상시 거래관계에 있는 자로부터 그 영업부류에 속한 계약의 청약을 받은 때에는 지체 없이 낙부의 통지를 발송하여야 한다. 이를 해태한 때에는 승낙한 것으로 보아야 한다(제53조).

청약을 받은자는 상인이어야 하지만 청약자는 상인이 아니라도 무방하다. 청약은 기본적 상행위·준상행위에 속하는 거래이어야 하며 당사자 사이의 배제특약이나 관습 또

間內에 承諾의 通知를 받지 못한 때에는 그 效力을 잃는다.

② 承諾의 通知가 前項의 期間後에 到達한 境遇에 普通 그 期間內에 到達할 수 있는 發送인 때에는 請約者는 遲滯없이 相對方에게 그 延着의 通知를 하여야 한다. 그러나 그 到達前에 遲延의 通知를 發送한 때에는 그러하지 아니하다.

③ 請約者가 前項의 通知를 하지 아니한 때에는 承諾의 通知는 延着되지 아니한 것으로 본다.

민법 第531條(隔地者間의 契約成立時期) 隔地者間의 契約은 承諾의 通知를 發送한 때에 成立한다.

123) 진정구, 전게보고서, 16면.

124) 대법원 1999. 1. 29, 98 다 48903 판결.

는 기타 특수한 사정이 없어야 한다.

청약을 받은자의 통지의무는 불완전 의무로서 통지의 해태는 계약성립의 효과를 수반한다. 그러므로 청약에 따라 계약을 체결하고자 할 때에는 승낙의 통지를 청약을 거절하고자 할 때에만 지체 없이 거절의 통지를 발송하면 된다. 청약이 사기에 의한 경우나 청약의 내용에 착오가 있을 때에는 거절통지의 해태로 인한 승낙을 취소할 수 있다(민법 제109조 · 제110조).[125)]

2) 물건보관의무

민법에서는 청약과 함께 물건을 받은 경우 청약을 거절하였을 때에는 물건의 반환이나 보관의 의무가 없다.

그러나 상법은 상인이 그 영업부류에 속한 계약의 청약을 받은 경우에 견품 기타의 물건을 받은 때에는 그 청약을 거절한 때에도 청약자의 비용으로 그 물건을 보관하여야 한다. 그러나 그 물건의 가액이 보관의 비용을 상환하기에 부족하거나 보관으로 인하여 손해를 받을 염려가 있는 때에는 그러하지 아니하다(제60조).

청약을 받은자는 상인이어야 하지만 청약을 한자는 상인이 아니라도 무방하다. 물건의 보관은 선량한 관리자의 주의로써 신의성실의 원칙(민법 제2조)에 따라야 하며 물건의 멸실위험이 있을 때에는 사무관리 규정이 적용되어 긴급 매각하여야 한다(민법 제734조 이하).

2. 법정이율

상사법정이율로 상행위로 인한 채무의 법정이율은 연 6분으로 한다(제54조). 어음·수표에 의한 채무는 상행위와 관계없이 법정이율이 연 6분이다(어음법 제48조, 제49조; 수표법 제44조, 제45조).

3. 법정이자청구권

1) 현행규정

상인간에서 금전의 소비대차를 한 때에는 대주는 법정이자를 청구할 수 있다. 상인이

125) 최기원, 전게서, 241면.

그 영업범위 내에서 타인을 위하여 금전을 체당한 때에는 체당한 날 이후의 법정이자를 청구할 수 있다(제55조).

금전의 체당이란 타인을 위하여 채무의 변제로서 금전을 지급하는 것을 말하고, 위임·도급·고용·사무관리 등의 경우에 하게 된다.[126] 체당금의 경우는 상대방의 상인성 여부와 관계없이 이자청구가 가능하다.[127]

2) 상법개정안

개정안은 「상법」상 법정이자를 청구할 수 있도록 한 경우를 “상인 간에서 금전의 소비대차를 한 때”에서 “상인이 영업에 관하여 금전을 대여한 경우”에 상법상 법정이자를 청구할 수 있도록 변경 하였다.

현 행	개정안
제55조 (법정이자청구권) ① 상인간에서 금전의 소비대차를 한 때에는 대주는 법정이자를 청구할 수 있다. ② 상인이 그 영업범위내에서 타인을 위하여 금전을 체당한 때에는 체당한 날 이후의 법정 이자를 청구할 수 있다.	제55조 (법정이자청구권) ① **상인이 그 영업에 관하여 금전을 대여한 경우에는** 법정이자를 청구할 수 있다. ② 상인이 그 영업범위내에서 타인을 위하여 금전을 체당한 때에는 체당한 날 이후의 법정 이자를 청구할 수 있다.

상인이 비상인간에 금전의 소비대차를 한 때에는 행위가 상행위임에도 불구하고 상법상 법정이자를 청구할 수 없다(제55조). 그러나 상인이 비상인에 대하여 보수청구가 가능한 점(제61조), 상인이 비상인을 위하여 체당한 금액에 이자청구가 가능한 점 등을 고려해본다면 상대적으로 불균형하게 규정되어 있기 때문에 상인간에는 물론이고 상인이 그 영업에 관하여 비상인에게 금전을 대여한 경우에도 「상법」상 법정이자를 청구할 수 있도록 한 개정안은 타당하다.[128]

126) 부동산 중개인이 매수인의 취·등록세 등의 비용을 대납하는 경우이다.
127) 최기원, 전게서, 244면.
128) 진정구, 전게보고서, 18~19면.

4. 상행위의 유상성

민법에 의하면 수임인은 특별한 약정이 없으면 위임인에 대하여 보수를 청구하지 못한다(민법 제686조).

그러나 상법에서는 상인이 그 영업범위 내에서 타인을 위하여 행위를 한 때에는 이에 대하여 상당한 보수를 청구할 수 있다(제61조).

영업범위 내의 행위란 영업적 상행위 또는 영업을 위하여 하는 상행위 양자 모두 해당하며 이러한 행위를 하는자 역시 상인임을 필요로 하지 않는다(통설).

'타인을 위하여'란 타인의 이익을 위하여 라는 의미이며 보수지급배제의 특약 혹은 상거래관행이 없어야 한다.

5. 상사채무의 이행

1) 현행규정

민법에서는 채무의 성질 또는 당사자의 의사표시로 변제장소를 정하지 아니한 때에는 특정물의 인도는 채권성립당시에 그 물건이 있던 장소에서 하여야 한다. 또한 특정물 인도이외의 채무변제는 채권자의 현주소에서 하여야 한다. 그러나 영업에 관한 채무의 변제는 채권자의 현영업소에서 하여야 한다(민법 제467조).

지점에서의 거래로 인한 채무이행의 장소가 그 행위의 성질 또는 당사자의 의사표시에 의하여 특정되지 아니한 경우에는 특정물의 인도이외의 채무의 이행은 그 지점을 이행장소로 본다(제56조).[129)]

2) 상법개정안

개정안은 지점거래의 채무이행장소를 정함에 있어서 단순히 '지점'으로 규정되어 있는 것을 '채권자의 지점'으로 한정함으로써 채권자의 지점 거래의 경우에만 「상법」으로 규율하고, 채무자의 지점 거래의 경우에는 「민법」의 규정(제467조제2항 단서)에 따르도록 하고 있다.

---

129) 즉 지점거래시 채무자의 지점이 이행장소가 된다는 점에서 상법 제56조는 지참채무의 일반원칙에 대한 특칙이다. 최기원, 전게서, 247면.

현 행	개정안
第56条 (지점거래의 채무이행장소) 지점에서의 거래로 인한 채무이행의 장소가 그 행위의 성질 또는 당사자의 의사표시에 의하여 특정되지 아니한 경우에는 특정물의 인도이외의 채무의 이행은 그 지점을 이행장소로 본다.	第56条 (지점거래의 채무이행장소) **채권자의 지점에서의 거래로** 인한 채무이행의 장소가 그 행위의 성질 또는 당사자의 의사표시에 의하여 특정되지 아니한 경우에는 특정물의 인도이외의 채무의 이행은 그 지점을 이행장소로 본다.

현행 第56조에 의할 경우 채무자의 지점에서 거래가 이루어진 경우에는 채무자의 지점이 채무이행의 장소가 되는데, 이는 「민법」제467조제2항 단서[130]에 배치된다. 따라서 이러한 거래에 따른 채무이행장소는 「민법」에 맡기고, 「상법」에서는 '채권자의 지점에서의 거래'에 한하도록 하려는 것으로서 타당하다[131]

6. 채무이행의 시기

법령 또는 관습에 의하여 영업시간이 정하여져 있는 때에는 채무의 이행 또는 이행의 청구는 그 시간내에 하여야 한다(제63조). 제63조는 채권자 또는 채무자 중 일방만이 상인인 경우에도 적용된다.

7. 연대채무

민법에서는 채권자나 채무자가 수인인 경우에 특별한 의사표시가 없으면 각채권자 또는 각채무자는 균등한 비율로 권리가 있고 의무를 부담한다(민법 제408조).

상법에서는 제57조에서 다수채무자간 또는 채무자와 보증인의 연대에 대하여 다음과 같이 규정하고 있다. 수인이 그 1인 또는 전원에게 상행위가 되는 행위로 인하여 채무를 부담한 때에는 연대하여 변제할 책임이 있다(제57조 제1항).

이 특칙은 연대채무를 강화하여 채권자의 이익을 보호하고 거래의 안전을 도모하는데

130) 민법 第467條(辨濟의 場所) ② 前項의 境遇에 特定物引渡以外의 債務辨濟는 債權者의 現住所에서 하여야 한다. 그러나 營業에 關한 債務의 辨濟는 債權者의 現營業所에서 하여야 한다.
131) 진정구, 전게보고서, 17~18면.

1. 분할채무의 원칙 : 하나의 거래로 둘 이상의 채무가 있는 경우 각자의 부담부분에 한하여 책임

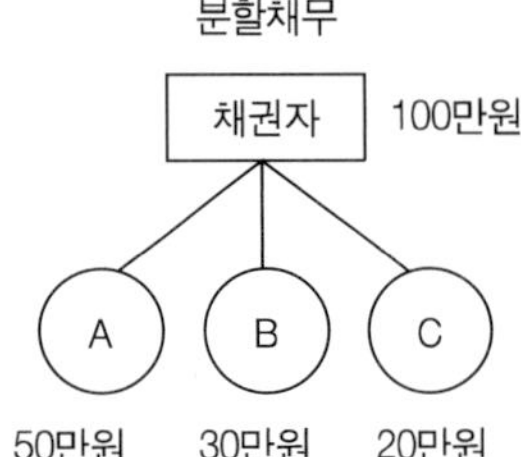

*법률관계
100만원 중 A는 50만원, B는 30만원, C는 20만원만 변제하면 된다.

2. 연대채무 : 각 채무자의 부담부분은 의미가 없고 각자 전액에 대하여 책임을 져야 한다.

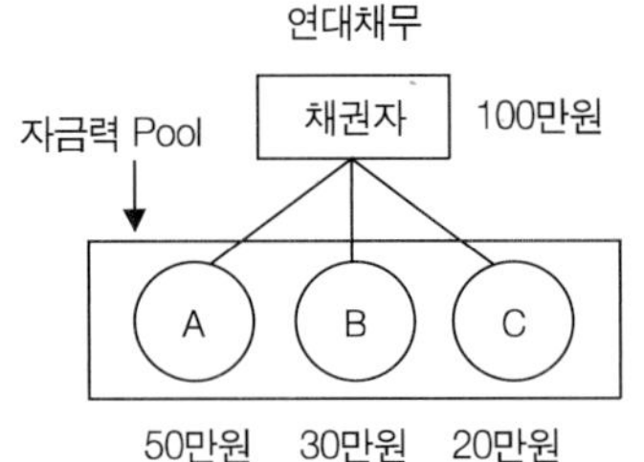

*법률관계
100만원 중 A, B, C 에게 순차적 전액변제 혹은 동시변제 청구가능
(300만원 아니고 100만원 변제 모두의 채무 소멸)
A가 자력이 없어 자기부담분 50만원을 미변제 하더라도 B와 C가 부담이 가능하다.

[그림 11] 연대채무의 개념

그 목적이 있으며 임의규정이기 때문에 다른 약정도 가능하다.

민법에 의하면 보증인은 특약이 없는 한 최고 및 검색의 항변권이 있으며(민법 제437조), 보증인이 수인일 때에는 분별의 이익을 갖는다(민법 제439조).

그러나 상법에 의하면 보증인이 있는 경우에 그 보증이 상행위이거나 주채무가 상행위로 인한 것인 때에는 주채무자와 보증인은 연대하여 변제할 책임이 있다(제57조 제2항).

8. 상사임치

민법에서는 보수없이 임치를 받은 자는 임치물을 자기재산과 동일한 주의로 보관하여야 한다(민법 제695조). 상법에서는 상인이 그 영업범위내에서 물건의 임치를 받은 경우에는 보수를 받지 아니하는 때에도 선량한 관리자의 주의를 하여야 한다(제62조).

이는 상인은 상거래의 안전을 위하여 평균인 이상의 주의의무를 진다고 볼 수 있다는 점, 그리고 수치행위 자체는 무상이더라도 기업활동의 특성에 비추어 다른 형태로 보상을 받는 것이 일반적이라는 점 등을 고려하여 유·무상의 구별없이 선관주의 의무를 부과한 것이다. 상사임치시 상행위는 영업적 상행위와 보조적 상행위를 포함하는 개념이다.[132)]

[관련판례]

A와 B의 임치계약에 의하여 건고추를 창고업자인 C 소유의 냉동창고 중 B가 임차한 부분에 운반, 적치하고 그 입고시에 C가 A에게 제시한 서류만을 근거로 하여 그 서류에 기재된 입고량에 따른 인수증을 A에게 발행하였다면 A와 B간의 위 임치계약은 위 창고부분의 소유자이자 임대인인 C가 가동하는 냉동시설의 가동에 의하여 그 계약목적을 달성하려는 것이 당연 전제되어 있다고 보이는데다 창고업자인 C의 그 영업범위 내에서 위 건고추의 입고와 보관에 관여한 점 등에 비추어, C는 위 물품인수증을 A에게 발행함으로써 A에 대한 관계에서는 적어도 위 건고추에 대한 무상수치인의 지위에서 선량한 관리자로서의 주의의무를 진다.[133]

132) 이철송, 전게서, 321~322면.
133) 대법원 1994.4.26. 선고 93 다 62539 판결.

제 3 장 상사매매

제1절 매매에 관한 규정의 적용

상사매매는 상인과 상인간의 매매를 의미한다. 상법 제67조부터 제71조까지의 규정은 당사자 쌍방이 상인일 때, 당사자 쌍방에게 모두 상행위가 되는 매매행위이고 반대의 약정이 없을 때 적용되는 규정으로 법률관계를 신속히 종결하고 매도인의 이익을 보호하기 위한 규정이다.

제2절 매도인의 공탁권 및 경매권

1. 공탁권

민법에서는 매도인이 목적물을 공탁하기 위해서는 매수인이 변제를 받지 아니하거나 받을 수 없는 때 매수인을 위하여 공탁을 할 수 있으며 매도인이 과실없이 매수인을 알 수 없어야 한다(민법 제487조).

매도인은 매수인에 대하여 공탁비용의 상환청구권을 갖는다.

상인간의 매매에 있어서 매수인이 목적물의 수령을 거부하거나 이를 수령할 수 없는 때에는 매도인은 그 물건을 공탁할 수 있다. 이 경우에는 지체 없이 매수인에 대하여 그 통지를 발송하여야 한다(제67조 제1항).

2. 경매권(자조매각권)

민법에서는 변제의 목적물이 공탁에 적당하지 아니하거나 멸실 또는 훼손될 염려가 있거나 공탁에 과다한 비용을 요하는 경우에는 변제자는 법원의 허가를 얻어 그 물건을 경매하거나 시가로 방매하여 대금을 공탁할 수 있다(민법 제490조).

상인간의 매매에 있어서 매수인이 목적물의 수령을 거부하거나 이를 수령할 수 없는 때에는 매도인은 상당한 기간을 정하여 최고한 후 경매할 수 있다. 이 경우에는 지체 없이 매수인에 대하여 그 통지를 발송하여야 한다(제67조 제1항).

매수인에 대하여 최고를 할 수 없거나 목적물이 멸실 또는 훼손될 염려가 있는 때에는 최고 없이 경매할 수 있다(제67조 제2항).

매도인이 그 목적물을 경매한 때에는 그 대금에서 경매비용을 공제한 잔액을 공탁하여야 한다. 그러나 그 전부나 일부를 매매대금에 충당할 수 있다(제67조 제3항).

상법상의 경매권은 보충성을 필요로 하지 않으며 법원의 허가를 얻지 않아도 된다. 또한 경매대금을 직접 매매대금에서 충당을 허용함으로써 민법상의 일반규정보다 매도인 보호를 강화시키고 있다.

제3절 매수인의 검사·하자통지의무

1. 상법의 규정

상인간의 매매에 있어서 매수인이 목적물을 수령한 때에는 지체 없이 이를 검사하여야 하며 하자 또는 수량의 부족을 발견한 경우에는 즉시 매도인에게 그 통지를 발송하지 아니하면 이로 인한 계약해제, 대금감액 또는 손해배상을 청구하지 못한다. 매매의 목적물에 즉시 발견할 수 없는 하자가 있는 경우에 매수인이 6월 내에 이를 발견한 때에도 같다. 이 경우에 매도인이 악의인 경우에는 적용하지 아니한다(제69조).

상사매매를 신속하게 종결시켜 매도인의 이익을 보호하기 위한 규정으로 매수인이 자기에게 유리한 시기를 택하여 권리를 행사하게 하여 매도인의 위험부담으로 투기적인 거래를 하는 폐혜를 방지하는데 있다. 또한 목적물 수령 후 시간이 지나 하자가 문제되는 경우 매도인이 인도당시에 하자가 없다는 사실을 증명하는 것이 어렵고 전매의 기회까지 잃게 되는 손해가 생긴 것이므로 이를 방지할 필요가 있다.[134)]

[관련판례]

① 상인자격의 취득시기와 매수인의 검사 · 하자통지의무

영업의 목적인 기본적 상행위를 개시하기 전에 영업을 위한 준비행위를 하는 자는 영업으로 상행위를 할 의사를 실현하는 것이므로 그 준비행위를 한 때 상인자격을 취득함과 아울러 이 개업준비행위는 영업을 위한 행위로서 그의 최초의 보조적 상행위가 되는 것이고, 이와 같은 개업준비행위는 반드시 상호등기 · 개업광고 · 간판부착 등에 의하여 영업의사를 일반적 · 대외적으로 표시할 필요는 없으나 점포구입 · 영업양수 · 상업사용인의 고용 등 그 준비행위의 성질로 보아 영업의사를 상대방이 객관적으로 인식할 수 있으면 당해 준비행위는 보조적 상행위로서 여기에 상행위에 관한 상법의 규정이 적용된다.

부동산임대업을 개시할 목적으로 그 준비행위의 일환으로 당시 같은 영업을 하고 있던 자로부터 건물을 매수한 경우, 위 매수행위는 보조적 상행위로서의 개업준비행위에 해당하므로 위 개업준비행위에 착수하였을 때 상인자격을 취득한다.

상법 제69조는 상거래의 신속한 처리와 매도인의 보호를 위한 규정인 점에 비추어 볼 때, 상인간의 매매에 있어서 매수인은 목적물을 수령한 때부터 지체 없이 이를 검사하여 하자 또는 수량의 부족을 발견한 경우에는 즉시 매도인에게 그 통지를 발송하여야만 그 하자로 인한 계약해제, 대금감액 또는 손해배상을 청구할 수 있고, 설령 매매의 목적물에 상인에게 통상 요구되는 객관적인 주의의무를 다하여도 즉시 발견할 수 없는 하자가 있는 경우에도 매수인은 6월내에 그 하자를 발견하여 지체 없이 이를 통지하지 아니하면 매수인은 과실의 유무를 불문하고 매도인에게 하자담보책임을 물을 수 없다고 해석함이 상당하다.[135)]

② 상법 제69조의 적용

사과의 과심이 썩은 하자는 상법 제69조 제1항 소정의 "즉시 발견할 수 없는 하자"에 해당한다.

약 5,000평의 사과나무 과수원을 경영하면서 그 중 약 2,000평 부분의 사과나무에서 사과를 수확하여 이를 대부분 대도시의 사과판매상에 위탁판매한다면 이는 영업으로 사

---

134) 최기원, 전게서, 257면, 대법원 1987.7.21 86 다카 2446 판결.
135) 대법원 1999. 1. 29, 선고 98 다 1584 판결.

과를 판매하는 것으로 볼 수 없으니 상인이 아니다.

매수인에게 즉시 목적물의 검사와 하자통지를 할 의무를 지우고 있는 상법 제69조의 규정은 상인간의 매매에 적용되는 것이며 매수인이 상인인 한 매도인이 상인인지 여부를 불문하고 위 규정이 적용되어야 하는 것은 아니다.[136]

2. 민법의 원칙

매수인은 매매의 목적물에 하자가 있는 것을 안 날로부터 6월이내에 매도인에게 행사하여야 한다. 다만 매수인이 하자 있는 것을 알았거나 과실로 인하여 이를 알지 못한 때에는 그러하지 아니하다(민법 제580조).

3. 요 건

당사자 쌍방이 상인이어야 한다. 목적물이 매수인에게 수령되어야 한다. 목적물을 실제로 검사할 수 있어야 하므로 화물상환증의 인도와 같은 목적물반환청구권의 양도는 제외된다.[137]

목적물에 물건의 하자나 수량부족이 있어야 한다. 매도인이 목적물을 인도할 당시에 물건의 하자 또는 수량부족을 인식하지 못했어야 한다.

4. 효 과

매수인이 의무를 이행한 때에는 상법상 특별한 규정이 없기 때문에 민법의 일반원칙에 의하여 매도인에게 담보책임을 물을 수 있다. 그러나 매수인이 통지의무를 해태한 경우 목적물의 하자가 치유되어 매도인은 담보책임을 부담하지 않는다. 매도인이 목적물을 부분적으로 인도하고 그 일부의 목적물에 대하여만 통지의무를 해태한 때에는 그 목적물에 대한 권리만을 상실한다.

---

136) 대법원 1993. 6. 11. 선고 93 다 7174·7181 판결.
137) 최기원, 전게서, 260면.

제4절 매수인의 목적물보관·공탁의무

1. 상법의 규정

(1) 매수인의 목적물보관, 공탁의무

상법 제69조에 따라 매수인이 계약을 해제한 때 매도인의 비용으로 매매의 목적물을 보관 또는 공탁하여야 한다. 그러나 그 목적물이 멸실 또는 훼손될 염려가 있는 때에는 법원의 허가를 얻어 경매하여 그 대가를 보관 또는 공탁하여야 한다. 이에 따라 매수인이 경매한 때에는 지체없이 매도인에게 그 통지를 발송하여야 한다(제70조).

또한 목적물의 인도장소가 매도인의 영업소 또는 주소와 동일한 특별시·광역시·시·군에 있는 때에는 이를 적용하지 아니한다.

(2) 수량초과 등의 경우

매수인의 목적물보관, 공탁의무(제70조)의 규정은 매도인으로부터 매수인에게 인도한 물건이 매매의 목적물과 상위하거나 수량이 초과한 경우에 그 상위 또는 초과한 부분에 대하여 준용한다(제71조).

2. 민법의 원칙

매매의 목적물의 하자 또는 수량부족에 의하여 매수인이 계약을 해제한 경우에 각 당사자는 원상회복의무(목적물반환의무)가 있다(민법 제548조).[138)]

3. 상법 제70조·제71조의 의의

상사매매에 민법의 원칙을 적용한다면 매도인은 운송의 위험과 운송비를 부담하게 되어 비경제적이고 목적물 소재지에서의 전매의 기회를 상실하게 되기 때문에 특별한 규정을 입법화 하였다.

---

138) 최기원, 전게서, 278면.

4. 요 건

(1) 목적물의 수량부족 또는 하자

매수인이 목적물을 수령한 후 매매의 목적물의 하자 또는 수량의 부족을 발견한 경우 계약을 해제하거나 매도인으로부터 매수인에게 인도한 물건이 매매의 목적물과 상위하거나 수량이 초과한 경우에 그 상위 또는 초과한 부분이 있어야 한다.

(2) 격지매매

매도인의 영업소와 목적물의 인도장소가 매도인의 영업소 또는 주소와 동일한 특별시·광역시·시·군에 있는 때에는 이를 적용 되지 않는다(제70조 3항, 제71조).

(3) 매도인의 선의

매도인은 선의이어야 한다.

5. 효 과

매수인의 목적물 보관 공탁·경매 등을 '긴급매각'이라고 하는데, 이 경우에는 지체 없이 매도인에게 그 통지를 발송(발신주의)하여야 하고 통지의무를 위반한 경우에는 민법의 일반원칙에 따라 매도인에 대하여 손해배상책임을 진다.

제5절 확정기매매의 해제

1. 상법의 규정

상인간의 매매에 있어서 매매의 성질 또는 당사자의 의사표시에 의하여 일정한 일시 또는 일정한 기간 내에 이행하지 아니하면 계약의 목적을 달성할 수 없는 경우에 당사자의 일방이 이행시기를 경과한 때에는 상대방은 즉시 그 이행을 청구하지 아니하면 계약을 해제한 것으로 본다(제68조).

2. 민법의 원칙

민법상 정기행위의 일종인데, 민법상 정기행위의 경우에는 '당사자 일방이 그 시기에 이행하지 아니한 때에는 상대방은 그 이행을 최고하지 아니하고 계약을 해제할 수 있다'(민법 제545조).

3. 요 건

매매의 성질상 일정한 일시 또는 일정한 기간 내에 이행하지 아니하면 계약의 목적을 달성할 수 없는 매매이어야 한다. 채무자의 귀책사유에 의한 채무불이행(이행시기의 경과)이 있어야 한다.

4. 효 과

민법상으로는 해제의 의사표시가 있어야 법적효과가 발생하는데 반하여 상법에서는 상대방이 즉시이행청구를 하지 않는 경우 해제된 것으로 의제한다.
확정기매매계약은 해제된 것으로 본다. 당사자일방이 계약을 해제한 때에는 각당사자는 제3자의 권리를 해하지 않는 한 그 상대방에 대하여 원상회복의 의무가 있으며 손해배상책임을 부담한다(민법 제548조 · 제549조 · 제551조).

제 4 장 상행위의 특수계약

제1절 상호계산

1. 의 의

상호계산은 상인간 또는 상인과 비상인간에 상시 거래관계가 있는 경우에 일정한 기간의 거래로 인한 채권채무의 총액에 관하여 상계하고 그 잔액을 지급할 것을 약정함으로써 그 효력이 생긴다(제72조).

상호계산은 상거래의 결제를 간편하게 하는 한편, 경제활동을 신속하고 원활하게 할 수 있다. 담보화 기능 및 신용제공의 기능도 한다.

상법상의 특수한 낙성계약으로서 채권·채무가 대등액에서 소멸되는 점은 민법상의 상계와 동일하지만, 상호계산은 포괄적인 채무를 소멸시키는 계약인 점에서 차이가 있다.

당사자 중 일방은 상인이어야 하며 당사자 간에는 상시거래관계에 있어야 한다. 상호계산의 목적이 되는 것은 일정기간 내의 거래로 인한 채권채무 이어야 하며 총액을 상계하기 때문에 금전채무로 한정된다.

당사자가 상계할 계산을 기재하지 아니한 때에는 그 기간을 6월로 한다(제74조).

2. 상호계산기간 중의 효력(상호계산불가분의 원칙)

(1) 당사자간의 효력

상호계산 기간 중에는 개별적인 채권의 행사가 불가능하며 개별채권은 독립성을 상실하고 정지상태에 놓이게 되는데 이를 상호계산불가분(Uniteilbarkeit des Kontokorrents)의 원칙이라 한다.

그러나 어음 기타의 상업증권으로 인한 채권채무를 상호계산에 계입한 경우에 증권채무자가 변제하지 아니한 때에는 당사자는 그 채무의 항목을 상호계산에서 제거할 수 있다(제73조).

(2) 제3자에 대한 효력

기술성과 신용성을 바탕으로 하는 입법 의도상 '당사자에게만 효력이 있으며 당사자의 일방이 이러한 원칙에 반하여 채권을 양도 · 입질한 경우 선의의 제3자에게는 대항하지 못하고 손해배상의 의미만 있다'는 부정설(상대적 효력설)이 다수설이다.

3. 상호계산기간만료 후의 효력(적극적 효력)

(1) 계산서의 승인과 이의

당사자가 채권채무의 각 항목을 기재한 계산서를 승인한 때에는 그 각 항목에 대하여 이의를 하지 못한다. 그러나 착오나 탈루가 있는 때에는 그러하지 아니하다(제75조).

(2) 잔액채권의 성립 및 확정

상호계산의 기간이 만료되면 상호계산에 포함되었던 채권 · 채무의 총액을 일괄상계하여 지급잔액이 확정된다. 잔액은 당사자의 일방이 채권 · 채무의 각 항목과 상계잔액을 기재한 계산서를 제출하여 상대방이 이를 승인함으로써 확정된다(제75조).[139]

잔액채권은 상호계산의 각 당사자가 '승인'함으로써 확정되며, 이 승인은 구 채권 · 채무를 소멸시키고 새로운 채권 · 채무를 발생시키는 경개[140] 적 효력을 갖는다(민법 제500조).

---

139) 최기원, 전게서, 278면.

140) 우리법상에서 경개라 함은 채무의 중요한 부분을 변경함으로써 구채무를 소멸시키는 동시에 신채무를 성립시키는 계약을 말한다. 경개는 특별한 양식을 요하지 않으며 낙성계약, 구채무의 소멸에 대한 대가로서 유상계약, 신구채무의 성립과 소멸을 인과관계로 갖는 유상계약이다.경개는 다음과 같은 점에서 대물변제 및 채권양도와 채무인수와는 구별된다. 대물변제는 본래의 급부에 갈음하는 다른 급부의 실현에 의해 채권을 소멸시키는 점에서 경개와 유사하지만 그러나 대물변제는 본래의 급부에 갈음하는 다른 급부를 현실로 이행할 것을 내용으로 하는 요물계약이다. 채권양도는 당사자의

잔액채권의 확정 후에는 상계로 인한 잔액에 대하여는 채권자는 계산폐쇄일 이후의 법정이자를 청구할 수 있다(제76조).

4. 상호계산의 종료

(1) 상호계산의 해지

각 당사자는 언제든지 상호계산을 해지할 수 있다. 이 경우에는 즉시 계산을 폐쇄하고 잔액의 지급을 청구할 수 있다(제77조).

(2) 종료원인

1) 일반종료원인

존속기간의 만료와 일반적인 당사자의 사망 혹은 회사의 해산 등 계약의 종료원인에 의하여 종료된다.

2) 특별종료원인

상법상 특별종료원인으로 해지가 있으며(제77조), 해지의 의사표시는 상대방에게 도달하여야 효력이 있다.

(3) 종료효과

당사자일방의 파산의 경우에는 그 잔액채권은 파산재단에 속하거나 파산채권이 된다(파산법 제57조 2항).

의사와 관계없이 이루어 지는 점에서 채권자 변경으로 인한 경개와 구별된다. 면책적 채무인수는 채권자의 의사를 무시할 수 없기 때문에 채무변경으로 인한 경개와 구별에 문제가 있다. 신구채무가 동일성을 결여한 것으로 판단되는 경우에 한하여 경개의 성립이 인정된다. 윤철홍, 「요해 채권총론」, 1999, 법원사, 369면.

5. 상호계산 계약서 예시[141)]

상호계산 계약서

○○○(이하 갑이라 한다)와(과) ○○○(이하 을이라 한다)은(는) 상호계산을 위한 계약을 다음과 같이 체결한다.

[해설] 계약서에는 일반적으로 제목을 붙이는데 명칭을 반드시 '계약서'라고 표시하여야 하는 것은 아니고 '합의서', '각서', '합의각서' 등으로 표시하여도 무방하며 '금전소비대차계약서', '부동산매매계약서'등과 같이 계약내용을 반영하는 문구를 함께 표시하여도 무방하다.

제1조 (계약의 목적) 본 계약의 목적은 갑·을 양 당사자가 상시 행하는 거래에 대해 상호계산하기로 정함에 따라 그 필요한 제반사항을 정하고 법률관계를 명백히 하기 위한 것이다.

[해설] 상호계산은 상시 거래관계가 있는 자들 사이에 일정한 기간의 거래로 발생한 서로의 채권과 채무를 계산하여 그 차액만을 지급하는 것이다. 빈번한 거래관계에 있는 당사자들 간에는 거래의 번잡을 피하기 위하여 상호계산계약을 체결하는 경우가 많다.

141) 상호계산의 실제 계약서의 예시와 해설을 첨부하였다.

상호계산 계약서

제2조 (상호계산의 대상) 갑·을 양 당사자가 상시 행하는 거래에서 생기는 채권, 채무 모두를 상호계산에 산입한다. 단, 어음 기타의 상업증권에서 일어나는 채권, 채무를 계산할 경우 채무자가 그 지급을 거절한 경우에는 그 채무에 관한 항목은 상호계산에서 제외할 수 있다. 이 경우 제외한 내용은 상대방에게 지체없이 통지하여야 한다.

[해설] 상호계산계약에서는 상호계산의 항목을 미리 정해 두어야 하는데, 본 계약은 모든 채권, 채무관계를 그 대상으로 한다. 단, 어음 기타의 상업증권으로 인한 채권 채무를 상호계산에 계입한 경우에 그 증권채무자가 변제하지 아니한 때에는 당사자는 그 채무의 항목을 상호계산에서 제거할 수 있다(상법 제73조). 이는 유가증권, 즉 어음이나 수표는 그 채무자가 지급을 거절할 경우가 있어 무조건 상호계산으로 계산한다면 취득자가 뜻하지 않은 손해를 입을 수 있기 때문에 이를 방지하기 위한 조치이다.

제3조 (상호계산기간)

① 갑·을 양 당사자는 매년 ○월 및 ○월 각 말일에 각 거래 및 상호계산에 대한 정산을 하고 익월 ( )일까지 상호간 계산서를 제출하여 그 승인을 받아야 한다.

② 전항의 계산서에 이의가 있는 경우, 양 당사자는 계산서 영수 후 ( )일 이내에 이의를 제기하여야 한다.

[해설] 당사자가 상계할 기간을 정하지 아니한 때에는 그 기간은 6월로 한다(상법 제74조). 따라서 상호계산 계약에서는 정산일을 6월말과 12월 말로 하는 경우가 많다.

상호계산 계약서

제5조 (잔액채권의 이자) 상계로 인한 잔액에 대하여는 채권자는 계산폐쇄일 이후의 법정이자를 청구할 수 있다.

[해설] 잔액채권에 이자를 청구할 수 있다는 조항은 규정은 상법 제76조에 근거한 규정이다. 본조문에서는 계산폐쇄일 이후의 잔액에 대해 법정이자를 청구할 수 있도록 하고 있으며 당사자가 약정하기에 따라 각 항목을 상호계산에 계입한 날로부터 이자를 계산할 수도 있다. 한편 상법상의 법정이율은 6%이다.

제6조 (계약기간) 본 계약의 기간은 20○○. ○○. ○○부터 20○○. ○○. ○○까지로 하고, 계약기간 만료일 1월 전까지 별도의 의사표시가 없는 한 동일한 조건으로 1년간 자동으로 연장한다.

제7조 (해지) 갑과 을 각 당사자는 언제든지 상대방에 통지하여 상호계산을 해지할 수 있다. 이 경우 통지 수령일자에 상호계산을 폐쇄하여 (　)일 이내에 서로 계산서를 제출하여 승인을 얻고 계산서에 이의가 없을 때에는 계산서 영수 후 (　)일 내에 제출하여 승인을 얻고 계산서에 이의가 없을 때에는 계산서 영수 후 (　)일 내에 잔액을 지급해야 한다.

[해설] 각 당사자는 언제든지 상호계산을 해지할 수 있다. 이 경우에는 즉시 계산을 폐쇄하고 잔액의 지급을 청구할 수 있다(상법 제77조).

제8조 (계약내용의 변경) 갑과 을은 계약내용을 변경할 필요가 있을 때에는 이에 대한 의사표시를 서면으로 통지한 후 상호 협의 하여 변경할 수 있다.

상호계산 계약서

제9조 (분쟁의 해결) 본 계약과 관련하여 분쟁이 발생한 경우 당사자의 상호 협의에 의한 해결을 모색하되, 분쟁에 관한 합의가 이루어지지 아니한 경우에는 __________을 합의관할로 하여 소송을 통해 분쟁을 해결하기로 한다.

[해설1] 계약에 관하여 분쟁이 발생할 경우 당사자는 소송을 제기하게 되는데 이 때 법에서 정하고 있는 관할법원이 당사자의 거주지로부터 멀리 떨어져 있거나 일방 당사자에게만 편리한 경우가 있으므로 계약서를 작성하면서 미리 당사자가 합의하여 관할법원을 정해 둘 필요가 있다. 관할에 대한 합의는 법에서 정하고 있는 관할 이외에 다른 법원에서도 소송을 제기할 수 있다는 식으로 관할을 합의하는 방법이 있고, 당사자가 합의로 정한 특정한 법원에서만 소송을 제기할 수 있다는 식으로 합의하는 방법이 있다.

[해설2] 한편 중재란 분쟁이 발생한 경우 당사자의 합의에 의하여 분쟁에 관한 판단을 법원이 아닌 제3자(중재인 또는 중재기관)에게 맡겨 그 판단에 복종함으로써 분쟁을 해결하는 방식이다. 중재는 그 결과에 구속력이 있기 때문에 중재가 이루어진 사안에 대해서는 법원에 소송을 제기할 수 없다. 이에 반해 조정이란 법관이나 조정위원회가 분쟁관계인 사이에 개입하여 화해로 이끄는 절차를 말한다. 이 제도는 당사자가 서로 양보하여 조리에 맞게 타협하는 평화적 분쟁해결 방법이고, 소송에 비하여 비용이 저렴하게 들뿐만 아니라 간이·신속하게 분쟁이 해결되는 이점이 있다. 조정의 결과에는 구속력이 없기 때문에 조정이 성립되지 않으면 법원에 소송을 제기할 수 있다.

제10조 (특약사항)

[해설] 어떠한 사항에 관해 당사자간에 약정한 바가 없다면 법률의 규정이나 거래의 관행에 따르게 된다. 따라서 당사자간에 특별한 약정을 원한다면 이를 계약서에 명시하여야 한다.

본 계약의 체결사실 및 계약내용을 증명하기 위하여 본 계약서를 2통 작성하여 계약 당사자가 각 서명 또는 날인한 후 각 1통씩 보관한다.

20 년 월 일

(갑)	(을)
주소 :	주소 :
상호 :	상호 :
성명 : 대표이사 ____________(인)	성명 : 대표이사 ____________(인)

[해설1] 당사자의 표시는 가능하면 자필로 쓰도록 하고, 도장을 찍을 때도 막도장(일반도장) 보다는 인감도장을 찍는 것이 더 안전하다. 만약 인감을 날인할 수 없는 때에는 무인(손도장)을 받는 것이 좋다.

[해설2] 회사의 경우 반드시 회사명, 대표자, 대표자의 이름 세가지 요소를 갖추어서 서명날인 해야 한다. 예컨대 [갑 주식회사 대표이사 홍길동 인]의 형식을 갖추어야 회사의 행위로 인정된다. 만약 '갑 주식회사' 또는 '갑 주식회사 홍길동' 또는 '대표이사 홍길동'의 형식으로 서명날인 한다면 이는 회사의 행위로 인정되지 않기 때문에 회사에 채무의 이행을 청구할 수 없다.

[해설3] 계약서에 기재할 사항이 많아서 한 장이 넘어가는 경우 여러 장의 용지 사이에 간인(間印)을 해두면 훗날 계약에 대한 분쟁 발생 시 입증자료로 사용할 수 있다. 간인은 당사자 쌍방은 물론 입회인이나 중개인, 보조인 등이 있을 때에는 그 사람의 날인도 받아야 한다.

제2절 익명조합

1. 익명조합의 기능 및 의의

(1) 익명조합의 의의 및 성질

익명조합은 당사자의 일방이 상대방의 영업을 위하여 출자하고 상대방은 그 영업으로 인한 이익을 분배할 것을 약정함으로써 그 효력이 생긴다(제78조).

당사자는 익명조합원과 영업자이며 익명조합원은 상인성의 여부와 관계없이 가능하다. 또한 익명조합원은 수인이 공동으로 될 수 있다. 법적 성질은 유상·쌍무·낙성계약의 성질을 가진 상법상의 특수한 계약이 다수설이다.

경제적으로는 출자자와 영업자의 공동기업이지만, 법적으로는 영업자의 단독기업으로 영업상의 권리의무는 영업자에게 귀속된다. 조합원의 출자는 금전 및 기타재산에 한하며 손실분담은 본질적 요소가 아니지만, 익명조합원의 출자의무와 영업자의 이익분배의무는 익명조합계약의 본질적인 요소이다.

(2) 목적 및 기능

익명조합은 자본주의와 유능한 기업인이 함께 형성한 기업형태로서 출자자인 기업주는 배후에 숨어있기 때문에, 외부에서 보면 기업인은 개인기업으로 보이나 내부관계에 있어서는 공동기업이다.[142]

출자자는 익명으로 출자하여 이익을 얻고 경영자는 경영기술을 바탕으로 소비대차와 달리 이익이 있을 때에만 분배할 수 있는 장점이 있는 제도이다.

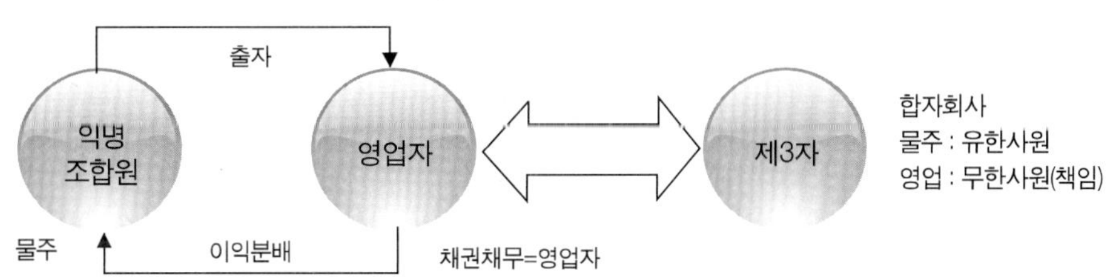

[그림 12] 익명조합

142) 최기원, 전게서, 282면.

[관련판례]

① 익명조합계약을 부정

당사자의 일방이 상대방의 영업을 위하여 출자를 하는 경우라 할지라도 그 영업에서 이익이 난 여부를 따지지 않고 상대방이 정기적으로 일정한 금액을 지급하기로 약정한 경우는 가령 이익이라는 명칭을 사용하였다 하더라도 익명조합약정이라 할 수 없다.[143)]

음식점시설제공자의 이익여부에 관계없이 정기적으로 일정액을 지급할 것을 약정하되 대외적 거래관계는 경영자가 그 명의로 단독으로 하여 그 권리의무가 그에게만 귀속되는 동업관계는 상법상 익명조합도 아니고 민법상 조합도 아니어서 대외적으로는 오로지 경영자만이 권리를 취득하고 채무를 부담하는 것이고 그가 변제자력이 없거나 부족하다는 등의 특별한 사정이 있더라도 민법 제713조가 유추적용될 여지는 없다.[144)]

2. 익명조합과 유사제도와의 비교

(1) 소비대차

1) 공통점

소비대차와 익명조합원이 영업자에 대하여 계약상 채권자인 점은 서로 공통적이다.

2) 차이점

익명조합은 ① 영업자의 영업에 의한 불확정한 이익을 분배하고, ② 익명조합원은 업무감시권, 영업관여권 등이 존재한다. ③ 손실분담의 특약이 존재할 수 있고 출자가 손실로 감소한 경우에는 그 잔액만 반환하면 된다(제85조).

소비대차는 ① 확정적인 이자의 지급이 가능하고, ② 대주는 차주의 원본사용에 아무런 권리가 없으며 ③ 계약이 종료될 경우 원본의 전액을 반환하여야 한다(민법 제597조).

---

143) 대법원 1962. 12. 27, 62 다 660 판결.
144) 대법원 1983. 5. 10, 81 다 650 판결.

(2) 민법상 조합과의 비교

1) 공통점

민법상의 조합과 익명조합은 계약관계이며 공동기업의 형태인 점에서 서로 공통적이다.

2) 차이점

익명조합은 ① 신용 또는 노무는 출자의 재산의 목적물이 되지 못하고 금전 또는 재산이 출자의 목적이 된다(제86조). ② 영업자는 단독으로 영업을 하며 출자재산은 영업자의 단독소유로 본다(제79조·제80조).
민법상의 조합은 ① 금전 기타재산 또는 노무로 출자자 가능하며(민법 제703조) ② 2인 이상이 상호출자하여 공동사업을 경영할 것을 약정함으로써 그 효력이 발생하며 소유재산은 조합원의 합유로 본다(민법 제703조·제704조).

(3) 합자회사와 비교

1) 공통점

합자회사와 익명조합은 ① 10세기 지중해 코맨더 계약에서 비롯된 것으로, ② 자본과 영업의 결합에 의한 공동기업이며, ③ 영업자와 무한책임사원이 경영자이고, ④ 당사자 일방이 경영자에게 노무와 신용 대신 금전 기타 재산을 출자하는 점이 유사하다.

2) 차이점

익명조합은 ① 영업자의 단독기업이며 ② 영업자와 익명조합원 간의 개별적인 계약이 된다. ③ 영업주에 익명조합의 재산은 귀속되고, ④ 퇴사제도는 인정되지 않는다. ⑤ 출자는 익명조합원만 할 수 있으며 기업경영과 책임은 영업자가 부담한다. ⑥ 당사자 사이에 특약이 있는 경우에 익명조합원도 손실부담을 할 수 있고 이익배분은 익명조합의 본질적 요소이다.
합자회사는 ① 공동기업이며, ② 당사자의 계약이 아닌 단체법상의 행위가 된다. ③ 재산은 회사에 귀속되고, ④ 사원인 유한책임사원의 퇴사제도가 인정된다. ⑤ 출자자는 유한책임사원·무한책임사원 모두가 되며 전사원이 회사의 의사결정에 참여한다. ⑥ 손실은 전사원이 분담을 하고 이익유무에 관계없이 이익의 분배가 가능하다.

3. 익명조합의 효력

(1) 대내적 효력

1) 출자의무

익명조합원이 출자한 금전 기타의 재산은 영업자의 재산으로 본다(제79조). 유한책임사원은 신용 또는 노무를 출자의 목적으로 하지 못한다(제272조). 그리고 익명조합원만이 출자의무를 부담한다.

익명조합에서는 신용 또는 노무는 출자의 재산의 목적물이 되지 못하고 금전 또는 재산이 출자의 목적이 된다(제86조 · 제272조).

출자목적물인 재산은 소유권에만 한정되지 않고 당사자의 특약에 따라 채권등도 출자의 목적물이 될 수 있다.[145)]

출자이행시기는 계약에서 특별히 정하지 않으면 영업자로부터 청구가 있을 경우에 이행을 하여야 한다.

익명조합원이 출자한 재산은 영업자의 재산으로 본다(제79조).

2) 영업자의 의무

① 영업자만이 영업수행의무를 부담한다.

② 경업피지의무

영업자는 익명조합원에 대하여 선량한 관리자의 주의로써 공동이익을 도모하여야 하고, 또한 충실의무를 부담한다고 할 수 있으므로 경업피지의무가 있다(긍정설). 그러나 익명조합에 대하여는 영업자가 이러한 의무를 위반한 경우에 익명조합원의 개입권에 관한 규정은 없기 때문에 손해배상청구권과 위반행위의 정지권이 존재한다(통설).[146)]

---

145) 최기원, 전게서, 287면.
146) 최기원, 상게서, 291면.

③ 이익분배의무와 손실분담

익명조합원의 출자가 손실로 인하여 감소된 때에는 그 손실을 전보한 후가 아니면 이익배당을 청구하지 못한다. 손실이 출자액을 초과한 경우에도 익명조합원은 이미 받은 이익의 반환 또는 증자할 의무가 없다. 이 경우에 당사자의 특약으로 배제가 가능하다(제82조).

이익을 분배하는 이상 손실도 분담하여야 하지만 손실분배는 익명조합의 본질적인 요소는 아니다.

이익분배의 비율은 특약으로 결정이 가능하다. 손익분배의 비율은 민법에 따라 당사자가 손익분배의 비율을 정하지 아니한 때에는 각 당사자는 출자가액에 비례하여 이를 결정하며, 이익 또는 손실에 대하여 분배의 비율을 정한 때에는 그 비율은 이익과 손실에 공통된 것으로 추정한다(민법 제711조).

익명조합에는 물적회사와는 달리 자본유지원칙이 적용되지 않기 때문에 이익은 각 영업연도의 재산액 자체의 증가액이며 평가이익은 포함되지 않는다.[147)]

④ 당사자지위의 이전금지

각 당사자는 인적 신뢰관계를 바탕으로 하기 때문에 특약이 없는 한 타인에게 양도할 수 없다.

3) 익명조합원의 감시권(제86조, 제277조)

익명조합원은 영업년도말에 있어서 영업시간내에 한하여 회사의 회계장부·대차대조표 기타의 서류를 열람할 수 있고 회사의 업무와 재산상태를 검사할 수 있다.

중요한 사유가 있는 때에는 익명조합원은 언제든지 법원의 허가를 얻어 위의 열람과 검사를 할 수 있다.

익명조합원은 영업년도말에 있어서 영업시간 내에 한하여 회사의 회계장부·대차대조표 기타의 서류를 열람할 수 있고 회사의 업무와 재산상태를 검사할 수 있다.

---

147) 최기원, 전게서, 290면.

(2) 대외적 효력

1) 당사자의 지위

제3자에 대한 영업상의 권리의무는 영업자에게 귀속된다.

2) 익명조합원의 지위

① 원칙

익명조합원은 영업자의 행위에 관하여서는 제3자에 대하여 권리나 의무가 없다(제80조).

② 예외(명의대여자 책임)

익명조합원이 자기의 성명을 영업자의 상호중에 사용하게 하거나 자기의 상호를 영업자의 상호로 사용할 것을 허락한 때에는 그 사용이후의 채무에 대하여 영업자와 연대하여 변제할 책임이 있다(제81조).

4. 익명조합의 종료

(1) 약정종료원인

조합계약으로 조합의 존속기간을 정하지 아니하거나 어느 당사자의 종신까지 존속할 것을 약정한 때에는 각 당사자는 영업연도말에 계약을 해지할 수 있다. 그러나 이 해지는 6월 전에 상대방에게 예고하여야 한다. 조합의 존속기간의 약정의 유무에 불구하고 부득이한 사정이 있는 때에는 각 당사자는 언제든지 계약을 해지할 수 있다(제83조).

(2) 법정종료원인

조합계약은 다음의 사유로 인하여 종료한다(제84조).
첫째, 영업의 폐지 또는 양도, 둘째, 영업자의 사망 또는 금치산, 셋째, 영업자 또는 익명조합원의 파산에 따라 종료된다. 다만, 익명조합원의 사망 또는 금치산은 사유가 아니다.

(3) 계약종료의 효과

조합계약이 종료된 때에는 영업자는 익명조합원에게 그 출자 가액을 반환하여야 한다. 그러나 출자가 손실로 인하여 감소된 때에는 그 잔액을 반환하면 된다(제85조).

익명조합원은 그 출자가액에서 이미 이행한 부분을 공제한 가액을 한도로 하여 회사채무를 변제할 책임이 있다.

익명조합에 이익이 없음에도 불구하고 배당을 받은 금액은 변제책임을 정함에 있어서 이를 가산한다(제86조 · 제278조).

당사자 사이에 특약에 의하여 손실을 분담하지 않은 때나 손실부담과 관계없이 특약으로 익명조합계약이 종료한 때에는 출자액의 전액 반환을 약정한 경우 출자액을 전부 반환 하여야 한다. 현물출자는 금전으로 평가하여 그 가액을 반환하면 된다.

영업자의 파산에 의하여 익명조합계약이 종료한 경우에 익명조합원은 영업자의 다른 채권과 동등한 지위에서 출자반환청구권을 갖는다.[148]

5. 익명조합 실제사례

(1) 익명조합 모집사례[149][150]

---

148) 최기원, 전게서, 295면.

149) 실제 영화로 투자한 익명조합의 사례가 있으며, MK픽쳐스의 익명조합 투자 사례와 KTF와 쇼박스(주)미디어플렉스의 웰컴투 동막골 등이 영화로 제작한 사례는 다음과 같다. '안녕 형아'라는 영화를 제작한 강제규&명필름 측은 인터넷펀드 모집 잠정보류 이후 투자자모집 건에 관한 다양한 방법을 찾던 중, 구체적인 투자자모집방법에 관한 전문가의 충분한 법률자문과 회의를 거쳐 최종적으로 명필름이 영업자가 되고 투자자들이 익명조합원으로 사업에 참여하는 상법상 '익명조합' 형태로 사업을 추진하기로 결정하고, 다양한 익명조합원 보호장치를 마련하여 오는 2004년 11월 22일, 23일 양일간 익명조합원을 모집하기로 하였다"고 밝혔다.
"<안녕, 형아> 익명조합의 형태로 투자자 재모집!", 코리안 필름, 2004.11.12 기사(http://www.koreafilm.co.kr/news/news2004_11-12.htm, 2010.5.9 방문).

150) 카스닥 회원이 경매 투자 상품에 투자를 결정하고 입금하면 그 투자금으로 경매 물건을 낙찰 받고 매각하여 수익을 발생시키고 카스닥은 카스닥 회원에게 그 수익금을 분배한다. 카스닥은 이와 같은 익명조합 투자 방식을 투자 상품 단위로 적용하여 수익금 분배 기간을 매우 빠르게 회전시키는 사업 모델을 가지고 있다.
(http://www.kasdaq.com, 2010.5.9 방문)

1) 영업자 : ㈜ 명필름
2) 모집기간
   - 시나리오 오픈 : 2004.11.15 (월) ~ 2004.11.24 (수)
   - 모집 : 2004.11.23 (화) 오전 10시부터 2004.11.24(수) 오후 5시 까지/선착순 마감
3) 모집금액 : 19억 5천만원 (1,950,000,000 원)
4) 구좌금액 : 1구좌당 1백만원 (1,000,000 원)
5) 모집 방법 : 인터넷 (http://www.mkbuffalo.com/investment)을 통한 선착순 마감방식
6) 출자단위 : 1구좌당 1백만원 (1,000,000 원)
7) 출자한도금액 : 최대한도 1인 기준 10,000,000원(1천만원 /10구좌)
8) 참여자격 : 청약일 기준 만 19세 이상

2. 익명조합원 모집 특징
1) 출자금 80% 환급
   각 익명조합원은 해당영화의 손실 발생시에도 출자금액의 20% 한도에서만 손실을 부담하고 출자금액의 80%는 ㈜명필름에서 환급해드립니다.
2) 전국관객수에 의한 수익배분
   전국관객수 120만명(BEP) 초과시 1명당 0.6원의 수익을 배분(120만 초과 1인당 1구좌 0.6원의 수익배분) 추가 비용 상승에 따른 익명조합원 위험부담이 없습니다.
3) 익명조합원 혜택
   익명조합원으로 참여하시는 모든 투자자 분들게 특별 시사회 초대 (구좌당 2매), 포스터 증정, 사은품 증정의 혜택

3. 일정 및 문의
1) 시나리오 오픈
   - 2004.11.15 (월) ~ 2004.11.24 (수)
2) 인터넷을 통한 익명조합원의 모집 및 접수
   - 2004.11.23 (화) 오전 10시부터 2004.11.24(수) 오후 5시까지 | 선착순 마감
3) <안녕, 형아> 개봉
   - 2005.4월 예정
4) 투자리포트 (프로덕션리포트-개봉리포트) 발송
   - 프로덕션기간 : 프로덕션 과정을 한눈에 볼 수 있는 프로덕션 리포트 발송
     (1) 익명조합모집일 ~개봉2개월전 : 월 1회

(2) 개봉 2개월전~개봉일 : 2주 1회

- 개봉기간 : 극장 종영시까지 극장수익을 보고하는 개봉리포트 발송(1주 1회)

5) 정산

- 개봉 종영시점 기준 90일 이후 정산

* 상기 내용은 투자판단의 참고사항이며 최종 투자판단의 책임은 본 게시물을 열람하는 이용자에 있음을 알려드립니다.

* 상기 익명조합원의 출자지분은 증권거래법상의 유가증권이 아니므로 매매, 양도가 불가능합니다.

* 출자금액의 환급 및 수익금의 배분은 영화 종영 후 3개월이 되는 시점에 이루어집니다.

(2) 익명조합 계약서

익명조합계약서

대구 00 동 63 00백화점 4층에 주소를 둔 주식회사 골드홈00000(대표이사 김00)(이하 "갑"이라 한다)와 (이하 "을"이라 한다)은 갑을 영업자, 을을 조합원으로 하는 다음과 같은 익명조합계약(이하 "본 계약"이라 한다)을 체결한다.

제1조 [목적]

본 계약은 영업자인 갑이 석유대체연료 제조 및 판매 기업에 대한 투자를 경영함에 있어 위 영업을 위한 익명조합원인 을의 출자 및 이에 대한 갑의 이익분배, 기타 사항을 규정함을 목적으로 한다.

제2조[갑의 수익사업]

① 갑은 석유대체연료 제조 및 판매기업에 대한 투자를 영위한다.

② 갑이 추가로 사업을 선정한 경우에는 본점 사무실에 이를 공고하거나 을에게 공문으로 통보하여야 하며, 을이 공고 또는 공문수령 후 7일 이내에 서면에 의한 이의를 하지 않은 때에는 이에 동의한 것으로 본다.

③ 위 사업에 관한 모든 권리는 갑에게 귀속되며, 그에 소요되는 제반 비용은 갑이 이를

부담한다.

제3조 [을의 출자의무]

을은 현금으로 출자하되 본 계약 성립과 동시에 출자하여야 한다.

다만 갑의 동의를 얻어 출자금에 상당한 현물로 출자할 수 있다.

제4조 [결산 등]

갑은 매년 6월 및 12월의 각 말일을 현재로 결산하여 재산목록 및 대차대조표를 작성한 뒤 이를 을에게 보고하여야 한다.

제5조 [이익의 분배]

① 갑은 매 결산기의 이익을 을에게 그 지분에 따라 분배하여야 한다.

다만 결산기 전이라도 을과 협의하여 이를 지급할 수 있다.

② 을의 지분은 갑의 총자산가치(현재가치 + 미래가치)에 대한 을의 출자금액의 비율로 한다.

③ 을의 배당금은 다음의 계산식에 따라 결정된다.

을의 배당금 = (을의 출자금액/갑의 총자산가치) × 영업순이익 - 경상비

제6조 [정산]

① 을은 손실을 분담하지 아니한다.

② 갑은 본계약이 종료할 때 을에 대하여 그 출자금액을 반환하여야 한다. 손실이 발생한 경우에 갑은 보유주식을 담보로 하여 을의 출자금의 80% 이내의 범위에서 그 손실을 보전하여 준다.

③ 갑은 을이 계약기간 아니라도 그 출자금액의 반환을 서면으로 요구하는 경우에는 이를 반환할 수 있다.

④ 제2항 및 제3항에 의하여 본 계약이 종료되는 경우 을은 보유 지분을 갑에게 양도 하여야 한다.

제7조 [계약기간]

① 본 익명조합의 존속기간은 본 계약 성립일로부터 1년간으로 한다.

② 양당사자가 기간만료 1개월 전까지 특별한 이의의 의사표시를 하지 않는 한 본 계약은 자동으로 갱신된다.

제8조 [비밀유지의무]

① 갑과 을은 본 계약과 관련하여 얻게 된 영업상의 비밀, 본계약서에 언급된 조건 및 사항에 대하여 비밀을 유지할 의무가 있으며, 이를 제3자에 대하여 이용할 수 없다.
② 전항의 의무를 위반하여 다른 익명조합원들에게 손해가 발생한 경우에는 당해 손해 상당액과 추가손해 배상할 책임이 있다.

제9조 [계약의 해지]

다음 각호의 사유가 발생한 때에는 갑은 본 계약을 해지할 수 있다.

1. 을이 본 계약의 의무를 위반하였을 때
2. 을의 고의 또는 과실로 인하여 갑 또는 을이 본 계약사업에 관하여 행정적 처벌을 받게 되었을 때
3. 을이 조합의 협의회의 내규에 위반하였을 때

제10조 [준거법등]

본 계약은 대한민국 법률을 준거법으로 하며, 양당사자 사이에 분쟁이 발생할 경우에는 서울중앙지방법원을 관할법원으로 한다.

제11조 [을의 검사권 등]

① 을은 제2조의 규정에 의한 갑의 수익사업과 관련하여 본 계약과 동일한 익명조합계약을 체결한 익명조합원들로 구성된 조합원 협의회를 구성할 수 있다.
② 을은 조합원 협의회를 통하여 갑의 업무 및 재산상황을 검사할 수 있다.
단, 을이 조합원 협의회에 가입하지 않은 경우에는 검사권을 포기한 것으로 본다.

갑과 을은 본 계약을 증명하기 위하여 본 계약서 2통을 작성하여 서명 날인하고 각 1부씩 보관한다.

200 년 월 일

갑 : 주식회사 골드홈○○○○	을 : 성 명 : (서명 또는 날인)
대표이사 김○○(서명 또는 날인)	주민등록번호 :
대구 ○○ 63 ○○백화점 4층	주 소 :
서울 ○○구 ○○동 446-3 00빌딩 3층	

제3절 합자조합[151)]

1. 서론

상법개정안(2008)은 새로운 기업형태로서 업무집행조합원과 유한책임조합원으로 구성되는 합자제도를 도입하려고 하고 있다. 주식회사의 조합의 장점을 살릴 수 있으며 새로운 기업형태로서 Limited Partnership제도와 유사하다. 이는 합자회사와 유사한 형태이지만 합자회사는 법인이고 유한책임사원은 원칙적으로 기업경영에 참여할 수 없지만, 합자조합은 조합으로서 사적자치가 광범위하게 인정되어 유한책임조합원도 기업경영에 참여가 가능하다. 그리고 모든 조합원이 조합의 채무에 대하여 무한책임을 지는 민법상의 조합과도 다르다. 합자조합은 소송의 당사자가 될 수 있다(상법 개정안 제86조의8).

2. 의의

합자조합은 업무집행조합원과 유한책임조합원이 영업을 위하여 상호 출자하여 공동사업을 경영할 것을 약정함으로써 그 효력이 생긴다(상법개정안 제86조의2).

(1) 합자조합의 설립

합자조합을 설립하려면 업무집행조합원이 될 자와 유한책임조합원이 될 조합계약을 체결하고 총조합원이 기명날인 또는 서명하여야 하는데 조합계약은 다음과 같은 사항을 기재하여야 한다(상법 개정안 제86조의3).

① 목적, ② 명칭, ③ 업무집행조합원의 성명 또는 상호 및 주소, 주민등록번호, ④ 유한책임조합원의 성명 또는 상호 및 주소, 주민등록번호, ⑤ 주된 영업소의 소재지, ⑥ 조합원의 출자에 관한 사항, ⑦ 조합원의 손익분배에 관한 사항, ⑧ 유한책임조합원의 지분의 양도에 관한 사항, ⑨ 둘 이상의 업무집행조합원이 공동으로 합자조합의 업무를 집행하거나 대리할 것을 정한 때에는 그 규정, ⑩ 조합의 해산시 잔여재산 분배에 관한 사항, ⑪ 조합의 존속기간 기타 해산사유에 관한 사항, ⑫ 조합계약의 효력 발생

---

151) 최기원, 전게서, 297면 이하 참조하여 재구성.

일 등이다.

업무집행조합원은 합자조합 설립 후 2주 내에 조합의 주된 영업소에서 다음의 사항을 등기하여야 한다. 즉 ① 상법 제86조의 3 제1호 내지 제3호, 제5호, 제9호, 제11호 및 제12호의 사항, ② 조합원의 출자의 목적, 재산출자에는 그 가액과 이행한 부분 등이다(상법개정안 제86조의 4). 등기한 기재사항의 변경이 있는 때에는 2주내에 변경등기를 하여야 한다(상법개정안 제86조의 4).

(2) 합자조합의 업무집행

업무집행조합원은 조합계약에 다른 규정이 없는 때에는 각자가 합자조합의 업무를 집행하고 대리할 권리와 의무가 있다(상법개정안 제86조의 5). 그러나 조합계약으로 유한책임조합원에게 업무집행의 권리와 의무를 지울 수 있다고 본다. 업무집행조합원은 선량한 관리자의 주의로써 업무를 집행하여야 한다. 이는 조합계약에 의하여 업무를 집행하는 유한책임조합원도 같다. 수인의 업무집행조합원이 있는 경우에는 조합계약에 다른 정함이 없으면 그 각 업무집행조합원의 업무집행에 관한 행위에 대하여 다른 업무집행조합원의 이의가 있는 때에는 그 행위를 중지하고 업무집행조합원의 과반수의 결의에 의하여야 한다.

(3) 유한책임사원의 책임

유한책임조합원은 조합계약에서 정한 출자가액에서 이미 이행한 부분을 공제한 가액을 한도로 하여 조합채무를 변제할 책임이 있다(상법 개정안 제86조의6). 이 경우에 유한책임조합원이 회사에 이익이 없음에도 불구하고 배당을 받은 때에는 그 금액은 변제책임을 정함에 있어서 이를 가산한다.

(4) 조합원의 지분양도

업무집행조합원은 다른 조합원 전원의 동의를 얻지 아니하면 그 지분의 전부 또는 일부를 타인에게 양도하지 못한다(상법 개정안 제86조의7). 그러나 유한책임조합원의 지분은 조합계약에서 정한 바에 따라 양도할 수 있다. 유한책임조합원의 지분을 양수한 자는 양도인의 조합에 대한 권리의무를 승계한다.

3. 준용규정

합자조합에 대하여는 상법 제182조 제1항, 제228조, 제253조, 제264조 및 제285조를 준용한다(상법 개정안 제86조의9). 업무집행조합원에 대하여는 상법 제183조의2, 제198조, 제199조, 제200조의2, 제208조가 준용된다.

4. 합자조합 제도의 도입에 대한 검토

21세기 세계경제가 지식기반 경제로 패러다임의 급격하게 전환을 이루고 있으며 산업구조가 지식구조 산업으로 재편되고 있다.152)

따라서 기업의 가치가 물적자본이나 시설에 의해 평가된 개념에서 무형의 인적자산을 중시하는 기업유형의 창출 등이 중요하게 되었다. 현행법상 기업에 관한 상법의 규정은 강행법규와 기업의 설립·운영·청산 등의 전반에 대하여 경직된 규정으로 규율하기 때문에 벤처기업이나 중소기업 등의 설립과 운영에는 약간의 어려움이 있다.

새로운 기업유형인 합자조합은 설립이 간소화 되었고 지배구조에서 기관의 설치가 강제되지 않으며, 이익을 분배함에 있어서도 정관으로 자율적 규제가 가능하다. 또한 과세면에서도 이중과세를 피할 수 있어서 중소기업 들의 경영활동에 적합한 특징을 가지고 있다.

민법상의 조합의 경우 일방 조합원의 업무실패에 대한 책임을 다른 조합원에게 책임을 부담하는 위험성이 있고, 상법상의 익명조합은 현행규정상 출자의 목적물이 재산으로 한정되어 있고 공동사업이라 하더라도 조합원 상호간에 경영이나 사업의 공동성이 희박한 제도이다. 합명회사나 합자회사등 인적회사의 경우 고도의 인적신뢰관계 때문에 사원에게 막대한 책임을 지우고 있으며 주식회나 인적회사 같은 물적회사의 경우에는 사업상 위험의 분산을 할 수 는 있지만 조직구조가 엄격하고 다수의 출자자와 이해관계인 때문에 설립에서 운영까지 복잡한 절차와 규제가 엄격하다.153)

---

152) 최근에 애플사의 아이폰, 아이패드 등의 출현으로 애플리케이션을 손쉽게 발명하여 2인 등의 소기업으로 기존의 제조업 이상의 매출을 올리고 있다.

153) 송인방·양영석, "지식기반시대 새로운 법적 기업유형의 창출 및 착근방안 : 개정상법상 유한책임회사와 합자조합 고찰 중심으로", 「산업경제연구」(제21권 제2호), 한국산업경제학회, 2008.4. 875면.

우리나라에서도 여러 가지 견해와 방법[154]이 제시되었지만 결국 미국과 일본에서는 합자조합의 형태로 새로운 기업의 유형을 도입하였다.

합자조합은 무한책임조합원(General Partner)과 유한책임조합원으로 구성되는 점에서 상법상 합자회사와 유사하지만, 그 법적 형식은 법인이 아닌 조합이므로 상행위편에 규정하였으며 합자조합은 법인이 아니기 때문에 과세에서는 법인세의 부과가 아닌 조합원에게 과세를 한다. 그러나 개정안 상의 합자조합의 경우에도 노무출자 여부가 불분명하며, 유한책임조합원은 업무집행에 관여할 수 없는 점 등을 종합적으로 고려해본다면 현행의 합자회사와 큰 차이는 없다.

일본에서처럼 각 조합원이 출자재산을 한도로 유한책임을 부담하지만 모든 조합원이 업무집행에 관여할 수 있도록 하는 등 업무집행에 관여할 수 있도록 제도적 장치를 마련하되, 조합원의 업무집행으로 제3자에게 손해를 미치는 경우에는 당해 조합원들의 연대책임 규정 등을 신설하는 것이 타당하다.[155]

154) 중소기업 활성화 차원에서 유한회사 법제를 개선하자는 견해(김명연, 박상조, 이훈종 등)와 주식회사 법제를 공개적인 대규모의 주식회사와 폐쇄적인 중소규모의 주식회사로 구분하여 입법하자는 견해(양동석, 이영종, 주영락)가 있었지만 대소회사구분입법은 되지 못하였다. 상세내용은 송인방·양영석, 상게논문, 869면 참조.

155) 송인방·양영석, 전게논문, 885면 이하; 안경봉, “합자조합(LP), 유한책임회사(LLC) 도입과 법적문제점”, 「상사법 연구」(제25권 제4호), 한국상사법학회, 2007 참조.

제 5 장 대리상

제1절 대리상의 의의 및 권리와 의무

1. 의의

일정한 상인을 위하여 상업사용인이 아니면서 상시 그 영업부류에 속하는 거래의 대리 또는 중개를 영업으로 하는 자를 대리상이라 한다(제87조).

영업주의 영업활동을 확대하기 위한 지점의 설치나, 상업사용인의 고용은 막대한 비용을 필요로 한다. 따라서 전문지식을 가진 대리상을 지정한다면 기업설비 및 경비 등 부담을 절약할 수 있고 기업 능률의 향상을 가져올 수 있다.

대리상은 불특정 다수를 상대로 하여 영업을 보조하는 위탁매매인, 중개인과 다르며 일정한 상인에 종속되어 지배권 혹은 일정한 권한을 위임받는 상업사용인과는 다르다.

2. 대리상의 종류

(1) 체약대리상

본인을 위하여 거래의 중개를 하는 대리상이다. 본인과 대리인 사이에 위임 또는 준위임관계이며 특정상인에 대해서만 의무를 부담한다.

(2) 중개대리상

본인을 위하여 거래의 대리를 하는 대리상이다. 본인과 대리인 사이의 계약관계이며 자기명의로 위탁자의 계산으로 하는 점이 체약대리상과 다르다.

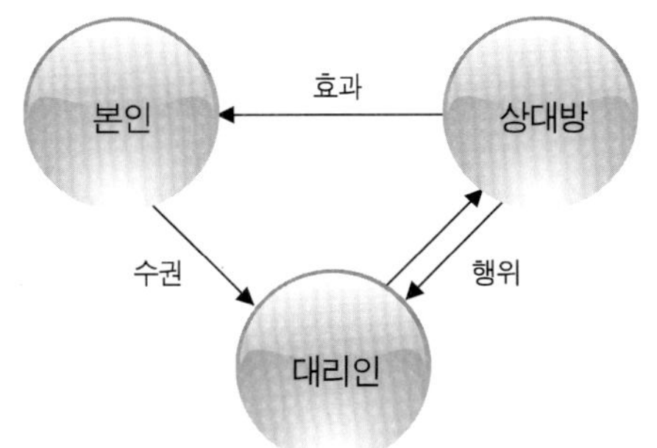

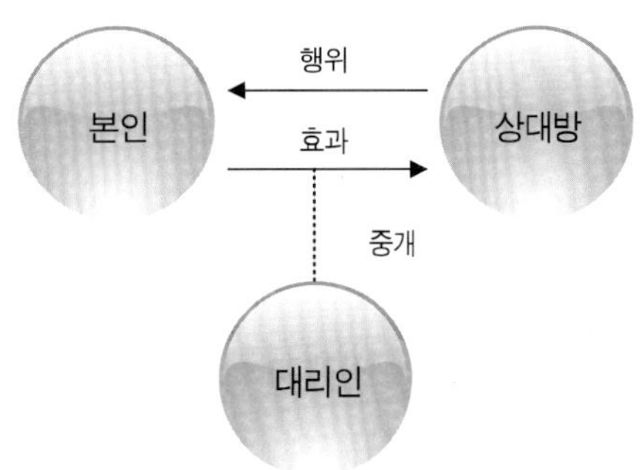

[그림 13] 대리상

[관련판례]

화재보험회사와의 사이에 일정한 지역에 지점을 설치 운영하기로 하는 내용의 화재보험도급계약을 체결한 경우에 계약서의 전체의 기재로 보아 지점설치 운영자가 회사의 단순한 상업사용인에 불과한 때에는, 순보험료 중 일부를 지점설치자에게 지급하기로 하고 그 지점 운영과 경비를 설치자가 부담하기로 하는 약정이 있었다 하여 곧 지점설치 운영자와 보험회사의 관계가 고용관계가 아니고 대리상관계라고 단정할 수 없다.156)

3. 대리상과 상업사용인의 비교

(1) 공통점

대리상과 상업사용인은 일정한 상인의 영업을 보조하는 점, 경업피지의무를 부담하는 점에서 동일하다.

156) 대법원 1962. 7. 5. 선고 62 다 244 판결.

(2) 차이점

대리상은 ① 독립된 상인으로 기업의 외부에서 보조적인 지위를 가지며 ② 특정상인을 대리한다. ③ 자연인·법인 모두 가능하며, ④ 계약의 성질은 낙성 불요식의 위임계약이다. ⑤ 거래 대리·중개할 때마다 일정한 수수료가 보수가 되며 보수담보를 위한 특별 상사유치권(제91조)이 인정이 된다. ⑥ 영업주의 영업소가 아닌 자기의 영업소이며 ⑦ 영업비용은 대리상 부담이 원칙이다. ⑧ 대리상이 거래의 대리 또는 중개를 한 때에는 지체 없이 본인에게 그 통지를 발송하여야 한다(제88조). ⑨ 대리상은 부작위 의무와 경업금지의무와 동종영업을 목적으로 하는 회사의 무한책임사원 또는 이사가 되지 못한다(제89조).

상업사용인은 ① 종속된 상인으로 기업의 내부에서 영업주를 보조하고 ② 1인의 영업주를 대리하며, ③ 자연인만 자격이 된다. ④ 고용이나 위임 등 대리권 수여만 있으면 가능하다. ⑤ 고정적인 월급 등의 보수와 주식회사·유한회사의 경우 사용인의 우선변제권이 인정이 된다(제468조 · 제583조). ⑥ 영업주의 영업소에서 근무를 하며 ⑦ 영업비용은 영업주가 부담한다. ⑧ 대리상과는 달리 통지의무가 없으며 ⑨ 부작위의무와 영업부류에 속한 거래금지의무, 회사의 무한책임사원, 이사 또는 다른 상인의 사용인이 되지 못한다.

4. 대리상의 권리와 의무

(1) 대리상의 의무

1) 선량한 관리자의 주의의무

대리상은 위임계약이기 때문에 민법상 선량한 관리자의 주의의무를 부담한다(민법 제681조).

2) 통지의무(발신주의)

대리상이 거래의 대리 또는 중개를 한 때에는 지체 없이 본인에게 그 통지를 발송하여야 한다(제88조).

대리인과 본인 사이의 계속적인 관계를 고려하여 본인의 이익을 도모하기 위한 것으로서 대리상은 통지를 발송하면 되고 도착에 대한 책임을 지지 않는다(발신주의). 대리상이 통지의무를 해태한 때에는 손해배상책임을 진다.[157]

3) 경업피지의무

대리상은 본인의 허락 없이 자기나 제3자의 계산으로 본인의 영업부류에 속한 거래를 하거나 동종영업을 목적으로 하는 회사의 무한책임사원 또는 이사가 되지 못한다.
대리상이 자기나 제3자의 계산으로 의무위반의 거래를 한 경우에는 일정한 법정기간내에 개입권의 행사가 가능하다(제89조 2항, 제17조 2항~4항).

4) 영업비밀준수의무

대리상은 계약의 종료 후에도 계약과 관련하여 알게 된 본인의 영업상의 비밀을 준수하여야 한다(제92조의3).
대리상은 대리상계약관계의 종류 후에도 거래의 대리 또는 중개를 통하여 알게 된 본인의 영업상의 비밀을 이용하거나 누설하여서는 안된다.[158]

(2) 대리상의 권리

1) 보수청구권

상인이 그 영업범위내에서 타인을 위하여 행위를 한 때에는 이에 대하여 상당한 보수를 청구할 수 있다(제61조).

2) 유치권

대리상은 거래의 대리 또는 중개로 인한 채권이 변제기에 있는 때에는 그 변제를 받을 때까지 본인을 위하여 점유하는 물건 또는 유가증권을 유치할 수 있다. 그러나 당사자간에 다른 약정이 있으면 그러하지 아니하다(제91조).
유치물 사이에 견련관계가 필요치 않다는 점에서 민사유치권과 구별되며, 유치의 목적물은 물건 또는 유가증권을 본인을 위하여 적법하게 점유하고 있는 것이면 유치할 수

157) 최기원, 전게서, 310면.
158) 부정경쟁방지법 제2조에서 영업비밀이란 "공연히 알려져 있지 아니하고 독립된 경제적 가치를 가지는 것으로서, 상당한 노력에 의하여 비밀로 유지된 생산방법·판매방법 기타 영업활동에 유용한 기술상 또는 경영상의 정보"를 말한다.

있다. 일반상사유치권과(제58조)는 채무자소유의 물건 또는 유가증권일 필요는 없고, 채무자와의 상행위로 인하여 점유하는 것이 아니라는 점에서 구별된다. 소유권의 귀속관계보다 경제적 지배에 중점을 둔 것으로 경제적 약자인 대리상을 보호와 경제적 지배에 중점을 둔 별도의 규정이다. 유치권의 효력과 소멸원인은 민법상의 일반원칙에 따른다.[159)]

3) 보상청구권

① 의의

대리상의 활동으로 본인이 새로운 고객을 획득하거나 영업상의 거래가 현저하게 증가하고 이로 인하여 계약의 종료후에도 본인이 이익을 얻고 있는 경우에는 대리상은 본인에 대하여 상당한 보상을 청구할 수 있다(제92조의2).

② 취지

대리상의 이익을 보장하기 위한 것으로 기업발전에 관한 과거 노력에 대한 보상을 하여 분배적 정의를 실현하고자 1995년 상법 개정에 독일상법상의 제도(Ausgleichsanspruch)를 도입하게 되었다.

③ 요건

i) 유효한 대리상 계약이 종료가 되어야 한다. ii) 대리상 계약 종료 후에도 본인이 영업상의 이익이 발생이 되어야 하며, iii) 대리상의 계약종료가 본인의 귀책사유가 아니어야 한다. iv) 예전 고객들과의 영업거래 및 새로운 고객의 증가가 현저해야 하고, v) 보상청구권은 계약이 종료한 날부터 6월 이내에 청구가 되어야 한다(제92조의3 제3항).

④ 효과

i) 대리상은 본인에 대하여 상당한 보상을 청구할 수 있다. ii) 보상금액은 계약의 종료전 5년간의 평균년보수액을 초과할 수 없으며 계약의 존속기간이 5년미만인 경우에는 그 기간의 평균년보수액을 기준으로 한다(제92조의3 제2항).

보상청구금액은 본인의 이익과 대리상의 손실간의 형평을 고려하여야 한다.

---

159) 최기원 전게서, 314면.

4) 대리상과 제3자와의 관계

① 대리상의 의무·책임

체약대리상이 한 법률행위에 대하여는 대리의 법리에 따라 본인만이 의무와 책임을 부담한다.

중개대리상은 당사자로 관여하지 않았기 때문에 제3자에 대하여 의무와 책임을 부담하지 않는다.

② 대리상의 권리

체약대리상, 중개대리상 모두 통지를 받을 권한이 있다. 즉 물건의 판매나 중개의 위탁을 받은 대리상은 매매의 목적물의 하자 또는 수량부족 기타 매매의 이행에 관한 통지를 받을 권한이 있다(제90조).

체약대리상은 대리상계약에서 인정하는 범위 내에서 계약체결에 대한 대리권을 갖는다.

중개대리상은 영업주와 제3자의 사이에서 중개권한만 있기 때문에 대리권은 없다.

제2절 대리상계약의 종료

1. 일반종료원인

민법상의 위임인의 사망·파산, 수임인의 사망·파산·금치산에 의하여 위임관계가 종료한다(민법 제690조). 다만 본인의 사망은 종료사유가 아니다(제50조).

2. 법정종료원인(계약의 해지)

당사자가 계약의 존속기간을 약정하지 아니한 때에는 각 당사자는 2월전에 예고하고 계약을 해지할 수 있다. 존속기간의 약정의 유무에 불구하고 부득이한 사정이 있는 때에는 각 당사자는 언제든지 계약을 해지할 수 있다(제92조).

제 6 장 중개업

제1절 중개업의 의의

1. 의의

타인간의 상행위의 중개를 영업으로 하는 자를 중개인이라 한다(제93조).
중개행위(사실행위)를 영업으로 하는 것이 아니라 중개의 인수(법률행위)를 영업으로 한다.
중개인은 대리권이 없으며, 직접거래의 법률행위에 관여하지 않는다는 점에서 위탁매매인(제101조), 체약대리상(제87조)와 구별된다.

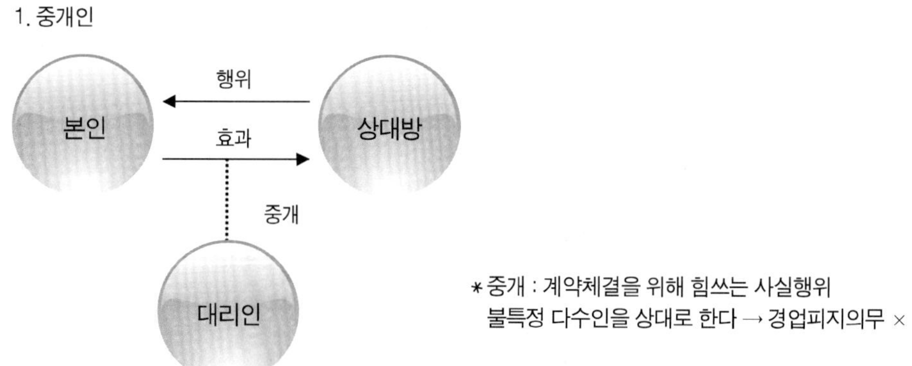

[그림 14] 중개상

중개계약은 당사자의 일방이 상행위의 중개를 상대방에게 위탁하고 상대방이 이를 승낙함으로써 그 효력이 생기는 낙성계약으로 위임계약이다(통설). 따라서 특약이 없는 한 민법상의 위임계약의 법리가 적용된다. 중개인이 특약으로 중개를 위하여 진력하여야할 의무가 있는 고용계약 또는 도급에 유사한 특수한 계약이라는 견해도 있다.[160]

2. 사회적 기능

중개인은 위탁자를 위하여 상대방을 구하고 그 신용상태의 조사와 전문적 자료 등을 위탁자에게 제공함으로써 계약체결을 용이·신속하게 한다. 특히 중개인은 상품·유가증권의 매매에 널리 활용된다.

제2절 중개인의 의무

1. 선량한 관리자의 주의의무

중개인은 위임계약이기 때문에 민법상 선량한 관리자의 주의의무를 부담한다(민법 제681조). 제3자에 대해서는 의무를 부담하지 않고 중개를 의뢰한 당사자 쌍방에 대하여만 선량한 관리자의 주의의무를 부담한다.

2. 견품보관의무

중개인이 그 중개한 행위에 관하여 견품을 받은 때에는 그 행위가 완료될 때까지 이를 보관하여야 한다(제95조).

계약의 해제, 검사통지의무의 헤테 등으로 품질에 관하여 분쟁이 발생하지 않을 것이 확실시 되는 때 까지 보관하여야야 한다.

보관의무의 기간이 종료되는 경우에는 별도의 약정이 없는 한 그 견품을 소유자에게 반환하여야 한다. 견품보관의무는 법률상 당연한 의무이기 때문에 그 보관에 대하여 별도의 보수를 청구할 수 없다.

160) 최기원, 전게서, 325면.

3. 결약서교부의무

당사자간에 계약이 성립된 때에는 중개인은 지체없이 각 당사자의 성명 또는 상호, 계약년월일과 그 요령을 기재한 서면(결약서)을 작성하여 기명날인 또는 서명한 후 각 당사자에게 교부하여야 한다.

이러한 서면은 단순한 증거증권이다. 결약서의 작성·교부는 중개계약의 성립요건이 아니고 계약의 중요한 내용으로, 목적물의 명칭·수량·품질·이행의 방법·시기·장소 등이다.

당사자가 즉시 이행을 하여야 하는 경우를 제외하고 중개인은 각 당사자로 하여금 결약서에 기명날인 또는 서명하게 한 후 그 상대방에게 교부하여야 한다.

당사자의 일방이 서면의 수령을 거부하거나 기명날인 또는 서명하지 아니한 때에는 중개인은 지체없이 상대방에게 그 통지를 발송하여야 한다.

4. 장부작성 및 등본교부의무

중개인은 결약서교부의무에 규정한 사항을 장부에 기재하여야 하며, 당사자는 언제든지 자기를 위하여 중개한 행위에 관한 장부의 등본의 교부를 청구할 수 있다(제97조).

5. 성명·상호묵비의무

당사자가 그 성명 또는 상호를 상대방에게 표시하지 아니할 것을 중개인에게 요구한 때에는 중개인은 그 상대방에게 교부할 결약서와 중개인의 장부의 등본에 이를 기재하지 못한다(제98조).

6. 개입의무(이행담보책임)

중개인이 임의로 또는 전조의 성명·상호묵비의무 준수 규정에 의하여 당사자 일방의 성명 또는 상호를 상대방에게 표시하지 아니한 때에는 상대방은 중개인에 대하여 이행을 청구할 수 있다(제99조).

중개계약은 상대방과 익명의 당사자 사이에 성립하므로 중개인은 당사자가 아니지만, 익명의 당사자인 상대방을 보호하기 위하여 중개인에게 이행책임을 부담시킨 법정의 담

보책임이다.[161)]

변제할 정당한 이익이 있는 자는 변제로 당연히 채권자를 대위중개인이 개입의무를 이행하였을 때에는 묵비의 당사자에 대하여 구상권을 갖는다(민법 제481조). 그러나 중개인이 계약의 당사자가 되거나 개입의무를 이행하였더라도 상대방에 대하여 권리자가 되는 것은 아니다. 이러한 점이 위탁매매인이 개입권을 행사한 경우와 다르다.[162)]

제3절 중개인의 권리

1. 보수청구권

상인이 그 영업범위내에서 타인을 위하여 행위를 한 때에는 이에 대하여 상당한 보수를 청구할 수 있다(제61조).

중개인의 보수는 당사자 쌍방이 균분하되 결약서의 교부 또는 교환이 종료한 이후에 청구할 수 있다(제100조).

중개인의 보수에는 중개인이 지출한 비용이 포함되기 때문에 별도의 특약이나 관습이 없는 한 청구권은 배제된다.

2. 급여수령권의 배제

중개인은 대리인이나 법률행위 등의 당사자가 아니기 때문에 그 중개한 행위에 관하여 당사자를 위하여 지급 기타의 이행을 받지 못한다. 그러나 다른 약정이나 관습이 있으면 그러하지 아니하다(제94조).

---

161) 최기원, 전게서, 330면.
162) 최기원, 상게서, 331면.

제7장 위탁매매업

제1절 위탁매매업의 의의

1. 의의

자기명의로서 타인의 계산으로 물건 또는 유가증권의 매매를 영업으로 하는 자를 위탁매매인이라 한다(제101조).

위탁매매의 주선행위를 영업으로 하는 상인으로 위임계약의 성질을 지니며, 유가증권의 매매 당사자가 되는 점에서 대리상이나 중개인과 구별된다.

위탁자는 상인일 필요는 없고 위탁매매인의 매매행위는 위탁업무의 이행행위로써 영업을 위하여 하는 보조적 상행위 이다.

2. 사회적 기능

위탁매매인은 지점의 설치나 대리상을 이용하는 경우와 같이 기업활동의 범위를 확대하는 수단으로 이용되는데 지점 설치의 경우보다 경비가 절약되고 체약대리상을 이용하는 경우보다 권한이 남용될 위험도 적다. 또한 전문지식 및 경영상식의 경험(Know-how) 등의 활용 및 투자나 융자가 편하다. 오늘날 대표적인 위탁매매인의 형태는 증권회사이다.[163)]

---

163) 최기원, 전게서, 334면.

3. 위탁매매인과 중개인의 비교

(1) 공통점

① 거래주체와 위임관계에 있으며, ② 위탁자가 불특정 다수인점, ③ 선량한 관리자의 주의의무를 부담하는 점, ④ 보조상의 지위를 가지는 점이다.

(2) 차이점

위탁매매인은 ① 자기명의로 타인의 계산으로 물건이나 유가증권을 매매하고, ② 위탁자 일방에 대해서만 수임의무를 부담한다. ③ 반드시 위탁자가 상인일 필요는 없다. ④ 보조하는 거래행위는 물건 또는 유가증권의 매도 혹은 매수하는 행위이다.

중개인은 ① 타인의 거래행위의 중개를 영업으로 거래의 당사자는 되지 않는다. ② 당사자 쌍방에 대하여 의무를 부담하고, 위탁자가 상인이어야 한다. ④ 보조하는 거래행위는 상행위이면 제한이 없다.

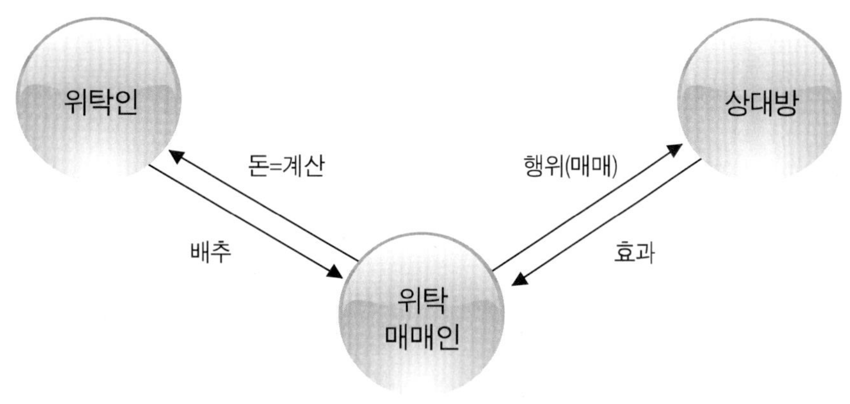

[그림 15] 위탁매매업

[관련판례]

① 위탁매매인(증권회사)

원고가 증권회사인 피고의 지배인자격을 가진 영업부장과 사이에 위 영업부장이 자기의 판단아래 원고의 계산으로 유망주의 거래를 하고 그 이득금 중의 일부를 원고에게 지급하고 나머지는 위 영업부장이 차지하도록 하는 방식의 거래를 할 것을 약정한 후 위 영업부장에게 주식매매위임 증거금으로 금원을 교부하고, 위 영업부장이 원고를 위하여 구좌를 개설하여 위 금원을 피고회사에 입금하고, 위임증거금통장을 작성교부하였으며 그 이후 여러 차례에 걸쳐서 같은 방식으로 피고회사에의 입금이 이루어졌다면 위와 같은 증권매입대금을 맡겨서 한 증권매매거래의 위임을 가리켜 원·피고 사이의 주식회사위임계약에 의한 금원의 수수로 봄이 상당하다.164)

제2절 위탁매매계약의 외부관계

1. 위탁매매인과 제3자(상대방)와의 관계

위탁매매인은 위탁자를 위한 매매로 인하여 상대방인 제3자에 대하여 직접 권리를 취득하고 의무를 부담한다(제102조).

사기·강박·착오의 유무 등 매매계약의 성립과 효력에 영향을 미치는 사항은 위탁매매인과 제3자간의 매매행위를 기준으로 하여 결정된다. 위탁매매인과 제3자가 위탁자에 대한 관계는 매매의 효력과 무관하다.

2. 위탁자와 제3자(상대방)와의 관계

위탁자와 제3자는 법률상 아무런 관계가 없다. 따라서 위탁매매인이 제3자에 대한 채권을 위탁자에게 양도하지 않으면 위탁자는 제3자에게 손해의 배상을 청구하지 못한다. 위탁자는 제3자가 채무를 불이행 할 경우 채권자대위권(민법 제404조)을 행사하거나, 위탁매매인에게 이행담보책임(제105조)을 물을 수 있다.

---

164) 대법원 1980.12.23. 선고 79 다 1480 판결; 대법원 1980.5.27. 선고 80 다 418 판결.

3. 위탁물의 귀속관계

권리나 물건이 위탁자에게 이전되기 이전에 위탁매매인이 파산하였을 때에는 위탁자에게 귀속하여야 할 권리나 물건이 파산재단에 귀속되어 환취권을 행사할 수 없거나 위탁매매인의 채권자가 강제집행을 할 경우에도 이의를 제기할 수 없게 되어 실질적 권리자인 위탁자의 이익을 해하게 된다.165)

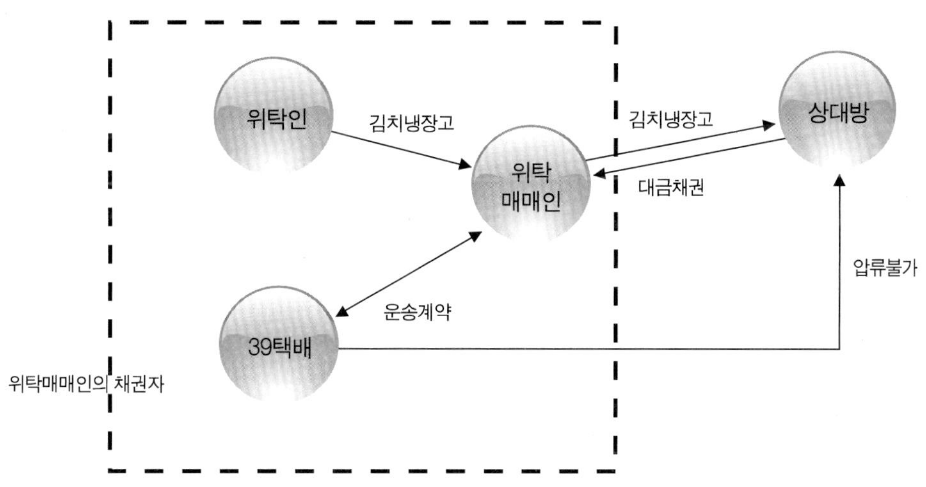

[그림 16] 위탁물의 귀속관계

따라서 위탁매매인이 위탁자로부터 받은 물건 또는 유가증권이나 위탁매매로 인하여 취득한 물건, 유가증권 또는 채권은 위탁자와 위탁매매인 또는 위탁매매인의 채권자간의 관계에서는 이를 위탁자의 소유 또는 채권으로 본다(제103조).

위탁매매인이 위탁매매로 인하여 취득한 물건·유가증권 또는 채권은 위탁자와 위탁매매인간의 관계에서는 별도의 이전행위 없이 당연히 위탁자에게 귀속되는 것으로 간주된다.

위탁매매인의 채권자가 물건·유가증권 또는 채권에 대하여 위탁매매인이 파산한 경우에는 위탁자는 위의 목적물에 대하여 환취권을 행사할 수 있고(파산법 제79조), 강제집행의 경우에는 이의권을 행사할 수 있다(민소법 제48조).

165) 최기원, 전게서, 338면.

제3절 위탁매매계약의 내부관계

1. 위탁매매인의 의무

(1) 위임에 관한 규정의 적용

위탁자와 위탁매매인간의 관계에는 위임에 관한 규정을 적용한다. 따라서 위탁매매인은 수임인으로서 선량한 관리자의 주의의무로 위임사무를 처리하여야 한다(제112조, 민법 제681조).

(2) 통지의무 · 계산서제출의무

위탁매매인이 위탁받은 매매를 한 때에는 지체 없이 위탁자에 대하여 그 계약의 요령과 상대방의 주소, 성명의 통지를 발송하여야 하며 계산서를 제출하여야 한다(제104조). 민법상의 수임인은 위임인의 청구가 있는 때에는 위임사무의 처리상황을 보고하고 위임이 종료한 때에는 지체없이 그 전말을 보고하여야 한다(민법 제683조). 통지의무 · 계산서제출의무는(제104조) 상거래를 신속하게 처리하고, 위탁자로 하여금 적절한 지시와 계획을 수립하게 하기 위한 특칙이다.

(3) 이행담보책임(개입의무)

위탁매매인은 위탁자를 위한 매매에 관하여 상대방이 채무를 이행하지 아니하는 경우에는 위탁자에 대하여 이를 이행할 책임이 있다. 그러나 다른 약정이나 관습이 있으면 그러하지 아니하다(제105조).

위탁자의 보호와 위탁매매제도의 신용을 도모하기 위하여 인정한 특수한 법정책임으로 무과실 책임이다. 위탁매매인은 선량한 관리자의 주의의무를 다하는 한, 매매시 상대방의 불이행에 대하여 원칙적으로 담보책임이 없으나 상대방의 불이행에 대한 손해가 결국 위탁자에게 귀속되고 또 위탁자와 상대방 사이에는 아무런 법률관계가 존재하지 않기 때문에 상법이 위탁자의 보호를 위하여 인정한 책임이다.[166]

166) 최기원, 전게서, 343면.

(4) 지정가액준수의무

위탁매매인은 선량한 관리자의 주의의무로써 최고가로 매도하거나 최저가로 매수하는 것이 원칙이다.

그러나 위탁자가 지정한 가액보다 저가로 매도하거나 고가로 매수한 경우에도 위탁매매인이 차액을 부담한 때에는 그 매매는 위탁자에 대하여 효력이 있다(제106조 제1항).

또한 위탁자가 지정한 가액보다 고가로 매도하거나 저가로 매수한 경우에는 그 차액은 다른 약정이 없으면 위탁자의 이익으로 한다(제106조 제2항).

(5) 위탁물의 훼손·하자 등의 통지·처분의무

위탁매매인이 위탁매매의 목적물을 인도받은 후에 그 물건의 훼손 또는 하자를 발견하거나 그 물건이 부패할 염려가 있는 때 또는 가격저하의 상황을 안 때에는 지체 없이 위탁자에게 그 통지를 발송하여야 한다.

이 경우에 위탁자의 지시를 받을 수 없거나 그 지시가 지연되는 때에는 위탁매매인은 위탁자의 이익을 위하여 공탁·경매 등 적당한 처분을 할 수 있다(제108조).

적당한 처분이란 신의성실의 원칙(민법 제2조 제1항)에 위배되지 않는 행위로써 공탁·경매 등을 들 수 있다. 위탁자에게 신속하게 적절한 조치와 계획을 세우도록 하고 필요한 경우에 위탁자의 지시를 기다릴 수 없는 때에 위탁매매인이 적당한 처분을 하도록 한 특칙이다(통설).[167]

2. 위탁매매인의 권리

(1) 보수청구권

위탁매매인은 상인이기 때문에 그 영업 범위내에서 타인을 위하여 행위를 한 때에는 이에 대하여 상당한 보수를 청구할 수 있다(제61조).

위탁매매인이 위임사무를 처리하는 중에 위탁매매인의 책임없는 사유로 인하여 위임이 종료된 때에는 위탁매매인은 이미 처리한 사무의 비율에 따른 보수를 청구할 수 있다(민법 제686조 3항).

---

167) 최기원, 전게서, 345면.

(2) 비용상환청구권

위탁매매인은 위임사무의 처리에 비용을 요하는 때에는 위탁자에게 선급을 청구할 수 있다(민법 제687조).

위탁매매인이이 위임사무의 처리에 관하여 필요비를 지출한 때에는 위임인에 대하여 지출한 날 이후의 이자를 청구할 수 있다(민법 제688조 제1항).

(3) 유치권

대리상의 유치권(제91조)의 규정은 위탁매매인에 준용한다.

위탁매매인은 당사자간에 특별한 약정이 없는 한 위탁자를 위한 물건의 매매로 인하여 발생한 채권이 변제기에 있는 때에는 그 변제를 받을 때까지 본인을 위하여 점유하는 물건 또는 유가증권을 유치할 수 있다(제111조).

(4) 매수물의 공탁 및 경매권

위탁매매인은 매수의 위탁자가 매수한 물건의 수령을 거부하거나 이를 수령할 수 없을 때에 매도인의 목적물의 공탁, 경매권(제67조)의 규정을 준용한다(제109조).

(5) 위탁매매인의 개입권

1) 현행규정 및 취지

위탁매매인이 거래소의 시세 있는 물건의 매매를 위탁받은 때에는 직접 그 매도인이나 매수인이 될 수 있다. 이 경우의 매매대가는 위탁매매인이 매매의 통지를 발송한 때의 거래소의 시세에 의한다. 이 경우에도 위탁매매인은 위탁자에 대하여 보수를 청구할 수 있다(제107조).

위탁매매인이 매매의 상대방이 된다면 민법상의 자기대리와 유사하게 가격 조건을 결정하여 위탁자의 이익을 해할 염려가 있다. 이 때 매매조건 등의 공정성이 확보된다면 위탁자는 위탁매매인에게 매도하여 거래의 신속과 이행의 청구가 가능하다.

위탁매매인도 자신이 직접거래당사자가 되어 비용을 줄이고 이윤을 증가할 수 있다. 따라서 상법은 위탁자와 위탁매매인 사이에 특별히 개입권을 인정하고 있다. 당사자 일방의 의사표시에 의하여 성립하는 형성권이다.

2) 상법개정안과의 비교 및 변경취지

현 행	개정안
제107조 (위탁매매인의 개입권) ① 위탁매매인이 거래소의 시세있는 물건의 매매를 위탁받은 때에는 직접 그 매도인이나 매수인이 될 수 있다. 이 경우의 매매대가는 위탁매매인이 매매의 통지를 발송한 때의 거래소의 시세에 의한다. ② 전항의 경우에도 위탁매매인은 위탁자에 대하여 보수를 청구할 수 있다.	제107조 (위탁매매인의 개입권) ① **위탁매매인이 거래소의 시세있는 물건 또는 유가증권의** 매매를 위탁받은 때에는 직접 그 매도인이나 매수인이 될 수 있다. 이 경우의 매매대가는 위탁매매인이 매매의 통지를 발송한 때의 거래소의 시세에 의한다. ② 전항의 경우에도 위탁매매인은 위탁자에 대하여 보수를 청구할 수 있다.

개정안은 위탁매매인이 개입권을 행사할 수 있는 대상에 “거래소의 시세가 있는 유가증권”도 포함시키고 있다.

거래소의 시세있는 유가증권인 경우에는 위탁매매인이 가격 등을 스스로 결정할 수 없어 위탁자의 이익을 해할 우려가 없다. 개입권의 범위를 유가증권에까지 확대한 것은 달리 문제가 없다. 다만, 증권선물거래소에서 거래되는 유가증권은 「자본시장통합과 금융투자업에 관한 법률」제67조[168] 에 따라 위탁매매인의 개입권이 금지되어 있기 때문에 「상법」에서 유가증권에 대한 개입권을 허용하여도 큰 의의는 없다.[169]

3) 유사제도와의 비교

상업사용인 등이 경업금지의무에 위반하여 거래한 경우에 그 거래가 자기의 계산으로 한 것인 때에는 영업주는 이를 영업주의 계산으로 한 것으로 볼 수 있고 제3자의 계산으로 한 것인 때에는 영업주는 사용인에 대하여 이로 인한 이득의 양도를 청구할 수 있다. 그러나 반면에(제17조) 위탁매매인의 개입권은 운송주선인(제116조) 및 준위탁매매인(113조)의 개입권과 같이 직접 거래상대방이 된다는 점에서 차이가 있다.

---

168) 「자본시장통합과 금융투자업에 관한 법률」제67조(자기계약의 금지) 투자매매업자 또는 투자중개업자는 금융투자상품에 관한 같은 매매에 있어 자신이 본인이 됨과 동시에 상대방의 투자중개업자가 되어서는 아니 된다.

169) 현실적으로 상품권 등이 그 대상으로 될 것이다. 진정구, 전게보고서, 19~20면.

4) 요건

① 거래소의 시세가 있어야 한다. ② 개입금지의 특약이 없어야 한다. ③ 위탁매매인이 상대방과 매매를 실행하지 않았어야 한다.

5) 효과

위탁매매인이 위탁자에 대하여 개입의 뜻을 통지하여야 하며 그 통지가 위탁자에게 도달할 때 개입의 효력이 생긴다. 개입으로 인하여 매매의 대가는 개입통지를 발송한 때의 거래소의 시세로 한다.

개입권의 행사에 의하여 위탁매매인과 위탁자는 모두 이중의 지위를 갖게 된다. 따라서 위탁매매인은 개입권을 행사한 경우에도 위탁자에 대하여 비용의 상환과 보수를 청구할 수 있으며, 보수에 관하여 유치권을 행사할 수 있고 매수위탁의 경우에는 매매대금의 지급을 청구할 수 있다. 그러나 위탁매매인이 제3자와 매매를 한 경우보다 위탁자에게 불리한 개입을 한 때에는 손해배상 책임을 진다.[170)]

제4절 준위탁매매인

1. 의의

자기명의로써 타인의 계산으로 매매아닌 행위를 영업으로 하는 자이며 운송주선인이 아닌 자를 준위탁매매인이라고 한다(제113조).

2. 내용

준위탁매매인의 주선의 목적은 공연·임대차, 출판·광고의 주선, 여객운송의 주선 등이 있다.

170) 최기원, 전게서, 350면.

3. 준용규정

준위탁매매인에게는 위탁매매인에 관한 규정이 준용된다(제113조).

해석상 제107조(위탁매매인의 개입권), 제108조 (위탁물의 훼손, 하자등의 효과), 제110조 (매수위탁자가 상인인 경우) 는 준용되지 않으며, 제102조(위탁매매인의 지위), 제103조(위탁물의 귀속), 제104조(통지 · 계산서제출의무), 제105조(이행담보책임), 제106조(지정가액준수의무), 제111조(유치권), 제112조(위임에 관한 규정의 적용)만이 준용된다.

제8장 운송주선업

제1절 운송주선업의 의의

1. 제도의 취지

상거래가 대량화된 오늘날 전문적 지식과 기술을 갖고 있는 전문가에게 위탁하여 업무를 처리하는 것이 송하인과 운송인 모두 운송의 목적을 신속하고 원활하게 할 수 있다. 송하인과 운송인 사이에 운송의 주선을 영업으로 하는 상인이 필요하다.

2. 운송주선인의 의의

자기의 명의로 물건운송의 주선을 영업으로 하는 자를 운송주선인이라 한다(제114조). 일반인과 운송인 사이에서 운송계약을 주선하고, 운송물에 관한 통관절차·포장·운송의 경로와 시기·운송물의 보관·인도 등에 부수된 각종사무를 처리한다.
상법 제114조에서 정한 '주선'은 자기의 이름으로 타인의 계산 아래 법률행위를 말한다.[171] 물건을 운송하는 점에서 물건매매의 주선을 하는 위탁매매인과는 구별된다.

171) 대법원 2007.4.26. 선고 2005 다 5058 판결.

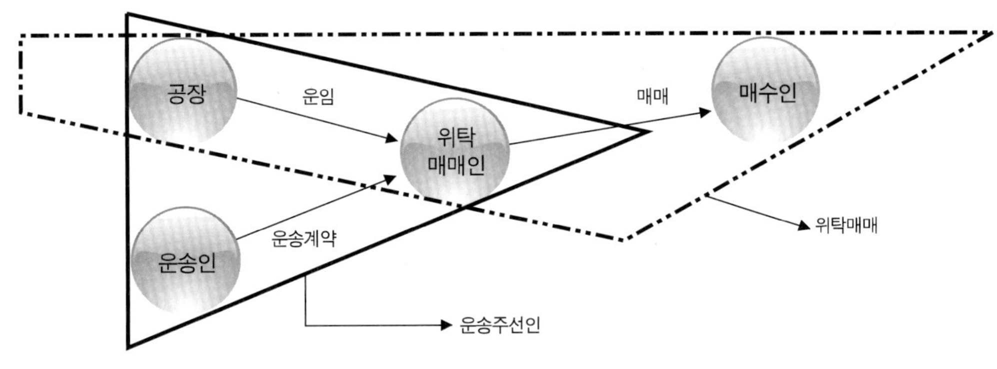

[그림 17] 운송주선인

3. 운송주선인의 법률관계

위탁자와 운송주선인 사이에는 운송주선계약이 성립하고, 운송주선인과 운송인 사이에는 운송계약이 존재하게 된다. 그러나 위탁자와 운송인 사이에는 아무런 법률관계가 존재하지 않는다.

위탁자와 운송주선인 사이의 운송주선계약의 성질은 위탁매매계약과 마찬가지로 위임계약이다. 그러므로 운송주선인에 대하여는 위탁매매인에 관한 규정을 준용하고 민법의 위임에 관한 규정이 보충적으로 적용된다(제112조 · 제123조).

제2절 운송주선인의 의무와 책임

1. 운송주선인의 의무

(1) 일반적 의무(주의의무)

운송주선계약은 위임계약이므로 선량한 관리자의 주의로써 운송을 주선하여야 한다(제123조 · 제112조, 민법 제681조).

(2) 개별적 의무(제123조)

통지의무, 계산서제출의무(제104조), 지정가액준수의무(제106조), 위탁물의 훼손, 하자 등의 효과(제108조)의 규정이 준용된다.

2. 운송주선인의 손해배상책임

운송주선인은 자기나 그 사용인이 운송물의 수령, 인도, 보관, 운송인이나 다른 운송주선인의 선택 기타 운송에 관하여 주의를 해태하지 아니하였음을 증명하지 아니하면 운송물의 멸실, 훼손 또는 연착으로 인한 손해를 배상할 책임을 면하지 못한다(제115조).
운송주선인은 자기의 무과실과 이행보조자의 과실까지 증명하여야 채무불이행의 원칙에 따라 면책이 된다. 운송주선인의 책임은 특약에 의하여 면제 등이 가능하다.
운송물의 멸실, 훼손 또는 연착이 불법행위의 요건을 충족하는 경우에 운송주선인이 불법행위에 기인한 손해배상책임이 있는가에 대하여 학설이 대립하지만 청구권경합설을 취하고 있다(통설 · 판례).[172)]
화폐, 유가증권 기타의 고가물에 대하여는 송하인이 운송을 위탁할 때에 그 종류와 가액을 명시한 경우에 한하여 운송인이 손해를 배상할 책임이 있다(제124조 · 136조).
운송인의 손해배상(제137조)과는 달리 운송주선인의 손해배상액은 민법의 일반원칙에 의하여 산정한다. 즉, 원칙적으로 채무불이행과 상당인과관계에 있는 모든 손해를 배상하여야 하고(민법 제393조 1항) 예외적으로 특별손해는 운송주선인이 그 사정을 알았거나 알 수 있었을 때에 한하여 배상할 책임을 진다(민법 제393조 2항).

3. 운송주선인의 책임의 시효

운송주선인의 책임은 수하인이 운송물을 수령한 날로부터 1년을 경과하면 소멸시효가 완성한다(제121조 제1항).
이 기간은 운송물이 전부멸실한 경우에는 그 운송물을 인도할 날로부터 기산한다(제121조 제2항). 또한 운송주선인이나 그 사용인이 악의인 경우에는 상사시효 5년이 적용된다(제121조 제3항).

---

172) 운송인의 손해배상책임에서 상세하게 후술하기로 한다.

악의라 함은 적극적으로 운송물의 멸실·훼손·연착을 초래하거나 판례에서 논의된 바와 같이 운송인의 일부멸실이 있음을 알고 수하인에게 알리지 않고 인도한 경우에 악의를 인정한다. 이에 대한 입증책임은 위탁자에게 있다.[173)]

[관련판례]

① 운송주선업의 기능

운송주선업은 운송의 거리가 육해공 삼면에 걸쳐 길어지고 운송수단도 다양할 뿐만 아니라 공간적 이동이 필요불가피한 화물도 복잡다양화, 대형 다량화 되어짐에 따라 송하인과 운송인이 적당한 상대방을 적기에 선택하여 이와 운송계약을 체결하기 어렵게 되었으므로 송하인과 운송인의 중간에서 가장 확실하고 안전 신속한 운송로와 시기를 선택하여 운송의 주선을 하는 운송주선업이 필요하게 되어 점차 긴요한 수단으로서 발달하게 된 것인 바, 운송주선인은 위탁자를 위하여 물건운송계약을 체결할 것 등의 위탁을 인수하는 것을 본래적인 영업의 목적으로 하는 것이기는 하나 이러한 운송주선인이 다른 사람의 운송목적의 실현에 도움을 주는 부수적 업무를 담당할 수도 있는 것이어서 상품의 통관절차, 운송물의 검수, 보관, 부보, 운송물의 수령인도 등의 업무를 담당하고 있는 것이 상례에 속하고 오히려 순수한 운송주선업만을 영업으로 하는 것은 드물고, 이와 같은 부수업무 외에도 운송수단까지 갖추어 거기에 알맞은 운송영업까지 겸하여 수행하고 있는 것이 많은 형편이므로 이와 같은 운송영업을 겸하는 운송주선인에 대하여는 그 역할수행의 물적보장을 위하여 여러 가지의 법령에 의하여 시설기준 등을 정해놓고 있다(예, 철도소운송업법, 자동차운수사업법, 항공법 등).[174)]

② 운송주선인의 손해배상책임

운송약관 및 상법상의 단시소멸시효 등의 규정과 불법행위로 인한 손해배상책임 : 운송약관상의 채무불이행 책임과 불법행위로 인한 책임이 병존하는 경우에 상법상 소정의 단기소멸시효나 고가물 불고지에 따른 면책 등의 규정 또는 운송약관규정은 운송계약상의 채무불이행으로 인한 청구에만 적용되고 불법행위로 인한 손해배상청구에는 그 적용이 없다.

173) 대법원 1987.6.23. 선고 86 다카 2107 판결.
174) 대법원 1987.10.13. 선고 85 다카 1080 판결.

화폐 · 유가증권 기타의 고가물에 대하여는 위탁자가 운송의 주선을 위탁함에 있어 그 종류와 가액을 명시하지 않으면 운송주선인은 손해배상책임을 지지 않는다(제124조, 제136조. 고가물에 대한 특칙).[175)]

제3절 운송주선인의 권리

1. 보수청구권

운송주선인은 운송물을 운송인에게 인도한 때에는 즉시 보수를 청구할 수 있다. 그리고 운송주선계약으로 운임의 액을 정한 경우에는 다른 약정이 없으면 따로 보수를 청구하지 못한다(제119조).

(1) 운송주선인의 보수청구권

상인이 그 영업 범위내에서 타인을 위하여 행위를 한 때에는 이에 대하여 상당한 보수를 청구할 수 있다(제61조).

(2) 운송주선인의 보수청구권이 발생하지 않는 경우

1) 운임확정운송주선계약의 경우

운송주선계약으로 운임의 액을 정한 경우에는 다른 약정이 없으면 따로 보수를 청구하지 못한다(제119조 제2항).

가. 개입설(소수설)

운송주선인의 운임계약권을 행사한 경우로, 운송주선인은 다른 약정이 없으면 운송주선인이 개입하여 직접운송할 수 있다. 이 경우에 운송주선인은 운송인과 동일한 권리 의무가 있다(제116조 1항).

나. 운송계약설(다수설)

운임확정의 경우에는 운송주선인의 지위가 법률의 규정에 의거하여 운송인으로 변경

---

175) 대법원 1977.12.13. 선고 75 다 107 판결.

되며, 당사자 사이에 운송계약이 성립하게 된다.

다. 판례의 입장

확정운임운송주선계약으로 볼 수 있는 요건으로서 주선인에게 운송수행을 위한 재산적 바탕(선박 등의 소유 기타 상업신용)이 있어야 하고, 정해진 운임의 액이 운임뿐만 아니라 운송물이 위탁자로부터 수하인에게 도달될 때까지의 액수가 정해진 경우라야 한다고 한다.[176]

라. 소결

구체적인 경우에 당사자의 의사표시 해석방법으로 운임계약설이 타당하다.

2) 혼재운송계약의 경우

운송주선인은 다수의 위탁자로부터 다른 운송경로를 거치는 동종의 운송물을 일괄하여 자기의 계산으로 하나의 혼재운송계약을 체결할 수 있다. 이 경우 운임의 확정이 없더라도 운송주선인은 운송인으로서의 권리·의무의 주체가 되므로 운송주선인은 운임 이외에 보수를 청구할 수 없다고 본다.[177]

2. 비용상환청구권

수임인이 위임사무의 처리에 관하여 필요비를 지출한 때에는 위임인에 대하여 지출한 날 이후의 이자를 청구할 수 있다. 수임인이 위임사무의 처리에 필요한 채무를 부담한 때에는 위임인에게 자기에 갈음하여 이를 변제하게 할 수 있고 그 채무가 변제기에 있지 아니한 때에는 상당한 담보를 제공하게 할 수 있다. 수임인이 위임사무의 처리를 위하여 과실없이 손해를 받은 때에는 위임인에 대하여 그 배상을 청구할 수 있다(제123조·제112조, 민법 제688조).

3. 개입권

운송주선인은 다른 약정이 없으면 직접 운송할 수 있다. 이 경우에는 운송주선인은 운송인과 동일한 권리의무가 있다. 운송주선인이 위탁자의 청구에 의하여 화물상환증을

176) 대법원 1987.10.13. 선거 85 다카 1080 판결.
177) 최기원, 전게서, 360면.

작성한 때에는 직접 운송하는 것으로 본다(제116조). 이를 운송주선인의 개입권이라 하며 일종의 형성권이다.

운송주선인은 위탁자에 대하여 운송인의 지위에 있다. 개입권의 행사에도 불구하고 운송주선인과 위탁자 사이의 운송주선계약은 그대로 존속하므로, 운송주선인은 위탁자에 대하여 운송인의 지위와 운송주선인의 지위라는 이중의 지위를 가지며, 위탁자 역시 송하인의 지위와 위탁자의 지위라는 이중의 지위를 갖게된다.

4. 유치권

원칙적으로 운송주선인은 민법상의 유치권(민법 제320조)과 상법상의 유치권(제58조)을 행사할 수 있지만 상법상의 특칙으로 운송주선인은 운송물에 관하여 받을 보수, 운임, 기타 위탁자를 위한 체당금이나 先貸金에 관하여서만 그 운송물을 유치할 수 있다(제120조).

운송주선인은 일반상사유치권과 달리 피담보채권과 유치물 사이에 견련관계가 필요하다. 왜냐하면 운송주선계약과는 다른계약에 기하여 운송주선인이 위탁자에 대하여 갖는 채권으로 당해 운송주선계약의 목적인 운송물을 유치할 수 있게 하면 수하인으로서는 자기가 수령할 운송물과 관계없는 피담보채권 때문에 운송물이 유치됨으로써 불측의 손해를 받을 수 있기 때문이다.[178)]

5. 운송주선인의 채권의 소멸시효

운송주선인의 위탁자 또는 수하인에 대한 채권은 1년간 행사하지 아니하면 소멸시효가 완성한다(제122조).

---

178) 최기원, 전게서, 361면.

제4절 순차운송주선인

1. 의의

수인의 운송주선인이 동일한 운송을 순차로 주선하는 것이다. 무역과 국제거래가 활발하게 됨에 따라 운송도 근거리가 아닌 원거리에서 수행이 되며 운송인이 순차적으로 운송을 하기 때문에 그에 따라 순차운송주선인이 나타나게 되었다.

2. 순차운송주선의 형태

(1) 하수운송주선

최초의 운송주선인이 전구간의 운송주선을 인수하고 주선업무의 전부 또는 일부를 자기의 명의로 자기의 계산으로 다른 운송주선인으로 하여금 주선토록 한다. 최초의 운송주선인만이 계약의 당사자가 되고 다른 운송주선인은 이행보조자일 뿐 위탁자와 직접적인 법률관계는 없다.[179]

(2) 부분운송주선

중계운송이 필요한 경우에 수인의 운송주선인이 각 구간의 운송에 관하여 위탁자로부터 개별적으로 운송주선의 위탁을 받은 형태이다.

(3) 중계운송주선

운송중에 중계가 필요한 경우에 제1의 운송주선인이 자기의 명의로 위탁자의 계산으로 제2의 운송주선인을 선임하는 경우로서 제2이하의 운송주선인을 중계운송주선인이라 하며, 또한 도착지의 운송주선인을 이용하는 경우이다.[180] 상법상의 순차운송주선인에 해당한다.

---

179) 이철송, 전게서, 507면.
180) 최기원, 전게서, 364면.

3. 순차운송인의 권리와 의무

수인이 순차로 운송주선을 하는 경우에는 후자는 전자에 갈음하여 그 권리를 행사할 의무를 부담한다. 이 경우에 후자가 전자에게 변제한 때에는 전자의 권리를 취득한다(제117조).

중계운송주선인은 위탁자인 운송주선인에 대하여 선량한 관리자의 주의의무를 부담한다(민법 제681조).

운송주선인이 운송인에게 변제한 때에는 운송인의 권리를 취득한다(제118조). 제118조의 운송주선인은 도착지의 운송주선인을 포함한 중간순차운송주선인을 말한다. 왜냐하면 운송주선인은 자기의 명의로 운송인과 운송계약을 체결하므로 순차주선인이 자기의 채무를 운송인에게 변제하고 다시 자기에 대한 권리를 취득하는 것은 의미가 없기 때문이다.[181)]

181) 최기원, 상게서, 366면.

제 9 장 운송업

제1절 운송업의 종류 및 의의, 계약의 체결

1. 제도의 취지와 운송인의 종류

운송이란 물건, 사람, 통신을 장소적으로 이동시키는 행위이며, 운송업이란 이러한 운송의 인수를 전문으로 하는 영업을 말한다. 오늘날 운송은 사람들이 일상적으로 공급받는 필수불가결한 용역중의 하나이다. 운송업은 대체로 큰 위험이 수반되는 사업이다. 그러므로 운송에 대한 사회의 수요를 원만히 충족시키기 위해서는 위험의 대종을 이루는 손해배상책임을 경감해주어야 한다. 또한 운송업은 고객의 귀중한 생명과 재산을 다루기 때문에 고객의 생명·재산의 보호를 위한 고려가 필요하고 운송의 집단화·대량화 추세에 대하여 운송인 대 고객의 법률관계를 정형적·획일적으로 처리하는 제도가 필요하다.[182)]

운송을 하는 수단에 따라 육상운송·해상운송·항공운송으로 나누어지며 현재의 상법총칙에서는 육상운송에 대하여 규정하고 있고 상법전 제5편 해상에서 해상운송을 규정하고 있다. 한편 최근의 개정안에서 항공운송에 관한 규정이 검토되고 있다.

182) 이철송, 전게서, 190면.

2. 운송인의 의의

육상 또는 湖川, 항만에서 물건 또는 여객의 운송을 영업으로 하는 자를 운송인이라 한다(제125조).

(1) 운송의 지역

제125조는 육상운송에만 적용이 된다. 육상이란 지하도 포함하며 호천, 항만 등은 육상이 아님에도 범위에 따르는 위험정도가 육상운송과 유사하기 때문에 제125조에 포함되었다.

(2) 운송의 객체

물건 또는 여객을 운송한다. 물건은 운송이 가능한 모든 동산과 유가증권이며 여객은 자연인을 의미한다.

(3) 운송행위

상법상의 운송이 되기 위해서는 물건 또는 여객이 운송인의 관리하에 놓여진 상태에서 이동하여야 한다.[183)]

(4) 상인성

운송인은 법률행위인 운송의 인수를 영업으로 함으로 당연히 운송인이 된다(제4조·제46조 제13호).

3. 운송계약의 체결

(1) 운송계약의 성질

운송계약은 물건 또는 여객을 일정한 장소까지 이동시킬 것을 내용으로 하는 도급계

---

183) 이철송, 전게서, 191면.

약이다.[184] 운송계약은 낙성계약, 유상·쌍무계약이며, 불요식계약이다. 따라서 구두 또는 묵시의 방법으로도 체결가능하다.

(2) 운송계약의 당사자

운송의 위탁자인 송하인과 운송의 실행을 인수하는 운송인이다. 송하인이 운송물의 소유자일 필요는 없으며 수하인은 계약의 당사자가 아니다.

제2절 물건운송에서 운송인의 의무와 책임

1. 선량한 관리자의 주의의무

운송인은 송하인으로부터 운송물을 수령하여 보관하다가 멸실·훼손·연착 없이 운송을 완료한 이후 운송물을 수하인에게 인도할 의무를 부담한다. 이러한 경우에 민법상 선량한 관리자의 주의의무를 부담한다.

2. 화물상환증 교부의무

운송인은 송하인의 청구에 의하여 화물상환증을 교부하여야 한다. 화물상환증에는 다음의 사항을 기재하고 운송인이 기명날인 또는 서명하여야 한다(제128조).

1) 운송물의 종류, 중량 또는 용적, 포장의 종별, 개수와 기호, 도착지, 수하인과 운송인의 성명 또는 상호, 영업소 또는 주소
2) 송하인의 성명 또는 상호, 영업소 또는 주소
3) 운임 기타 운송물에 관한 비용과 그 선급 또는 착급의 구별
4) 화물상환증의 작성지와 작성년월일

184) 대법원 1983.4.26. 선고 82 다 92 판결.

3. 운송물의 보관 및 처분의무

(1) 보관의무

운송인은 자기 또는 운송주선인이나 사용인 기타 운송을 위하여 사용한 자가 운송물의 수령, 인도, 보관과 운송에 관하여 주의를 해태하지 아니하였음을 증명하지 아니하면 운송물의 멸실, 훼손 또는 연착으로 인한 손해를 배상할 책임을 면하지 못한다(제135조, 손해배상책임).

(2) 처분의무

1) 의의

송하인 또는 화물상환증이 발행된 때에는 그 소지인이 운송인에 대하여 운송의 중지, 운송물의 반환 기타의 처분을 청구할 수 있다. 이 경우에 운송인은 이미 운송한 비율에 따른 운임, 체당금과 처분으로 인한 비용의 지급을 청구할 수 있다(제139조 제1항, 운송물의 처분청구권).

송하인과 수하인 사이의 매매계약이 해제되거나 시장의 상황 등에 따라 대처할 수 있도록 송하인의 손해를 방지하거나, 이익을 도모하기 위하여 법정으로 인정한 효력이다.

2) 처분권자

화물상환증 발행시 정당한 소지인 혹은 송하인은 운송인에 대하여 운송의 중지, 운송물의 반환 기타의 처분을 청구할 수 있다(제139조 제1항).

3) 처분의 범위

운송인의 처분범위는 운송계약과 본질적으로 동일하여야 한다. 운송물의 반환이란 운송물의 현재지에서 이를 송하인에게 인도하는 것이며, 기타의 처분이란 수하인 및 운송로의 변경, 적하의 방법 등 운송에 관한 처분을 말한다.

4) 운임의 계산

운송의 중지, 운송물의 반환 기타의 처분이 있는 경우에 운송인은 이미 운송한 비율에 따른 운임, 체당금과 처분으로 인한 비용의 지급을 청구할 수 있다(제139조 제1항).

5) 처분의 제한

운송물이 도착지에 도착한 후 수하인이 그 인도를 청구한 때에는 수하인의 권리가 송하인의 권리에 우선하여 송하인의 처분권이 제한된다(제140조 제2항).

4. 운송물인도의무

(1) 화물상환증이 발행된 경우

1) 화물상환증과 상환에 의한 인도

화물상환증을 작성한 경우에는 이와 상환하지 아니하면 운송물의 인도를 청구할 수 없다(제129조).

화물상환증을 작성한 경우에는 운송에 관한 사항은 운송인과 소지인간에 있어서는 화물상환증에 기재된 바에 의한다(제131조).

화물상환증을 작성한 경우에는 운송물에 관한 처분은 화물상환증으로써 하여야 한다(제132조).

2) 보증도·가도

실무에 있어서는 화물상환증과 상환하지 않고 운송물을 인도하는 경우가 빈번히 발생한다.[185] 화물상환증과 상환하지 않고도 운송물을 인도하는 경우가 있는데 이를 가도

185) 육상운송보다는 해상운송에 있어서 많이 발생하는 사례이며 우리 대법원은 상관습상 행하여 지는 보증도를 인정하지 않고 있다. 필자가 한국과학기술연구원(KIST) 대러시아 사업을 담당하면서, 실제로 국제공동연구 결과의 운송물에 대한 선하증권의 지연도착을 경험한 바 있다. 모스크바에서 블라디보스톡을 경유하여 부산항까지 운송물이 도착하였지만, 선하증권은 4~5일 이후에 도착하였다.
'선하증권의 위기현상'(the crisis of bill of lading)이란 국제무역거래에서 핵심서류로서 사용되어 왔던 선하증권이 선박의 고속화, 적하시간의 단축과 컨테이너 복합운송 등의 도입 등으로 그 기능을 제대로 수행하지 못하고 있으며, 양륙항에 운송물은 이미 도착하였지만 선하증권의 도착 지연으로 운송인과 수하인이 운송물을 제때 인수·인계하지 못하는 현상이다.
이렇게 선하증권의 도착이 지연되어 운송물품이 신속하게 인도가 되지 않으면 일정기간 동안에는 운송인이 보세 장치장에 보관을 하지만, 상당한 시일이 경과하면 보관료의 발생 등 수하인에게 추가적인 비용부담이 발생한다. 은행의 입장에서는 수하인이 신속하게 물품을 인도받는 것이 자금의 회수에서 바람직 하게 되며 수하인 등 매매계약의 당사자들에게는, 양륙항에서의 멸실위험의 증가 및 시장가치의 상실 등과 같은 손해가 예상된다.
보증도가 선하증권의 위기현상에 대한 실제적인 대응으로 상관습화 되었지만 현행법상 인정되지 않았기 때문에 많은 법률적인 문제가 발생하게 되었다. 따라서 보증도 이외에도 여러 가지 해결책과

또는 공도라고 하며 화물상환증과 상환함이 없이 인도함으로써 생기는 모든 결과에 대하여 책임을 진다는 보증은행의 보증서를 받고 운송물을 인도하는 것을 보증도라고 한다.[186]

보증도나 가도에 의해 운송물의 인도를 받은 자는 운송물의 소유권을 취득하지 못한다. 보증도나 가도로 인하여 운송물을 인도할 수 없게 된 때에는 운송인은 채무불이행으로 인한 손해배상책임과 불법행위로 인한 손해배상책임도 지게 된다(판례).

[관련판례]

① **보증도에 운송물 인도시 불법행위책임을 인정**

"보증도"에 관한 상관습은 운송인 또는 운송취급인의 정당한 선하증권 소지인에 대한 책임을 면제함을 목적으로 하는 것이 아니고 오히려 "보증도"로 인하여 정당한 선하증권 소지인이 손해를 입게 되는 경우 운송인 또는 운송취급인이 그 손해를 배상할 것을 전제로 하고 있는 것이므로 운송인 또는 운송취급인이 선하증권과 상환하지 아니하고 "보증도"에 의하여 운송물을 선하증권 소지인의 운송물에 대한 권리를 침해하였을 때에는 고의 또는 중대한 과실에 의한 불법행위가 성립된다.[187]

(2) 화물상환증이 발행되지 않은 경우

1) 수하인 또는 송하인에게 인도

운송물이 도착지에 도착한 때에는 수하인은 송하인과 동일한 권리를 취득한다. 운송인은 수하인에게 운송물을 인도하여야 한다(제140조 제1항).

대안(해상화물운송장) 등이 제시되었지만, 가장 현실성 있고 법적안정성을 확보한 제도가 전자선하증권이다. 전자선하증권 등의 상세한 내용은 필자의 다음의 졸저와 논문을 참고하기 바람. 강선준, 「볼레로형 전자선하증권에 관한 연구」(숭실대학교 법학박사학위논문 2005); 강선준, 「전자선하증권론」, 한국학술정보(주), 2007; 강선준, 「전자선하증권법 제정에 관한 연구」, 한국법제연구원, 2007; 강선준, "볼레로형 전자선하증권 도입에 관한 연구(한국상사법학회 동계학술대회 발표논문), 「상사법연구」(제25권 제1호), 2006; 강선준, "전자선하증권 특별법 제정에 관한 연구", 「상사판례학회」(제8권 제4호), 2005.

186) 최기원, 전게서, 377면.

187) 대법원 1992.2.14. 선고 91 다 4249 판결.

2) 수하인의 지위

운송물이 도착지에 도착한 후 수하인이 그 인도를 청구한 때에는 수하인의 권리가 송하인의 권리에 우선한다(제140조).

3) 수하인의 권리의무의 소멸

수하인이 유보 없이 운송물을 수령하고 운임 등을 지급한 경우에는 운송인이 선의인 한 수하인의 운송인에 대한 운송물에 관한 손해배상청구권은 소멸한다(제146조). 수하인의 운송인에 대한 그 이외의 권리는 운송인이 선의인 한 운송물을 수령한 날로부터 1년을 경과하면 시효로 소멸한다(제147조, 제121조). 수하인의 운송인에 대한 의무는 운송인이 1년간 행사하지 아니하면 시효로 소멸한다(제147조, 제122조).

5. 운송인의 손해배상책임

(1) 서 론

상법은 운송기업의 보호와 법률관계의 획일적 처리를 위하여 일반적인 손해를 기준으로 그 배상액을 정형화 하고 있다. 이는 운송물에 대하여 운송인 또는 운송인의 이행보조자의 무과실을 입증하지 못하는 한 책임을 면할 수 없도록 하여 책임을 가중화한 반면에 배상액은 정형화함으로써 그 책임을 완화시켰다.

(2) 책임발생원인

운송인은 자기 또는 운송주선인이나 사용인 기타 운송을 위하여 사용한 자가 운송물의 수령, 인도, 보관과 운송에 관하여 주의를 해태하지 아니하였음을 증명하지 아니하면 운송물의 멸실, 훼손 또는 연착으로 인한 손해를 배상할 책임을 면하지 못한다(제135조).

(3) 손해배상액

운송물이 전부멸실 또는 연착된 경우의 손해배상액은 인도한 날의 도착지의 가격에 의한다. 운송물이 일부멸실 또는 훼손된 경우의 손해배상액은 인도한 날의 도착지의 가격에 의한다(제137조).

운송물의 멸실 또는 훼손으로 인하여 지급을 요하지 아니하는 운임 기타 비용은 손해배상액에서 공제하여야 한다(제137조). 상법상 운송인의 손해배상 책임은 민법 제393조에 대한 예외규정이라고 볼 수 있다.[188)]

운송물의 멸실, 훼손 또는 연착이 운송인의 고의나 중대한 과실로 인한 때에는 운송인은 모든 손해를 배상하여야 한다. 이에 의하여 경과실로 인하여 발생된 경우에만 운송인의 책임이 면제된다. 손해발생의 입증책임은 송하인(또는 수하인)에게 있다.

운송인이 손해배상책임을 면하려면 운송물의 보관과 운송에 관하여 자기 또는 이행보조자가 주의를 해태하지 않았는데도 손해가 발행하였거나 주의를 다하였더라도 손해의 발생을 피할 수 없었음을 입증하여야 한다.[189)]

(4) 고가물에 대한 특칙

1) 의의

화폐, 유가증권 기타의 고가물에 대하여는 송하인이 운송을 위탁할 때에 그 종류와 가액을 명시한 경우에 한하여 운송인이 손해를 배상할 책임이 있다(제136조).

2) 입법취지 및 고가물의 개념

고가물은 일반물에 비하여 멸실·훼손의 가능성 및 손해액이 크기 때문에 운송인은 특별한 운임을 받고 특별한 주의를 기울여 사고를 미연에 방지하기 위해서이다.

고가물이란 일반적인 운송물에 비하여 중량이 가볍고 부피는 작지만 사회통념에 의하여 값진 물건으로 인정되는 보석 등이 이에 해당한다. 그러나 미술품이나 골동품은 중

---

188) 운송인의 손해배상책임에 대해 민법상의 채무불이행책임을 적용한다면 운송인은 채무불이행 책임과 상당인과관계 있는 모든 손해에 대하여 배상해야 하고, 운송인이 알수 있었던 특별한 사정으로 인한 손해에 대해서까지 배상해야 할 것이다. 그러나 상법은 운송인은 손해배상액에 관해 특칙을 두어 배상액을 원칙적으로 물건의 가격으로 한정하고 기타의 적극적 손해는 배상액에서 제외하며, 다만 예외적으로 운송인에게 고의·중과실이 있는 때에만 민법의 일반원칙을 적용하고 있다. 이는 운송인의 손해배상책임을 정형화 하는 동시에 경감하고 있다. 또한 운송인은 통상 다수의 송하인으로부터 다량의 물건을 인도받아 운송을 하는데, 손해배상의 일반원칙을 적용할 경우 배상액에 관해 송하인별로 구구한 분쟁이 생기고 각각 손해를 입증해야 하는 바 이를 지양하고 획일적 기준에 의해 배상액을 산정함으로써 다수인간의 법률관계를 안정적으로 해결한다는 취지도 있다. 이철송, 전게서, 452~453면.

189) 대법원 1965.12.28. 선고 65 다 2125 판결.

량이 무겁고 부피가 크더라도 고가물에 속한다.[190] 사회 통념과 시세의 의해 물건이 가지는 객관적·경제적 가치를 가지고 판단할 성격이다.

3) 고가물 명시의 효과

원칙적으로 운송계약의 성립전에 고가물의 종류와 가액을 명시하여야 하지만, 운송계약 성립 후에 운송물을 인도할때까지 하면 충분할 것이다. 명시가액은 확정된 손해배상액은 아니지만 원칙적으로 배상액의 최고한도를 의미하기 때문에 실제가액과 차이가 있는 부분은 조정이 가능하다.

고가물의 종류와 가액을 명시하여 신고하지 않은 고가물에 대해서는 보통물로서의 책임도 없이 완전히 면책이 된다. 고가물의 명시를 촉진하고 고가물을 보통물로 전환하여 가액이 산성 등이 어려운데 그 이유가 있다(통실).

고가물임을 명시하지 않았지만 운송인이 우연히 고가물임을 안 경우에 면책되기 위한 주의의무에 대해서는 학설이 대립하고 있다.

① 무책임설

운송인이 고가물임을 안 경우에도 전혀 책임이 없다는 견해이다.

② 소수설

운송인은 고가물로서의 주의의무가 있고, 이를 해태한 경우에는 고가물로서의 책임을 진다는 견해이다.

③ 절충설

운송인은 보통물로서의 주의의무를 부담하며 이를 해태한 경우에 고가물로서의 책임을 진다는 견해이다.

④ 검토

운송인이 손해방지를 위하여 최선의 노력을 기울여야할 의무가 있고, 신의성실의 원칙 등 법익 등을 고려해볼 때 보통물로서 주의가 필요하고 이를 게을리한 경우에는 고가물로서의 책임을 지는 절충설의 견해가 타당하다.

---

190) 최기원, 전게서, 386면.

(5) 면책약관

손해배상책임의 경우 임의법규이기 때문에 당사자 사이의 특약으로 운송인의 책임을 면책할 수 있다.

[관련판례]

① 면책약관에 따라 불법행위책임 면제

청구권경합설을 취하면서, 선하증권상의 면책약관에 관하여 해상운송인은 채무불이행책임뿐만 아니라 불법행위책임까지 면하는 것으로 판시하고 있다.[191)]

② 고가물불고지시 불법행위책임의 면책

상법 제136조와 관련되는 고가물불고지로 인한 면책규정은 일반적으로 운송인의 운송계약상의 채무불이행으로 인한 청구에만 적용되고 불법행위로 인한 손해배상청구에는 그 적용이 없으므로 운송인의 운송이행업무를 보조하는 자가 운송과 관련하여 고의 또는 과실로 송하인에게 손해를 가한 경우 동인은 운송계약의 당사자가 아니어서 운송계약상의 채무불이행으로 인한 책임은 부담하지 아니하나 불법행위로 인한 손해배상책임을 부담하므로 위 면책규정은 적용될 여지가 없다.[192)]

(6) 손해배상책임의 소멸

운송인의 책임은 수하인 또는 화물상환증소지인이 유보없이 운송물을 수령하고 운임 기타의 비용을 지급한 때에는 소멸한다. 그러나 운송물에 즉시 발견할 수 없는 훼손 또는 일부멸실이 있는 경우에 운송물을 수령한 날로부터 2주간내에 운송인에게 그 통지를 발송한 때에는 그러하지 아니하다. 그리고 운송인 또는 그 사용인이 악의인 경우에는 적용하지 아니한다(제146조).

운송인의 책임은 수하인 등이 운송물을 수령한 날로부터 1년을 경과하면 소멸시효가 완성한다. 이 기간은 운송물이 전부멸실한 경우에는 그 운송물을 인도할 날로부터

191) 대법원 1983.3.22. 선고 82 다카 1533 전원합의체 판결.
192) 대법원 1991.8.23. 선고 91 다 15409 판결.

기산한다. 그러나 운송인이나 그 사용인이 악의인 경우에는 적용하지 아니하며, 이때에는 일반상사시효(5년)가 적용된다.

6. 불법행위책임과의 관계

(1) 서 론

운송인이 자기 또는 이행보조자의 과실로 인하여 운송물이 멸실·훼손된 경우에는 채무불이행으로 인한 손해배상책임과는 별도로 운송물에 대한 소유권의 침해로 인하여 민법상의 불법행위책임도 부담하는지 여부가 문제가 된다.

2010년 4월 국회에서 통과된 상법 개정안에서는 운송인의 책임을 완화하는 상법상의 취지를 감안하여 불법행위책임에 대해서도 규정함으로써 학설에 대한 대립을 입법적으로 해결하였다.

(2) 채무불이행책임과 불법행위책임의 비교

1) 공통점

채무불이행책임과 불법행위책임은 모두 운송인 또는 이행보조자의 과실을 전제로 한다.

2) 차이점[193)]

① 입증책임

채무불이행 책임은 운송인의 과실이 추정되므로 운송인이 책임을 면하려면 자기 또는 이행보조자의 무과실을 입증하여야 하는데 반하여, 불법행위책임의 경우에는 피해자가 운송인의 고의·과실에 대한 입증책임을 진다.

② 배상액의 범위

채무불이행책임은 손해배상액이 정형화 되었지만 불법행위책임은 불법행위와 상당인과관계가 있는 모든 손해가 포함된다.

193) 채무불이행책임과 불법행위책임의 비교에 대한 상세한 내용은 최기원, 전게서, 390면 참조.

③ 소멸시효기간

채무불이행책임은 1년의 단기의 소멸시효 규정이 적용되지만, 불법행위책임은 피해자나 그 법정대리인이 그 손해 및 가해자를 안날로부터 3년의 시효로 소멸하고 불법행위를 한 날로부터 10년의 제척기간이 지나면 소멸한다(민법 제756조).

(3) 양청구권과의 관계

1) 법조경합설

채무불이행책임과 불법행위책임은 특별법과 일반법과의 관계이기 때문에 양 책임이 경합할 때에는 불법행위로서의 위법성이 조각되어 불법행위의 규정으로 인한 손해배상청구권은 배제가 된다.

채무불이행책임이 불법행위책임보다 무거우므로 송하인의 보호를 위해 청구권의 경합을 인정할 실익이 없다고 한다.[194)]

2) 청구권경합설(다수설 · 판례)

채무불이행책임과 불법행위에 대한 책임은 요건과 효과가 다르기 때문에 송하인은 선택하여 행사할 수 있다. 즉 불법행위 요건이 충족되는 이상 피해자 보호의 측면에서 운송인은 책임을 면할 수 없다.

판례는 운송약관상 채무불이행책임과 불법행위로 인한 책임이 병존하는 경우에 상법 소정의 단기소멸시효나 고가물 불고지에 따른 면책 등의 규정 또는 운송약관규정은 운송계약상의 채무불이행으로 인한 청구에만 적용되고 불법행위로 인한 손해배상청구에는 그 적용이 없다고 판시하고 있다.[195)]

3) 검토

상법상 운송인의 손해배상책임(운송계약상 채무불이행 책임)은 법정책상 경감되어 있다. 피해자의 보호측면이나 채무자의 고의 또는 중과실이 있는 경우에도 불법행위의

---

194) 이철송, 전게서, 461면.
195) 대법원 1977.12.13. 선고 75 다 107 판결.

성립을 인정할 수 있는 점 등을 고려하여 본다면 청구권 경합설이 타당하다.[196)]

불법행위를 원인으로 하여 운송인의 책임을 묻는 경우에는 정액배상이 아니라 모든 손해의 배상을 청구할 수 있다고 해석하면 제137조의 입법취지가 목각되므로, 제137조는 운송인에 대하여 불법행위 책임을 묻는 경우에도 유추적용 되어야 한다고 본다. 상법은 해상운송인에 관하여 이를 명문으로 규정하고 있다(제789조의3 제1항).[197)] 2010년 4월 국회통과 개정안에서도 이러한 내용이 입법화 되었다.

(4) 고가물의 경우

1) 법조경합설

송하인은 운송인의 계약책임만을 인정할 수 있기 때문에 운송인의 고의 또는 중과실에 의하여 운송물을 멸실·훼손시키는 경우에는 책임을 부담하지 않는다.

2) 청구권경합설(다수설·판례)

고가물 특칙상 채무불이행책임은 면하지만, 송하인은 운송인의 고의 또는 중과실에 의하여 운송인의 운송물을 멸실·훼손 시키는 경우 불법행위책임에 기인한 손해의 배상을 청구할 수 있다. 또한 운송인의 이행보조자의 고의 또는 과실로 송하인에게 손해를 가한 경우에 운송인은 민법 제756조에 의한 사용자 책임을 진다.[198)]

3) 절충설

① 고의·중과실책임설

송하인이 고가물임을 명시하지 않은 경우에도, 상법 제136조의 입법취지상 일정한 경우

---

196) ① 손해배상액이 제한되어 있고(제137조), ② 고가물에 관한 특칙에 의해 책임이 완화되고(제136조), ③ 책임의 특별사유가 있고 단기의 시효가 적용되며(제146조, 제147조, 제121조), ④ 운송계약시에 면책약관에 의해 책임을 경감시키는 것이 통례이다. 법조경합설에 의하면 이와 같은 책임경감사유가 모두 적용되나, 청구권경합설을 취하면 송하인이 불법행위책임을 물음으로써 위의 경감사유를 모두 배제하고 실손해를 전보받고, 특별소멸사유나 단기시효에 관계없이 불법행위책임의 시효를 적용받고, 면책약관이 있더라도 손해배상을 청구할 수 있다. 따라서 송하인의 보호를 위해서는 청구권경합설을 취할 실익이 크며, 불법행위를 행한 운송인의 책임을 경감시켜주는 것은 형평에 어긋난다는 뜻에서 청구권경합설이 타당하다. 이철송, 전게서, 461면.

197) 정동윤, 「상법(상)」, 법문사. 2000, 244면.

198) 대법원 1991.8.23 91 다 15409 판결.

에 운송인의 책임을 인정하자는 견해이다. 즉 청구권경합설에 의하더라도 운송인은 고의 또는 중대한 과실이 있는 경우에만 불법행위로 인한 책임을 지고 경과실에 의한 책임은 지지 않는다.[199)]

② 고의책임설

운송인은 고의가 있는 경우에만 책임을 지며 과실(중대한 과실 포함)이 있는 경우에는 면책된다는 입장이다.

4) 검토

상법 개정안 제135조의 취지 등을 고려한다면 절충설 중 고의중과실책임설이 타당하다.

고가물을 명시하지 않은 경우에도 불법행위를 원인으로 하여 손해배상책임을 묻는 경우에는 고가물전액의 배상을 청구할 수 있다고 해석하는 것 역시 고가물의 명시를 운송인을 보호하려는 제136조의 취지에 정면으로 배치되므로 제136조 또한 불법행위 책임을 묻는 경우에 유추 적용되어야 한다.[200)]

(5) 면책약관

운송인의 책임에 관한 규정은 임의법규이므로 당사자간의 특약으로 운송인의 책임을 면책할 수 있다.

판례는 청구권경합설을 따르는 경우 운송인의 계약책임에 관한 면책약관이 운송인의 불법행위책임에 미치지 않는다고 한다.

국제항공운송의 경우에도 운송계약상의 면책약관은 일반적으로 이를 불법행위책임에도 적용하기로 하는 명시적 또는 묵시적 합의가 없는 한 당연히 불법행위책임에 적용되지 않는다.[201)]

199) 최기원, 전게서, 392면.
200) 정동윤, 전게서, 244면.
201) 대법원 1999.7.13 99 다 8711 판결.

7. 개정안

(1) 운송인의 불법행위 손해배상책임에 대한 제한인정(안제135조)

현 행	개정안
제135조 (손해배상책임) 운송인은 자기 또는 운송주선인이나 사용인 기타 운송을 위하여 사용한 자가 운송물의 수령, 인도, 보관과 운송에 관하여 주의를 해태하지 아니하였음을 증명하지 아니하면 운송물의 멸실, 훼손 또는 연착으로 인한 손해를 배상할 책임을 면하지 못한다.	제135조 (손해배상책임) ① 운송인은 자기 또는 운송주선인이나 사용인 기타 운송을 위하여 사용한 자가 운송물의 수령, 인도, 보관과 운송에 관하여 주의를 **게을리하지** 아니하였음을 증명하지 아니하면 운송물의 멸실, 훼손 또는 연착으로 인한 **손해를 배상할 책임이 있다.**
(신 설)	**② 이 절의 운송인의 책임에 관한 규정은 운송인의 불법행위로 인한 손해배상의 책임에도 적용한다.**

개정안은 운송계약의 특수성을 고려하여 운송인이 불법행위책임을 지는 경우에도「상법」상의 책임 제한이 가능하도록 하고 있다.[202)]

운송인의 과실에 의한 운송물의 멸실 등에 관한 손해배상책임을 규정한「상법」제135조는「민법」제750조[203)]의 불법행위책임에 대해 특별법의 관계에 있으므로, 이와 관련하여 운송인에게 운송물의 멸실 등으로 인한 손해배상책임을 물을 경우에「상법」제135조에 의한 책임만을 물어야 한다는 법조경합설,「민법」제750조의 불법행위책임과 선택적으로 청구할 수 있다는 청구권경합설이 대립하고 있다.

판례는 청구권경합설을 취하면서 정액배상주의(제137조)[204)]·고가물에 대한 특칙(제136조)[205)]·책임의 단기소멸시효(제147조)[206)] 등의 규정은 운송인의 운송계약상의 채무불

---

202) 진정구, 전게보고서, 23면.

203)「민법」第750條(不法行爲의 內容) 故意 또는 過失로 因한 違法行爲로 他人에게 損害를 加한 者는 그 損害를 賠償할 責任이 있다.

204) 정액배상주의: 운송물이 전부 또는 연착된 경우의 손해배상액을 인도한 날의 도착지 가격으로 한정한다.

205) 고가물에 대한 특칙: 종류와 가격을 명시한 경우에 한하여 운송인이 손해를 배상할 책임이 있다.

206) 책임의 단기소멸시효: 운송인의 책임을 1년의 단기소멸시효로 규정한다.

이행으로 인한 손해배상청구에만 적용되고 불법행위로 인한 손해배상청구에는 적용되지 않는다는 입장[207]에 있다.

이에 따르면 불법행위책임을 물을 경우에는 책임제한 규정이 적용되지 아니함에 따라 운송계약의 특수성을 감안하여 운송인의 책임을 완화한 「상법」의 취지가 훼손되는 문제가 발생할 수 있다.

운송계약의 특수성을 고려하여 운송인이 불법행위책임을 지는 경우에도 책임완화를 위한 특칙이 적용될 수 있도록 하여 육상운송인의 책임을 해상운송과 같이 경감하는 개정안의 개정내용은 타당하다.[208]

제3절 물건운송에서 운송인의 권리

1. 운송물 인도청구권

운송인은 송하인에게 운송물을 인도할 수 있도록 청구할 권리가 있다.

---

207) 운송인이 운송계약상의 운송채무를 이행하기 위하여 사용한 자가운송과 관련하여 고의 또는 과실로 송하인에게 손해를 가한 경우 동인은 운송인으로서의 채무불이행책임과는 별개로 불법행위로 인한 손해배상책임을 부담한다할 것이고, 소위 지입차량의 소유명의자는 그 지입차량의 운전자를 직접 고용하여 지휘 감독을 한 바 없었더라도 명의대여자로서 뿐만 아니라 객관적으로 지입차량의 운전자를 지휘 감독할 관계에 있는 사용자의 지위에 있다 할 것이므로 그 운전자의 과실로 타인에게 손해를 가한 경우에는 사용자책임을 부담한다 할 것이다.
또한 상법 제136조와 관련되는 고가물불고지로 인한 면책규정은 일반적으로 운송인의 운송계약상의 채무불이행으로 인한 청구에만 적용되고 불법행위로 인한 손해배상청구에는 그 적용이 없는 바(대법원 1983.3.22. 선고 82 다카 1533 판결 참조), 운송인의 운송이행의무를 보조하는 자가 운송과 관련하여 고의 또는 과실로 송하인에게 손해를 가한 경우 동인은 운송계약의 당사자가 아니어서 운송계약상의 채무불이행으로 인한 책임은 부담하지 아니하나 불법행위로 인한 손해배상책임을 부담하므로 위 면책규정은 적용될 여지가 없다 할 것이다(대법원 1991.8.23. 선고 91 다 15409 판결).

208) 육상운송업과 해상운송업에 수반되는 위험의 정도를 동일시하여 해상법상의 책임완화제도를 육상운송업까지 확대할 수 있는지에 관해서 심층적으로 살펴볼 필요가 있다는 의견도 있다(권재열, 앞의 토론문, 58쪽), 진정구, 전게보고서, 23~24면.

2. 화물명세서교부청구권

송하인은 운송인의 청구에 의하여 화물명세서를 교부하여야 한다. 화물명세서에는 다음의 사항을 기재하고 송하인이 기명날인 또는 서명하여야 한다(제126조).
① 운송물의 종류, 중량 또는 용적, 포장의 종별, 개수와 기호, ② 도착지, ③ 수하인과 운송인의 성명 또는 상호, 영업소 또는 주소, ④ 운임과 그 先給 또는 着給의 구별, ⑤ 화물명세서의 작성지와 작성년월일
화물명세서는 단순히 송하인이 일방적으로 운송계약에 중요한 사항을 기재하고 기명날인 또는 서명한 서면으로서 증거증권이며 운송계약이 체결된 사실과 그 내용을 증명하는 증서이다.[209]

3. 부실기재의 책임

송하인이 화물명세서에 허위 또는 부정확한 기재를 한 때에는 운송인에 대하여 이로 인한 손해를 배상할 책임이 있다. 운송인이 악의인 경우에는 적용하지 아니한다(제127조). 책임의 성질에 대한 학설은 다음과 같다.

① 다수설

송하인이 무과실이고 화물명세서의 작성에 있어서 모든 주의를 다하였다 하더라도 불완전하거나 부정확한 기재의 결과로 인한 손해에는 책임을 면하지 못한다.

② 소수설

송하인에게 고의 또는 과실이 있어야 하는 과실책임이다.

③ 검토

송하인이 기재한 내용을 신뢰하고 운송을 실행한 운송인은 예측하지 못한 손해를 볼 수 있는점, 운송물을 신속하게 처리하여야 하는 점 등을 고려해볼 때 무과실책임설이 타당하다.

---

209) 2007년 상법 개정전에는 운송장으로 명칭하였다. 최기원, 전게서, 397면.

4. 운임 및 기타 비용청구권

운송인이 그 영업범위내에서 타인을 위하여 운송행위를 한 때에는 이에 대하여 상당한 보수를 청구할 수 있다(제61조).

수하인이 운송물을 수령한 때에는 운송인에 대하여 운임 기타 운송에 관한 비용을 지급할 의무가 있다(제141조). 수하인은 운송물을 수령함으로써 운임에 관하여 송하인과 함께 연대채무자가 된다(민법 제413조).

운송물의 전부 또는 일부가 송하인의 책임 없는 사유로 인하여 멸실한 때에는 운송인은 그 운임을 청구하지 못한다. 운송인이 이미 그 운임의 전부 또는 일부를 받은 때에는 이를 반환하여야 한다(제134조).

송하인 또는 화물상환증이 발행된 때에는 그 소지인이 운송인에 대하여 운송의 중지, 운송물의 반환 기타의 처분을 청구할 수 있다. 이 경우에 운송인은 이미 운송한 비율에 따른 운임, 체당금과 처분으로 인한 비용의 지급을 청구할 수 있다(제139조).

수하인이 운송물을 수령한 때에는 운송인에 대하여 기타 운송에 관한 비용과 체당금을 지급할 의무를 부담한다(제141조).

5. 유치권

운송인은 운송물에 관하여 받을 보수·운임·기타 위탁자를 위한 체당금이나 先貸金에 관하여서만 그 운송물을 유치할 수 있다(제147조, 제120조).

수하인의 권리를 보호하기 위하여 피담보채권과 유치물 사이에 견련성을 요구한다는 점이 민법상의 유치권과 동일하다. 그러나 피담보채권의 범위과 운임과 체당금 등에 제한되기 때문에 송하인의 의무위반으로 인한 운송인의 손해배상청구권이나 독립된 보관계약상의 채권, 상호계산에 의한 잔액채권 등은 제외된다는 점이 민법상의 유치권 및 일반상사채권과 다르다.[210)]

210) 최기원, 전게서, 400면.

6. 운송물의 공탁·경매권

(1) 수하인불명의 경우의 공탁, 경매권

수하인을 알 수 없는 때에는 운송인은 운송물을 공탁할 수 있다. 제142조 제1항의 수하인은 명칭상 수하인 뿐만 아니라 운송물 소지에 정당한 권한이 있는 자를 의미한다. 이 경우에 운송인은 송하인에 대하여 상당한 기간을 정하여 운송물의 처분에 대한 지시를 최고하여도 그 기간 내에 지시를 하지 아니한 때에는 운송물을 경매할 수 있다(제142조 제2항).

운송인이 이러한 규정에 의하여 운송물의 공탁 또는 경매를 한 때에는 지체 없이 송하인에게 그 통지를 발송하여야 한다(제142조 제3항).

운송인이 운송물을 경매한 경우에는 원칙적으로 그 대금에서 경매비용을 공제한 잔액을 공탁하여야 하는데, 예외적으로 그 대금의 전부나 일부를 운임·체당금·기타 비용에 충당할 수 있다(제145조, 제67조 3항).

(2) 운송물의 수령거부·수령불능의 경우

제142조의 규정은 수하인이 운송물의 수령을 거부하거나 수령할 수 없는 경우에 준용한다. 운송인이 경매를 함에는 송하인에 대한 최고를 하기 전에 수하인에 대하여 상당한 기간을 정하여 운송물의 수령을 최고하여야 한다(제143조).

(3) 공시최고

송하인 또는 화물상환증소지인과 수하인을 알 수 없는 때에는 운송인은 권리자에 대하여 6월 이상의 기간을 정하여 그 기간 내에 권리를 주장할 것을 공고하여야 한다. 이러한 공고는 관보나 일간신문에 2회 이상 하여야 한다.

운송인이 이러한 규정에 의한 공고를 하여도 그 기간 내에 권리를 주장하는 자가 없는 때에는 운송물을 경매할 수 있다(제144조).

제4절 순차운송

1. 순차운송의 의의 및 형태

(1) 의 의

순차운송이란 수인의 운송인이 동일운송물에 관하여 순차로 운송을 하는 것이다.

(2) 형 태

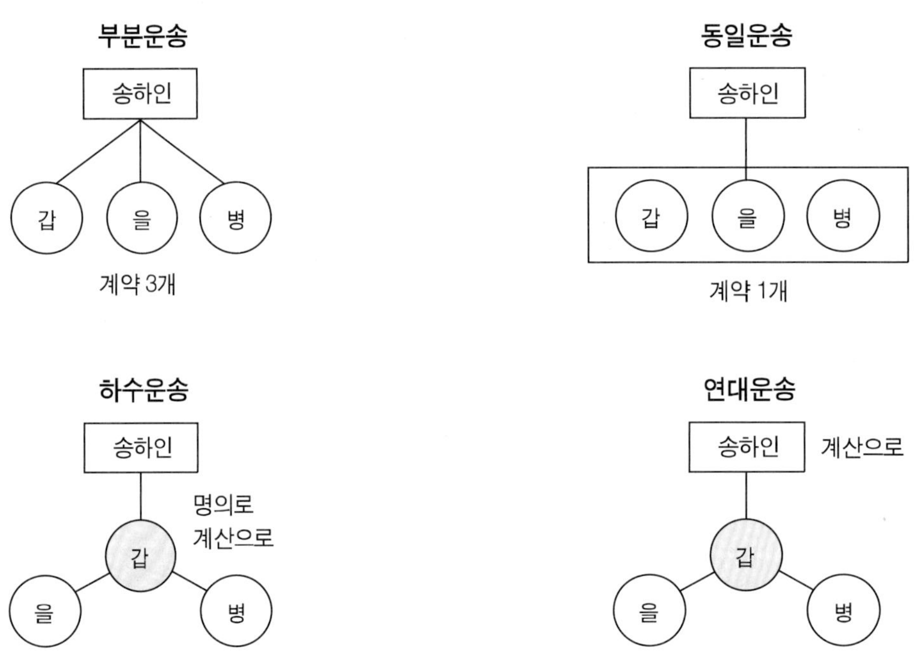

[그림 18] 순차운송인의 종류

1) 부분운송

수 인의 운송인이 각자 독립하여 각 특정구간의 운송을 인수하는 것이다. 각 운송구간마다 1개의 운송계약이 성립하며 각각의 운송계약에는 아무 관계가 없다.

2) 하수운송

1인의 운송인이 전구간의 운송을 인수하고, 그 전부 또는 일부의 운송을 위하여 다른 운송인과 운송계약을 체결하는 것이다.
전구간의 운송을 인수한 운송인이 송하인과 직접적인 법률관계가 있고, 일부의 운송을 위하여 운송계약을 체결한 운송인은 이행보조자가 된다.

3) 동일운송

운수인의 운송인이 전 구간의 운송을 인수하는 계약을 송하인과 체결한 후 내부적으로 각 운송인의 담당 구간을 정하는 형태이다. 각 운송인은 그 1인 또는 전원에게 상행위가 되는 행위로 인하여 송하인에게 채무를 부담한 때에는 연대하여 변제할 책임이 있다(제57조 1항).

4) 공동운송(연대운송)

수인의 운송인이 서로 운송상의 연결관계를 가지고 있을 때, 송하인은 최초의 운송인에게 운송을 위탁함으로써 다른 운송인을 동시에 이용할 수 있는 운송이다. 상법 제138조에서 규정하는 수인이 운송할 경우란 공동운송을 의미한다. 공동운송은 송하인과 제1운송인간에 하나의 운송계약에 의하여 전구간에 대한 운송의 인수가 가능하다는 점에서 하수운송이나 동일운송과 같다. 그러나 공동운송은 모든 운송인이 송하인가 계약관계가 성립하는 점에서 하수운송과 다르고, 송하인은 제1의 운송인과 계약을 체결함으로써 통화물명세서에 의하여 제2이후의 운송인이 여기에 가입되는 점에서 수인의 운송인이 공동으로 직접 운송계약의 당사자가 되는 동일운송과 다르다.[211]

2. 순차운송인의 법률관계

(1) 순차운송인의 연대책임과 구상권

수인이 순차로 운송할 경우에는 각 운송인은 운송물의 멸실, 훼손 또는 연착으로 인한 손해를 연대하여 배상할 책임이 있다(제138조).
송하인이 부담하는 손해발생구간에 대한 입증의 곤란을 면하게 하여 송하인과 수하인

---

211) 최기원, 전게서, 404면.

을 보호하기 위한 취지이다.

운송인중 1인이 전항의 규정에 의하여 손해를 배상한 때에는 다른 운송인은 그 손해의 원인이 된 행위를 한 운송인에 대하여 구상권이 있다.

이 경우에 그 손해의 원인이 된 행위를 한 운송인을 알 수 없는 때에는 각 운송인은 그 운임액의 비율로 손해를 분담한다. 그러나 그 손해가 자기의 운송구간 내에서 발생하지 아니하였음을 증명한 때에는 손해분담의 책임이 없다.

(2) 순차운송인의 대위

후자의 운송인은 전자의 운송인에 갈음하여 그 권리를 행사할 의무가 있으며, 또한 후자의 운송인이 전자의 운송인에게 변제한 때에는 전자의 운송인의 권리를 취득한다(제147조, 제117조).

제5절 수하인의 지위

1. 의의

수하인은 운송계약의 당사자는 아니지만 도착지에서 자기명의로 운송물을 수령하는 자이다.

2. 수하인의 지위

(1) 화물상환증이 발행된 경우

송하인과 수하인의 지위가 유가증권인 화물상환증에 흡수되어 화물상환증의 정당한 소지인만이 운송물의 인도를 청구할 수 있고 운송물에 관한 처분권을 갖는다(제139조 제1항).

(2) 화물상환증이 발행되지 않은 경우

1) 운송물의 도착전

운송물이 도착하기 전에는 송하인이 운송인에 대하여 운송의 중지, 운송물의 반환 기타의 처분을 청구할 수 있다(제139조).

2) 운송물의 도착후

운송물이 도착지에 도착한 때에는 수하인은 송하인과 동일한 권리를 취득한다(제140조). 양자의 권리는 소멸하지 않고 병존적으로 존재한다.

3) 수하인의 인도청구

운송물이 도착한 후 수하인이 인도를 청구한 후에는 수하인은 운송계약상 모든 권리를 행사할 수 있다. 송하인에 의한 운송물의 처분청구가 없는 한 운송물과 화물명세서의 인도를 청구할 수 있다(제140조).[212)]

4) 수하인의 운임등의 지급의무

수하인이 운송물을 수령한 때에는 운송인에 대하여 운임 기타 운송에 관한 비용과 체당금을 지급할 의무를 부담한다(제141조).

(3) 수하인의 법적지위

물건운송의 경우에 수하인이 운송인에게 운송물의 인도를 청구할 수 있는 근거에 대하여는 ① 수하인의 수익의사가 필요 없고 수하인이 의무도 부담한다는 이유로 법률이 특별히 인정한 결과라는 견해도 있으나, ② 광의의 제3자를 위한 계약에 의한 것으로 본다. 왜냐하면 수하인이 운송물의 도착 후에 운송물에 대한 권리를 취득하는 것은 운송계약에서 수하인으로 지정되는데 그 근거가 있기 때문이다.[213)]

판례는 '상법 제141조에 의하면 수하인이 운송물을 수령한 때에는 운송인에 대하여 운임 기타 운송에 관한 비용을 지급할 의무를 부담하나도 규정되어 있는 바, 이는 송하인의 운임지급의무와는 달리 계약상의 의무가 아니라 법률이 예외적으로 인정한 의무로

212) 최기원, 전게서, 372면.
213) 최기원, 상게서, 373면.

써 수하인은 운송물을 수령함으로써 운임에 관하여 송하인과 함께 연대채무를 부담하게 된다고 봄이 상당하다'고 한다.[214)]

제6절 화물상환증

1. 의의·성질

운송물의 수령을 증명하고 동시에 운송인에 대한 운송물의 인도청구권을 표창하는 유가증권이다.
유가증권제도는 무형의 재산권을 유형의 증서에 화체시킴으로써 증권의 소지라는 공시방법을 가지게 되었고 일정한 요건을 갖춘 증권 소지인은 적법한 권리를 추정 받게 되어 증권의 교부에 의해 권리양도를 의제함으로써 마치 동산과 유사하게 증권을 통해 무형의 재산권의 유통이 가능하게 되었다.[215)]

2. 기능

운송중에는 운송물의 가치가 동결된다. 이는 자금과 상품의 부단한 순환을 통해 영리를 실현하는 상인의 입장에서는 매우 비경제적인 구속이라 할 수 있다. 여기서 송하인은 화물상환증을 발행받아 이를 양도·입질 등의 방법으로 처분함으로써 운송물의 교환가치를 활용할 수 있다.[216)]

---

214) 청주지방법원, 1995.10.6. 선고 94 가합 2999 판결.

215) 권리추정력은 민법의 동산 점유자와 유사하며 교부에 권리 이전적 효력을 부여하나 배서를 요구하는 유가증권이 있다는 점이 특징이다. 그 밖에 권리가 추정되는 자로부터 선의로 증권을 취득하게 되면 선의취득이 성립하고 이들 증서를 소지하고 있는 자가 권리를 행사할 경우 채무자는 일정한 사항을 형식적으로 확인할 경우 채무면책이 되는 효력이 있다. 정경영, "어음의 전자화에 따른 법적 문제점 고찰", 「비교사법」제10권 제1호(한국비교사법학회, 2003), 501면.

216) 이철송, 전게서, 472면.

3. 화물상환증의 성질

(1) 요인증권성·요식증권성

운송인은 송하인의 청구에 의하여 화물상환증을 교부하여야 한다(제128조).

화물상환증에는 다음의 사항을 기재하고 운송인이 기명날인 또는 서명하여야 한다. ① 운송물의 종류, 중량 또는 용적, 포장의 종별, 개수와 기호, ② 도착지, ③ 수하인과 운송인의 성명 또는 상호, 영업소 또는 주소, ④ 송하인의 성명 또는 상호, 영업소 또는 주소, ⑤ 운임 기타 운송물에 관한 비용과 그 선급 또는 착급의 구별, ⑥ 화물상환증의 작성지와 작성년월일

(2) 상환증권성·제시증권성

화물상환증을 작성한 경우에는 이와 상환하지 아니하면 운송물의 인도를 청구할 수 없다(제129조).

(3) 지시증권성

화물상환증은 기명식인 경우에도 배서에 의하여 양도할 수 있다. 그러나 화물상환증에 배서를 금지하는 뜻을 기재한 때에는 그러하지 아니하다(제130조).

(4) 문언증권성

화물상환증을 작성한 경우에는 운송에 관한 사항은 운송인과 소지인간에 있어서는 화물상환증에 기재된 바에 의한다(제131조).

(5) 처분증권성

화물상환증을 작성한 경우에는 운송물에 관한 처분은 화물상환증으로써 하여야 한다(제132조).

(6) 인도증권성(물권적 효력)

화물상환증에 의하여 운송물을 받을 수 있는 자에게 화물상환증을 교부한 때에는 운송

물 위에 행사하는 권리의 취득에 관하여 운송물을 인도한 것과 동일한 효력이 있다(제133조).

4. 발행

운송인은 송하인의 청구에 의하여 화물상환증을 교부하여야 하며, 일정한 사항을 기재하고 운송인이 기명날인 또는 서명하여야 한다(제128조).

5. 양도

배서에는 권리이전적 효력과 자격수여적 효력이 있으나 담보적 효력은 없다(제130조).

6. 화물상환증의 효력

(1) 채권적 효력

화물상환증의 채권적 효력이라 함은 화물상환증의 소지인은 운송인에 대하여 운송물의 인도를 청구할 수 있고, 운송인이 인도하지 않은 때에는 손해배상을 청구할 수 있는 채권관계를 가지는 것을 말한다.[217]

화물상환증을 작성한 경우에는 운송에 관한 사항은 운송인과 소지인간에 있어서는 화물상환증에 기재된 바에 의한다(제131조 문언증권성).

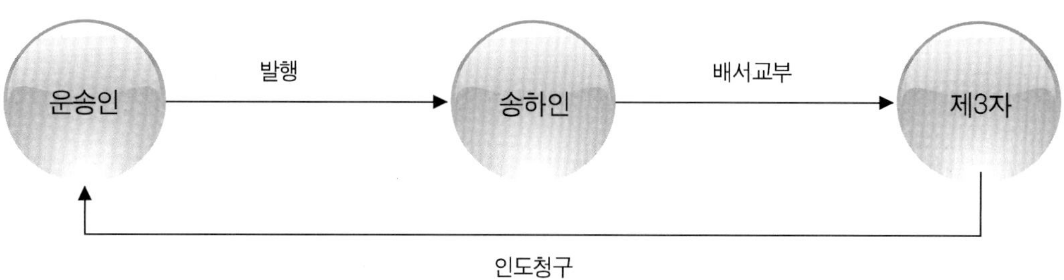

[그림 19] 화물상환증의 채권적 효력

217) 이철송, 전게서, 475면.

화물상환증은 요인증권으로서 증권상의 권리가 원인관계의 유무나, 그 유·무효에 의하여 영향을 받는 증권이다. 그리하여 운송물을 수령한 사실 없이 화물상환증을 발행한 空券의 경우와 수령한 운송물과 증권상 기재된 운송물이 다른 경우 문제가 된다.[218)]

① 요인성을 중시하는 설

화물상환증상 운송물의 인도청구권은 운송인이 송하인으로부터 실제로 받은 운송물, 즉 특정물에 대한 것이고 따라서 운송물을 수령 또는 선적하지 않았음에도 불구하고 선하증권이 발행된 경우에는 그 선하증권은 원인과 요건을 구비하지 못하여 목적물의 흠결이 있는 것으로 무효이며[219)], 화물상환증에 기재된 물건과 운송물이 다른 경우에는 수령한 운송물을 인도하면 된다고 한다. 따라서 증권소지인은 부실 기재한 운송인의 고의 또는 과실을 입증하여 운송인에 대하여 불법행위책임을 물을 수 있다고 한다.

운송인에게는 상대적으로 유리하나 증권소지인에게는 불리하여 증권의 유통성을 저해한다.

② 문언성을 중시하는 설

화물상환증이 발행되면 증권상의 권리는 운송계약으로부터 독립하여 성립되므로 운송인은 증권에 기재된 문언에 따라 책임을 진다는 견해이다. 화물상환증의 유통을 보호하기 위하여 화물상환증의 기재를 기준으로 정하며 운송인과 송하인간의 증권 이외의 특약은 효력이 없다.[220)] 화물상환증의 작성행위가 유효하는 한 운송인과 송하인간에 운송계약이 없어도 선의의 증권소지인에 대해서는 운송계약이 존재하는 것으로 인정된다는 것이다.

따라서 공권이거나 운송물이 증권과 다른 경우에도 소지인은 운송인에 대하여 문언에 따라 운송물의 인도를 청구할 수 있고, 운송인이 이러한 인도를 하지 않은 경우에는 채

---

218) 화물상환증의 기재사항과 운송계약의 내용이 다른 경우에 가치판단의 문제이다. 예를 들어 화물상환증에는 운송물이 철광석 100톤으로 기재되어 있는데 운송인이 실제로 송하인으로부터 인도받아 운송하는 물건은 석탄 100톤인 경우 또는 아무런 인도를 받지 못하는 경우 등이다. 요인증권성을 중시한다면 운송인은 석탄을 인도받았으면 석탄을 인도하면 되고, 인도받은 것이 없으면 운송물 인도의무가 생기지 아니한다. 이에 반해 문언증권성을 중시한다면 철광석을 인도해야 할 것이나, 그 인도가 불가능하므로 운송물이 전부멸실한 경우와 같이 손해배상을 해야 한다. 이 같은 견해의 대립은 송하인 이외의 자가 화물상환증을 소지할 경우에 국한되며 화물상환증소지인이 송하인 경우에는 당연히 운송계약의 실제내용에 따라 해결한다. 이철송, 전게서, 475면.

219) 대법원 1982.9.14. 선고 80 다 1325 판결.

220) 최기원, 전게서, 409면.

무불이행에 기인한 손해배상책임을 지게 된다.
이 설은 증권소지인에게는 상대적으로 유리하여 증권의 유통성은 보호되나 운송인에게는 불리하다.

③ 절충설

화물상환증의 요인성을 중시하면서 유통성을 보호하기 위하여 요인성이 문언성에 의해 수정된다는 견해이다. 공권이거나 운송물이 증권의 기재와 다른 경우 증권은 원칙적으로 무효이나 선의취득자에 대하여는 금반언의 법리에 따라 책임이 있다는 견해이다.

④ 판례

화물상환증에 관하여 직접적인 판시사항은 없지만, 선하증권에 대하여는 요인증권성을 강조하고 있다.

[관련판례]

① 선하증권에서 요인증권성

운송물의 인도청구권은 운송인이 송하인으로부터 실제로 받은 운송물, 즉 특정물에 대한 것이고 따라서 운송물을 수령 또는 선적하지 않았음에도 불구하고 선하증권이 발행된 경우에는 그 선하증권은 원인과 요건을 구비하지 못하여 목적물의 흠결이 있는 것으로서 이는 누구에 대하여도 무효라고 봄이 상당하다.
채권적 효력이 미치는 범위와 관련해서 증권의 유통성을 촉진하기 위하여 인정된 것이므로 선의취득자에게는 미치지 않는다. 운송인이 증권소지인에 대하여 주장할 수 있는 항변권의 범위 내에서는 채권적 효력(문언증권성)이 제한을 받는다. 그리고 채권적 효력은 선의의 증권소지인을 보호하는 데 있으므로, 운송인이 이것을 자기의 이익을 위하여 원용할 수는 없다.[221]

⑤ 검토

요인성을 중시하는 설은 제131조와 상충가능성이 있으며 거래의 안전도 효과적으로 보장하지 못한다. 절충설의 경우에도 공권이나 운송물이 상이한 경우에 그 문언과 상응

221) 대법원 1982.9.14. 선고 80 다 1325 판결.

하는 원인관계가 없을 경우에는 무효가 되지만 선의취득자에 대하여는 문언에 따라 이행책임을 묻기 때문에 결과적으로 문언성을 중시하는 설과 결과가 같다.

화물상환증이 유통증권인 점, 운송인의 의사에 따라 적법하게 발행되었기 때문에 운송인이 위험을 부담하는 것이 법익의 형평상 타당한 점 등을 고려해 볼 때 화물상환증의 문언증권성에 따라 책임을 진다고 보는 것이 타당하다.

상법개정안도 절충설의 입장에서 학설의 대립을 해결하고 있다.

(2) 채권적 효력의 한계[222)]

첫째, 운송인과 화물상환증소지인과의 사이에서는 운송에 관한 채권관계가 화물상환증에 기재된 바에 의하여 결정되며(제131조), 운송인이 증권에 기재된 물품의 운송을 이행하지 못한 경우 불법행위책임을 진다. 소지인이 증권취득시에 증권의 기재가 사실과 다르다는 것을 알았을 때에는 그 증권적 효력은 인정되지 않는다.

둘째, 운송인은 증권소지인에 대하여 증권작성행위에 관한 하자(誤記·강박·착오), 증권의 성질로부터 생기는 사유(불가항력으로 인한 운송물의 멸실·훼손, 시효에 의한 운송채권의 소멸), 직접 대항할 수 있는 사유(인적 항변)에 관하여는 항변권을 행사할 수 있다.

셋째, 채권적 효력은 선의의 증권소지인을 보호하는 데 있으므로, 운송인이 이것을 자기의 이익을 위하여 원용할 수는 없다.

넷째, 운송인이 증권상에 운송물의 내용 또는 수량부족 등 부지약관을 둔 경우에는 운송계약의 내용에 따라 인도가 가능하다.

(3) 개정안과 비교 및 입법취지

개정안은 화물상환증이 발행된 경우 화물상환증에 기재된 대로 운송계약이 체결되고 운송물을 수령한 것으로 추정하며, 화물상환증을 선의로 취득한 소지인에 대하여 운송인이 화물상환증에 기재된 대로 책임을 지도록 하고 있다.[223)]

---

222) 최준선, 전게서, 364면.

223) 진정구, 전게보고서, 22면.

현 행	개정안
第131조 (화물상환증의 문언증권성)화물상환증을 작성한 경우에는 운송에 관한 사항은 운송인과 소지인간에 있어서는 화물상환증에 기재된 바에 의한다.	第131조 (화물상환증의 문언증권성)**① 제128조에 따라 화물상환증이 발행된 경우 운송인과 송하인 사이에 화물상환증에 기재된 대로 운송계약이 체결되고 운송물을 수령한 것으로 추정한다.**
(신 설)	**② 화물상환증을 선의로 취득한 소지인에 대하여 운송인은 화물상환증에 기재된 대로 운송물을 수령한 것으로 보고 화물상환증에 기재된 바에 따라 운송인으로서 책임을 진다.**

현행 제131조는 운송인과 화물상환증 소지인 사이에 운송에 관한 사항은 화물상환증에 기재된 바에 의한다고 규정하고 있다. 이에 따라 화물상환증의 소지인은 운송인에 대하여 화물상환증의 기재사항에 따라 권리를 행사하고 운임지급 등의 의무를 부담하나, 화물상환증의 기재사항과 운송계약의 내용이 서로 다를 경우 어느 쪽에 의할 것인가 하는 문제가 제기된다.

앞서 살펴본 바와 같이 화물상환증은 운송계약의 존재를 바탕으로 하여 발행되는 것이므로 운송물 없이 발행한 화물상환증(즉, 공권)은 원인을 결한 것으로 되어 무효가 된다는 주장(요인성을 중시하는 설)과, 화물상환증의 소지자는 증권의 문언에 따라 운송물인도청구권 등의 권리를 행사할 수 있으므로 공권인 경우에도 화물상환증은 유효하고 다만 운송인이 이행할 수 없으므로 채무불이행의 책임을 진다는 주장(문언성을 중시하는 설) 등이 있다.

개정안은 이에 관하여 「상법」해상편 제854조[224]의 선하증권의 경우와 일치되게 화물상환증이 발행된 경우 운송인과 송하인 사이에는 화물상환증에 기재된 대로 운송계약이

224) 第854조(선하증권 기재의 효력) ① 제853조 제1항에 따라 선하증권이 발행된 경우 운송인과 송하인 사이에 선하증권에 기재된 대로 개품운송계약이 체결되고 운송물을 수령 또는 선적한 것으로 추정한다.
② 제1항의 선하증권을 선의로 취득한 소지인에 대하여 운송인은 선하증권에 기재된 대로 운송물을 수령 혹은 선적한 것으로 보고 선하증권에 기재된 바에 따라 운송인으로서 책임을 진다.

체결되고 운송물을 수령한 것으로 추정되도록 화물상환증에 '추정적 효력'을 부여하되, 운송인이 계약내용과 화물상환증의 게재내용이 다름을 입증하는 경우에도 선의의 제3자를 보호하여 채무불이행책임을 지도록 하고 있다.

학설로 논란이 되고 있는 것을 입법으로 해결하고, 「상법」해상편 제854조의 선하증권과 그 효력을 일치시키려는 개정안의 내용은 타당하다.[225)]

(4) 물권적 효력

화물상환증의 물권적 효력[226)]이라 함은 화물상환증에 의하여 운송물을 받을 수 있는 자(화물상환증의 적법한 소지인)에게 화물상환증을 교부 한때에는 그 교부는 운송물 위에 행사하는 권리(소유권·질권)의 취득에 관하여 운송물을 인도한 것과 같은 동일한 효력을 갖는다(제133조, 인도증권성).[227)]

---

225) 진정구, 전게보고서, 22면.

226) 뱅수상사에서 운송물을 한국에서 러시아로 수출하면서 이를 삼구운송에 적재하고 화물상환증을 발행하였다면 운송물을 현재 점유하고 있는 자는 운송인인 삼구해운이다. 뱅수상사는 현금이 필요하여 이를 윤송상사에 양도하려 한다고 하면, 근거리나 국내에서는 동산의 소유권을 이전하려면 가격 등에 대한 협의를 거쳐 먼저 매매계약을 체결하게 될 것이다. 이를 소유권 이전에 대한 물권적 합의라고 한다. 다음으로는 매수인에게 현금을 지급하고 동산을 현실적으로 인도받고서 완전한 소유권을 취득하게 될 것이다. 그런데 국제적 특히 해상에서 운송되고 있는 운송물에 대하여는 이러한 정상적인 절차를 밟을 수 가 없다. 그래서 물권적 합의와 더불어 뱅수상사는 대금을 지급받음과 동시에 화물상환증(선하증권)을 윤송상사에게 건네주게 된다. 상법에서 선하증권의 교부에 대하여 인도와 동일한 효력을 인정(상법 제820조·상법 제133조)하고 있으므로 이렇게 하여 윤송상사는 운송물에 대한 소유권을 완전하게 취득하게 되는 것이다. 김인현, 「해상법 연구」, 삼우사, 2002, 178면 참조하여 재구성함.

227) 화물상환증과 동일한 선하증권의 취득자는 물권적 효력에 근거하여 운송물이 멸실 또는 훼손된 경우에는 운송인에 대하여 소유권 침해를 원인으로 한 불법행위 책임도 물을 수 있다. 대법원 1983.3.22 82 다카 1533 판결.

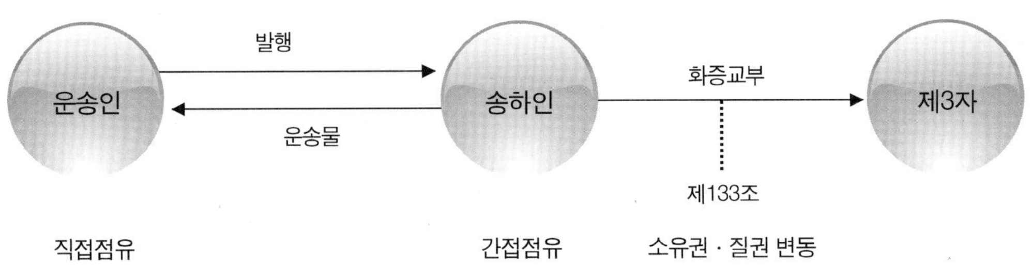

[그림 20] 화물상환증의 물권적효력

물권적 효력의 발생요건은 (ⅰ) 운송인이 운송물을 인도받아 점유할 것 (ⅱ) 운송물이 존재할 것 (ⅲ) 운송물의 수령권한이 있는 자에게 증권이 교부될 것이다.

만약 화물상환증이 이미 발행되고 운송물이 운송된다면, 운송물의 물권변동에 있어서는 인도와 물권적 합의가 필요하며 인도에 대해서는 민법 제190조[228]와 민법 제450조[229]에서 규정한 요건을 갖추어야 한다. 민법 제190조에 의한 물권변동[230]과 상법상의 화물상환증의 물권적 효력의 규정에 있어서는 다음과 같은 견해가 대립하고 있다.

① 절대설

상법 제133조는 별도의 규정이며 민법 제190조는 선하증권에 의한 물권변동시 배제되기 때문에 상법 제133조의 적용여부에 관계없이 민법 제450조에서 규정하는 대항요건이 필요하지 않는다는 절대설이다.[231]

228) 민법 제190조 (목적물 반환청구권의 양도) 제3자가 점유하고 있는 동산에 관한 물권을 양도하는 경우에 양도인이 그 제3자에 대한 반환청구권을 양수인에게 양도함으로써 동산을 인도한 것으로 본다.

229) 민법 제450조 (지명채권양도의 대항요건) ① 지명채권의 양도는 양도인이 채무자에게 통지하거나 채무자가 승낙하지 아니하면 채무자 기타 제3자에게 대항하지 못한다. ② 전항의 통지나 승낙은 확정일자 있는 증서에 의하지 아니하면 채무자 이외의 제3자에게 대항하지 못한다.

230) 김준호, 「제5판 민법강의 -이론과 사례-」, 법문사, 1999, 390면. 여기서 말하는 반환청구권은 물권적 청구권이 아니라 채권적 청구권이다. 소유권 이전의 합의와 반환청구권의 양도에 의해 비로소 소유권이 이전하는 것이므로, 그 전단계인 반환청구권이 물권에 기한 청구권이 될 수 없기 때문이다. 따라서 반환청구권의 양도에는 채권양도에 관한 규정이 준용된다.

231) 이병태, 「전정상법(상)」, 1988, 법문사, 328면.

② 상대설

상법 제133조에 의한 물권변동이 있기 위해서는 운송인의 운송물에 대한 점유가 있어야 한다는 상대설이다. 직접·타주 점유가 필요하며 민법 제450조 대항요건의 적용여부에 관해서는 엄격상대설과 대표설로 다시 학설이 나뉜다. 엄격상대설은 민법 제450조가 적용되기 때문에 운송인에 대한 통지 및 승낙의 대항요건까지 구비되어야 한다는 주장이고, 대표설은 화물상환증은 운송물을 대표하는 것이므로 증권의 인도는 운송물의 간접점유를 이전하는 것이며 상법 제133조는 민법 제190조의 특별규정이라고 한다.[232)]

③ 유가증권효력설

상법 제133조는 민법 제190조와 달리 화물상환증 자체의 운송물인도청구권을 유가증권법으로 양도하는 것으로 운송인의 직접 점유가 필요하며 운송인의 자주·타주점유의 여부와 민법 제450조의 대항요건은 필요 없다는 유가증권 효력설[233)]이다.

④ 부정설

운송인이 운송물을 점유하지 않는 경우에는 선하증권의 채권적 효력만을 인정하여야 한다는 의견도 있다. 즉 "선하증권은 해상운송인이 운송물을 수령한 것을 증명하고 양륙항에서 정당한 소지인에게 운송물을 인도할 채무를 부담하는 유가증권으로서, 운송인과 그 증권 소지인 사이에서 증권기재에 따라 운송계약상의 채권관계가 성립하는 채권적 효력이 발생하고, 운송물을 처분하는 당사자 사이에는 운송물에 관한 처분은 증권으로서 하여야 하며, 운송물을 받을 수 있는 자에게 증권을 교부할 때에는 운송물 위에 행사하는 권리의 취득에 관하여 운송물을 인도한 것과 같은 동일한 물권적 효력이 발생하므로 운송물의 권리를 양수한 수하인 또는 그 이후의 자는 선하증권을 교부받음으로써 그 채권적 효력으로 운송계약상의 권리를 취득함과 동시에 그 물권적 효력으로 양도목적물의 점유를 인도받은 것이 되어 그 운송물의 소유권을 취득하게 된다."는 것이다.[234)]

---

232) 강위두, 「상법총칙·상행위법(상법강의 I)」, 형설출판사, 1997, 430면; 서돈각/정완용, 「제4전정 상법강의(상)」, 법문사, 1999, 237면; 정찬형, 「상법강의(상)」, 박영사, 2001, 339면.

233) 정동윤, 전게서, 2000, 259면; 김정호, 「상법강의(상)」, 법문사, 1999, 280면.

234) 선하증권의 경우를 살펴보면 대법원은 "선하증권은 운송물을 수령할 것을 증명하고 양륙항에서 정당한 소지인에게 운송물을 인도할 채무를 부담하는 유가증권으로서…운송물을 처분하는 당사자간에는 운송물에 관한 처분은 증권으로서 해야 하며 운송물을 받을 수 있는 자에게 증권을 교부한때

⑤ 판례

판례의 입장은 명확하지 않다.

[관련판례]

① 엄격상대설의 입장에서의 판례

수출자가 선하증권을 첨부한 환어음을 발행하여 국내거래은행으로부터 할인을 받거나 또는 추심위임을 하고, 그 국내은행이 신용장개설은행에 추심하는 방법에 의하여 수출대금이 결제되는 방식의 무역거래에 있어서는 다른 특별한 사정이 없는 한, 수입자가 그 수출대금을 결제할 때까지는 선하증권에 의하여 표창된 운송중인 수출품이 위 화환어음의 담보가 되는 것이며, 수출자가 선하증권을 대신하여 신용장발행은행을 화물수취인으로 한 운송주선업자의 화물수취증을 첨부하여 환어음을 발행한 경우에는 신용장발행은행이 운송목적지에서의 수출품의 반환청구권을 가지게 되고, 수입자가 신용장발행은행에 수출대금을 결제하고 그로부터 이러한 반환청구권을 양수받지 않는 한 수출품을 인도받을 수 없게 된다[235]

② 절대설의 입장으로 보이는 판례

선하증권은 해상운송인이 운송물을 수령한 것을 증명하고 양륙항에서 정당한 소지인에게 운송물을 인도할 채무를 부담하는 유가증권으로서, 운송인과 그 증권소지인 간에는 증권 기재에 따라 운송계약상의 채권관계가 성립하는 채권적 효력이 발생하고(상법 제820조, 제131조), 운송물을 처분하는 당사자 간에는 운송물에 관한 처분은 증권으로서 하여야 하며 운송물을 받을 수 있는 자에게 증권을 교부한 때에는 운송물 위에 행사하는 권리의 취득에 관하여 운송물을 인도한 것과 동일한 물권적 효력이 발생하므로(상법 제820조, 제132조, 제133조) 운송물의 권리를 양수한 수하인 또는 그 이후의 자는 선하증권을 교부받음으로써 그 채권적 효력으로 운송계약상의 권리를 취득함과 동시에 그 물권적 효력으로 양도 목적물의 점유를 인도받은 것이 되어 그 운송물의 소유권

에는 운송물을 인도한 것과 동일한 물권적 효력이 발생하므로 수하인 또는 그 이후의 자는 운송물의 소유권을 취득한다."대법원 1998.9.4. 선고 96 다 6240 판결의 판례평석에서 전삼현 교수가 주장한 내용이다. 전삼현, 「법률신문」, 제2732호(법률신문사, 1998), 13면.

235) 대법원 1984.9.11. 선고 83 다카 1661 판결.

을 취득한다고 할 것이고(대법원 1983. 3. 22. 선고 82 다카 1533 전원합의체 판결, 1997. 7. 25. 선고 97 다 19656 판결 참조), 수출자가 선하증권을 첨부한 화환어음을 발행하여 국내 거래은행으로부터 할인을 받거나 또는 추심위임을 하고 그 국내은행이 신용장 개설은행에 추심하는 방법에 의하여 수출대금이 결제되는 방식의 무역거래에 있어서는, 다른 특별한 사정이 없는 한, 수입자가 그 수출대금을 결제할 때까지는 운송증권에 의하여 표창된 운송 중인 수출품이 위 화환어음의 담보가 되는 것이고, 수출자가 신용장 발행은행을 수하인으로 한 운송증권을 첨부하여 환어음을 발행한 경우에는 신용장 발행은행이 운송 목적지에서의 수출품의 반환청구권을 가지게 되고 수입자가 신용장 발행은행에 수출대금을 결제하고 그로부터 이러한 반환청구권을 양수받지 않는 한 수출품을 인도받을 수 없게 되고, 신용장 발행은행이 수출대금의 결제를 거절하는 경우에는 수출대금 추심을 위하여 수출자가 발행한 환어음과 함께 운송증권 등 선적서류를 반환함으로써 위 반환청구권이 국내 거래은행 또는 수출자에게 이전되는 것이므로 결과적으로 위 반환청구권이 수출대금을 담보하는 기능을 하게 된다(대법원 1984. 9. 11. 선고 83 다카 1661 판결, 1987. 5. 12. 선고 85 다카 2232 판결, 1988. 12. 13. 선고 85 다카 1358 판결 참조). 따라서 신용장 발행은행이 수출대금의 결제를 거부하고 자신이 수취인으로 기재된 운송증권을 다른 서류와 함께 반환한 경우, 이를 반환받은 국내 거래은행 또는 수출자는 운송증권을 그 수하인으로부터 적법하게 교부받은 정당한 소지인으로서 그 증권이 표창하는 운송물에 대한 권리를 취득한다 할 것이다.[236]

③ 선하증권교부의 법적 효력

선하증권은 해상운송인이 운송물을 수령한 것을 증명하고 지정된 양륙항에서 정당한 소지인에게 운송물을 인도할 채무를 부담하는 유가증권으로서, 운송인과 그 증권소지인 간에는 증권 기재에 따라 운송계약상의 채권관계가 성립하는 채권적 효력이 발생하고, 운송물을 처분하는 당사자 간에는 운송물에 관한 처분은 증권으로서 하여야 하며 운송물을 받을 수 있는 자에게 증권을 교부한 때에는 운송물 위에 행사하는 권리의 취득에 관하여 운송물을 인도한 것과 동일한 물권적 효력이 발생하므로, 운송물의 권리를 양수한 수하인 또는 그 이후의 자는 선하증권을 교부받음으로써 그 채권적 효력으로 운송계약상의 권리를 취득함과 동시에 그 물권적 효력으로 양도 목적물의 점유를

236) 대법원 1998.9.4. 선고 96 다 6240 판결.

인도받은 것이 되어 그 운송물의 소유권을 취득한다.[237)]

④ 검토

운송물 반환청구권을 증권화 하는 것이 화물상환증이며, 화물상환증 없이는 물권변동이 일어나지 않는다는 점 등을 감안해 본다면 화물상환증의 인도는 운송물의 인도를 대표하는 것이다. 따라서 민법 제190조는 상법 제133조의 근거규정이며 상법 제133조는 민법 제190조의 특칙으로 인정하는 대표설이 타당하다.

(5) 물권적 효력의 내용

① 운송물의 처분

화물상환증의 물권적 효력에 따라 화물상환증이 발행된 경우에는 운송물에 관한 처분은 화물상환증에 따라야 하며(제132조) 화물상환증을 작성한 경우에는 이와 상환하지 아니하면 운송물의 인도를 청구할 수 없다(제129조). 또한 화물상환증을 소지하지 않고는 운송인에 대한 처분권(제139조)를 행사할 수 없다.

② 화물상환증 양수인의 권리

화물상환증을 적절하게 양도받은 정당한 소지인은 운송물에 대한 소유권 혹은 질권을 취득하며 채권적 효력에 따라 운송계약상의 권리와 손해배상청구권을 행사할 수 있다. 따라서 정당한 권한 없이 운송물을 점유하는 자에게 물권적 청구권(소유물반환청구권)을 행사할 수 있고 운송인 혹은 제3자가 위법하게 운송물을 멸실·훼손한 경우에 소유권 침해에 따른 불법행위책임을 물을 수 있다.

237) 대법원 1997.7.25. 선고 97 다 19656 판결.

제7절 여객운송의 특징 및 법적성질

1. 서론

자연인인 여객을 자동차·철도·항공기 등을 이용하여 일정한 장소에서 다른 장소로 운반하는 것을 말한다.
물건운송의 경우와 달리 수하인 등의 제3자가 등장하지 않고 운송인의 보관·수령·인도 등의 문제가 발생하지 않는다.
실제적으로는 철도법·자동차운수사업법 등의 특별법이 존재하여 상법이 직접적으로 여객운송의 법률관계에 적용될 여지는 없다.

2. 여객운송계약

낙성·불요식·유상계약이며 영업의 완성(여객의 장소적 운반 혹은 이동)을 인수하는 도급계약이다.
계약의 당사자는 운송인과 여객이다. 여객운송계약은 여객이 청약하고 운송인이 승낙함으로써 성립하며 통상 승차권을 이용하는 계약은 승차권을 발매한 시점에 성립한다.

3. 승차권의 법적 성질

승차권은 여객운송인이 집단적인 여객운송의 편의를 도모하기 위하여 여객에게 발행하는 유가증권이다.
무기명식 승차권은 여객이 이를 구입한 때에 운송계약이 성립하고 특약이 없으면 자유로이 양도할 수 있는 운송채권을 표창하는 유가증권이다. 기명식 승차권은 기한부로 특정구간의 운송계약을 포괄적으로 체결한 것으로, 양도성이 없으며 운송계약상의 권리를 증명하는 증거증권이다.

제8절 여객운송인의 손해배상책임

1. 여객이 받은 손해에 대한 책임

운송인은 자기 또는 사용인이 운송에 관한 주의를 해태하지 아니하였음을 증명하지 아니하면 여객이 운송으로 인하여 받은 손해를 배상할 책임을 면하지 못한다(제148조).

운송계약상의 채무불이행에 대한 책임이며, 자기와 사용인의 무과실을 입증하지 못하는 한 책임을 지게 된다.

여객이 받은 정신적·물질적 피해는 물론 연착에 따른 손해, 상실된 장래의 기대이익이 포함되며 위자료도 청구가 가능하다. 손해배상의 액을 정함에는 법원은 피해자와 그 가족의 정상을 참작하여야 한다(제148조). 왜냐하면 피해자의 신체 등에 관한 손해는 피해자 혹은 가족들의 장래의 생활에 큰 영향을 미치기 때문이다.

손해배상은 피해자가 사망하였을 때에는 상속인이 이를 청구할 수 있다. 피해자의 위자료 청구권도 포기의 의사표시가 없는 한 상속인이 이를 청구할 수 있다.[238]

운송인의 손해에 대한 책임은 5년의 상사시효의 일반원칙에 따른다(제147조·제121조).

2. 여객의 수하물에 대한 책임

(1) 수화물의 범위

여객이 운송중 휴대하는 물건으로서 여객이 수하물을 운송인에게 맡긴 경우와 직접 휴대하는 경우에 따라 다르다.

(2) 인도를 받은 수하물에 대한 책임

운송인은 여객으로부터 인도를 받은 수하물에 관하여는 운임을 받지 아니한 경우에도 물건운송인과 동일한 책임이 있다.

수하물이 도착지에 도착한 날로부터 10일 내에 여객이 그 인도를 청구하지 아니한 때에는 제67조의 규정을 준용한다. 그러나 주소 또는 거소를 알지 못하는 여객에 대하여는 최고와 통지를 요하지 아니한다(제149조).

---

238) 최기원, 전게서, 424면.

(3) 인도를 받지 않은 수하물에 대한 책임

운송인은 여객으로부터 인도를 받지 아니한 수하물의 멸실 또는 훼손에 대하여는 자기 또는 사용인의 과실이 없으면 손해를 배상할 책임이 없다(제150조).

여객이 수하물을 휴대하는 경우 운송인의 지배하에 있지 않으므로 책임을 경감한다.

3. 순차여객운송인의 책임

순차여객운송인은 각 구간마다 별도의 손해배상책임이 있으며 제138조를 유추적용할 수 있다.

4. 손해배상책임의 소멸

여객 자신에 대하여는 일반상사소멸시효와 같이 5년이다.

제9절 여객운송인의 권리

1. 운임청구권

상인이 그 영업 범위내에서 타인을 위하여 행위를 한 때에는 이에 대하여 상당한 보수를 청구할 수 있다(제61조).

2. 유치권

여객운송인은 탁송수하물과 여객의 운임에 대하여 변제시까지 유치권이 인정된다.

제 10 장 공중접객업

제1절 공중접객업자의 책임

1. 공중접객업자의 의의

극장, 여관, 음식점 기타 객의 집래를 위한 시설에 의한 거래를 영업으로 하는 자를 공중접객업자라 한다(제151조).

공중이 집래하여 이용하기 적합한 시설로 극장, 여관, 음식점, 목욕탕, 이발관, 미장원, 당구장, 골프장, PC방 등이 이에 해당한다.

공중접객업은 다수의 공중이 출입 또는 이용하므로 위생관리 및 공안상의 이유로 국가 정책적으로 감독 혹은 단속법규가 많으며 상법에서도 공중접객의 임치책임에 관하여 엄격한 규정을 두고 있다.

2. 임치받은 물건에 대한 책임

(1) 책임의 의의

공중접객업자는 객으로부터 임치를 받은 물건의 멸실 또는 훼손에 대하여 불가항력으로 인함을 증명하지 아니하면 그 손해를 배상할 책임을 면하지 못한다(제152조).

공중접객업자의 신용을 유지하고 객의 이익을 보호하기 위하여 로마법상의 레셉툼(受領)책임을 승계한 것으로 물건의 수령사실만으로 그 물건의 손해에 대하여 법률상 당연히 책임을 져야 하는 결과책임을 인정한 것이다. 상인이 그의 영업범위 내에서 임치를 받은 경우(제62조)에 비하여 책임이 가중되고 있다.[239)]

(2) 불가항력

① 주관설

공중접객업자가 사업의 성질에 따라 최대의 주의를 다하더라도 피할 수 없는 위해를 의미한다고 본다. 무과실과 같은 의미로 해석되어진다.

② 객관설

특정사업의 외부로부터 발생한 사건으로 그 발생을 예측할 수 없는 위해를 의미한다고 본다. 발생은 예측가능하지만 방지가 불가능한 경우가 이에 해당한다.

③ 절충설(통설)

주관설과 객관설을 절충하여 특정사업의 외부에서 발생한 사건으로 보통 필요하다고 생각되는 모든 예방수단을 다하더라도 이를 방지할 수 없었을 위해라고 본다.[240)]

④ 과실책임설

불가항력의 의미를 제134조의 경우와 같이 '책임이 없는 사유'의 의미로 보는 견해로서 공중접객업자의 책임을 법정한 입법의도와는 맞지 않는다.[241)]

⑤ 소결

주관설은 공중접객업자의 무과실과 같은 의미를, 객관설은 지나치게 공중접객업자에게 무거운 책임을 부담한다는 점 등을 고려해볼 때 절충설이 유력한 견해였다. 그러나 개정안에서는 일반과실책임설의 입장에서 입법적으로 해결하였다.

---

239) 최기원, 전게서, 431면.

240) 최기원, 상게서, 432면.

241) 오늘날은 법치가 안정되고 상인의 신용이 존중되고 있으므로 공중접객업자의 책임을 가중해야 했던 연혁적인 이유는 소멸하였다. 따라서 공중접객업자의 책임을 계속 무겁게 다루는 것은 운송인·창고업자의 책임과 균형이 맞지 아니하므로 불가항력을 단지 상법 제134조의 책임없는 사유와 동일한 뜻으로 보는 것이 옳다. 이 견해에 따르면 결국 공중접객업자도 운송인 등과 똑같은 수준의 과실책임을 지며, 제152조 제1항에는 공중접객업자의 책임에 관한 특칙으로서 의미가 전혀없다. 이철송, 전게서, 511면.

(3) 임치계약의 체결

객이란 공중접객업자의 시설을 이용하는자로 반드시 이용에 대한 계약이 성립하지 않고 실질적으로 이용하는 자도 포함된다. 또한 공중접객업자와 객 사이에 물건에 관한 명시적 또는 묵시적 임치계약이 성립하여야 한다.

(4) 책임감면

객의 휴대물에 대하여 책임이 없음을 제시한 때에도 공중접객업자는 책임을 면하지 못한다. 또한 강행법규가 아니기 때문에 당사자간의 특약으로 감면할 수 있다(제152조).

(5) 공중접객업자의 엄격책임 완화 (개정안 제152조)

개정안은 임치받은 물건의 보관에 관하여 주의를 게을리하지 아니하였음을 증명한 경우에는 공중접객업자의 책임이 면책될 수 있도록 하고 있다.[242]

현 행	개정안
제152조(공중접객업자의 책임) ① 공중접객업자는 객으로부터 임치를 받은 물건의 멸실 또는 훼손에 대하여 불가항력으로 인함을 증명하지 아니하면 그 손해를 배상할 책임을 면하지 못한다.	제152조(공중접객업자의 책임) ① 공중접객업자는 **자기 또는 그 사용인이 고객으로부터 임치를 받은 물건의 보관에 관하여 주의를 게을리하지 아니하였음을 증명하지 아니하였다면 그 물건의 멸실 또는 훼손으로 인한 손해를 배상할 책임이 있다.**

현행 공중접객업자의 임치물에 대한 책임은 불가항력을 증명하여야만 면책되는 엄격책임으로서, 물건보관을 업으로 하는 운송인 · 창고업자[243] 등의 책임과도 형평에 어긋

242) 진정구, 전게보고서, 25면.

243) 제135조(손해배상책임) 운송인은 자기 또는 운송주선인이나 사용인 기타 운송을 위하여 사용한 자가 운송물의 수령, 인도, 보관과 운송에 관하여 주의를 해태하지 아니하였음을 증명하지 아니하면 운송물의 멸실, 훼손 또는 연착으로 인한 손해를 배상할 책임을 면하지 못한다.
제160조(손해배상책임) 창고업자는 자기 또는 사용인이 임치물의 보관에 관하여 주의를 해태하지 아니하였음을 증명하지 아니하면 임치물의 멸실 또는 훼손에 대하여 손해를 배상할 책임을 면하지 못한다.

나므로 이를 현실에 적합하도록 완화하는 개정안의 개정내용은 타당하다.

다만, 숙박업자와 그 외 공중접객업자의 책임의 정도를 별개로 취급할 것인지에 대하여는 외국의 입법례[244] 등을 참고하여 논의할 필요가 있다.

[관련판례]

① 게시문을 게시한 경우의 효력

골프장이 많은 이용객으로 항시 붐비는 상태인데도 이용객의 소지품 도난을 방지하기 위하여 경비원 수를 늘리거나 현관에 있는 골프가방거치대에 시정장치를 하지 아니한 잘못으로 이용객이 위 거치대에 놓아 둔 골프가방을 도난당하였다면, 위 골프장이 대중골프장(퍼블릭 코스)으로서 일반 골프장과 달리 이용객이 보조자(캐디)없이 스스로 운반용 카트에 골프가방을 싣고 다니도록 되어 있고 그 사용요금도 현저히 저렴하며 위 골프장의 현관 등에 골프가방의 보관, 관리는 본인이 하여야 하고 분실시 책임지지 않는다는 안내문을 게시하였다 하더라도, 위 골프장 경영자는 상법 제152조 제2항, 제3항에 따라 위 이용객이 위 골프가방을 도난당함으로써 입게 된 손해를 배상할 책임이 있다.[245]

② 임치의 합의가 성립하지 않음

상법 제152조 1항의 규정에 의한 임치가 성립하려면 우선 공중접객업자와 객 사이에 목적물보관에 관한 명시적 또는 묵시적 합의가 있음을 필요로 하는바, 본 건에서와 같이 여관이 주차장 출입과 주차사실을 통제하거나 확인하는 시설이나 조치를 갖추지 않은 채 단지 주차의 장소만을 제공하는 데 불과한 경우에는 여관의 투숙객이 그러한 주

244) 일본은 「상법」 594조에서 우리나라의 현행 「상법」상 공중접객업자의 책임과 유사한 규정을 두고 있고, 프랑스는 숙박업자, 육상·해상운송인에 대해서만 엄격책임을 규정하고 있으며, 독일 「민법」은 숙박업자에 대해서만 엄격책임을 규정(BGB 제701조)하고 있다.
독일 「민법」은 임치 여부를 기준으로 숙박업자의 책임을 달리 정하지는 않고 반입된 물건 모두에 대해 엄격한 책임을 부과하고 아울러 책임의 상한선(최저 1천 마르크이고 최고 1일 숙박비의 100배 이면서 6000마르크 한도 내)을 정함하고 있음. 그러나 숙박업자나 그 사용인의 과실에 의해 손해가 발생한 경우에는 무제한의 책임을 지도록 규정하고 있다(BGB 제702조). 그리고 물품의 손상이 불가항력, 임치물 자체의 하자, 자연소모, 고객의 과실에 기한 때에는 주인의 책임은 면제된다(BGB 제701조제3항); 진정구, 전게보고서, 25~26면.

245) 대법원 1991.3.20. 선고 90 나 24290 판결.

차장에 주차한 것만으로는 여관업자와 투숙객 사이에 임치의 합의가 있은 것으로 볼 수 없고, 투숙객이 여관 측에 주차사실을 고지하거나 차량열쇠를 맡겨 차량의 보관을 위탁한 경우에만 임치의 성립을 인정할 수 있다.[246)]

3. 임치를 받지 않은 물건에 대한 책임

공중접객업자는 객으로부터 임치를 받지 아니한 경우에도 그 시설내에 휴대한 물건이 자기 또는 그 사용인의 과실로 인하여 멸실 또는 훼손된 때에는 그 손해를 배상할 책임이 있다(제152조).

객이 과실에 대한 입증책임이 있고 상법이 인정하는 특별책임·과실책임이다.

객과 시설이용의 거래를 하기 위하여 사용되는 사용인(피용인, 가족 등)의 과실에 대하여도 책임을 진다. 면책의 특약도 가능하다.

4. 고가물에 대한 책임

화폐, 유가증권 기타의 고가물에 대하여는 객이 그 종류와 가액을 명시하여 임치하지 아니하면 공중접객업자는 그 물건의 멸실 또는 훼손으로 인한 손해를 배상할 책임이 없다(제153조).

즉, 객이 임치하지 않은 고가물에 대하여는 제152조 제2항의 공중접객업자의 책임이 없고 임치를 받은 경우에 고가물임을 명시하지 않은 이상 상법 제153조의 책임을 면한다.[247)]

5. 책임의 소멸시효

공중접객업자의 책임은 공중접객업자가 임치물을 반환하거나 객이 휴대물을 가져간 후 6월을 경과하면 소멸시효가 완성한다(154조). 이 기간은 물건이 전부 멸실한 경우에는 객이 그 시설을 퇴거한 날로부터 기산한다. 그러나 공중접객업자나 그 사용인이 악의인 경우에는 5년의 일반상사소멸시효를 적용한다(제154조).

---

246) 대법원 1992.2.11. 선고 91 다 21800 판결.
247) 최기원, 전게서, 434면.

악의란 영업자나 사용인이 고의로 객의 물건을 멸실 또는 훼손케 하였거나 고의로 멸실 또는 훼손을 은폐한 것을 말한다.

6. 공중접객업자 보론

(1) 대인적 손해에 대한 책임248)

1) 서론

현대의 공중접객업소의 시설이 대형화하고 기계화 되어 있어 객의 생명과 신체가 상당한 위험에 노출되어 있고 때로는 범죄의 표적이 되는 등 객의 생명 신체에 대한 위험이 노출되어 있지만 상법상 이에 대해서는 별도로 입법을 하지 않고 있다.

2) 현행법상 대인적 책임

상법상 특칙이 없기 때문에 공중접객업소의 시설을 이용하는 도중에 발생한 객의 생명·신체에 대한 손해를 보상해 주는 법리는 공중접객업자에게 불법행위책임을 묻는 것과 민법에 의한 채무불이행책임(민법 제390조)을 묻는 것이다.

객의 생명·신체의 손해가 공정접객업자의 불법행위로 인한 손해배상책임을 물을 수 있다(민법 제760조). 그러나 불법행위책임을 물을 경우에는 객이 손해의 증명과 아울러 공중접객업자의 귀책사유를 증명하여야 하므로 책임추궁이 용이하지 않다.

채무불이행책임을 물을 경우에는 객은 채무불이행사실만 입증하고 공중접객업자측에서 무과실을 입증하여야 하므로 책임추궁이 훨씬 용이하다. 접객업소의 시설이 고도로 기계화·전자화 되어 있어, 일응 접객업자의 무과실 입증이 있으나 그에 대한 반증이 용이하지 않은 경우에는 책임 추궁이 어렵다. 여객운송의 경우 객의 생명·신체에 대한 손해배상액을 산정함에 있어 피해자와 가족의 정상을 참작하도록 규정하고 있으나(제148조 제2항), 일반채무불이행책임을 물을 때에 이 같은 부수적 참작은 불가능하다. 이에 대한 입법적인 보완이 필요하다.

---

248) 이철송, 전게서, 514~515면 등을 참고하여 재구성함.

(2) 영업배상책임보험

영업배상책임보험은 피보험자가 보험증권상의 담보지역내에서 보험기간중에 발생한 사고로 인하여 타인의 신체에 장애를 입히거나 재물을 손괴하여 입은 손해를 보상하는 보험이다.

기업이 업무상 소유·사용·관리하는 시설 등의 용도에 따른 업무의 수행으로 생긴 사고로 제3자에게 신체나 재물상의 피해를 입혔을 때 배상책임을 부담하는 특종보험이다. 할인마트 등에서 물건을 사기위해 주차한 자동차에 피해가 있을 때 주차장 책임보험의 적용 등이 우리가 실생활에서 빈번히 발생하는 유형이다. 피보험자가 주차장 관리자로서 주차의 목적으로 수탁 받은 자동차에 피해를 입힌 경우 손해를 보상하고, 사고이후 손해의 경감을 위하여 지급한 필요비, 유익비용 및 소송비용 등을 보상해준다. 다만 천재지변으로 인한 손해나 피보험자 소유의 차량, 차량내부 물건의 손해와 사용손실 등 간접손해는 보상하지 않는 것이 보험의 약관에 명시되어 있다.

(3) 건축시설물관리자의 법적책임(Premises Liability)[249)]

1) 서론

오늘날 대도시에 많이 들어서는 백화점, 대형할인점, 쇼핑몰, 아파트, 오피스 빌딩 등의 주차장을 비롯한 구내 사각지대에서 일어나는 강도, 강간, 약취, 절도 등의 강력범죄가 심심치 않게 보도되면서 그러한 범죄의 처벌과 예방의 중요성이 절실함은 물론, 그로 인한 민사적 권리구제 또한 사회적 이슈의 하나로 취급되고 있고, 이에 따라 그러한 사고로 인한 민사분쟁에 적용할 손해배상책임의 근거와 요건에 관한 이론체계를 확립할 필요성이 대두하게 되었다.

미국에서는 일찍이 Premises Liability라는 책임유형으로 이 문제에 관한 활발한 논의가 이루어져 왔고 많은 판례와 연구성과가 집적되어 있는바, 거기에 의하면 공중접객시설을

---

249) Premises Liability에 대한 내용은 배종근, "公衆接客業者의 構內 犯罪事故에 대한 損害賠償責任의 要件 - 美國 普通法上의 Premises Liability 를 中心으로 -", 「인권과 정의」제353호, 대한변호사협회, 2006.1.1과 표창원 교수의 블로그 범죄와 세상이야기, "CPTED(환경설계 범죄예방)이론과 범죄피해에 대한 관리자의 법적 책임"에서의 내용을 중심으로 재구성하였다.
(http://blog.daum.net/drpyo/59?srchid=BR1http%3A%2F%2Fblog.daum.net%2Fdrpyo%2F59, 2010.5.8 방문).

비롯한 영업용 토지 혹은 건물 등 시설의 구내에서 일어나는 사고로 인한 고객의 피해에 대한 책임은 요컨대 시설의 소유자 등과 피해자와의 사이에 존재하는 특별한 관계와 예견가능성을 요건으로 하여 부과될 수 있다는 것이다.

원칙적으로 일방이 타방을 제3자의 가해행위나 범죄로부터 보호할 책임은 국가경찰권의 권능에 속하는 것이기 때문에 시설소유자 등은 이에 대하여 책임이 없는 것이나, 시설 등을 공중을 위하여 개방하고 공중을 그 시설 등으로 초대한 소유자 등은 그 시설의 개방목적을 위하여 구내를 출입하는 고객을 보호할 책임을 부담한다는 것이다

건축·시설물 관리자의 법적 책임(Premises Liability) 관련 소송[250]은 주로 범죄피해가 발생한 건물이나 시설물 등 장소의 소유주 혹은 관리자에게 "그 설계, 관리 및 운용에 있어 합리적인 주의를 기울이지 않은 책임"을 묻는 형태로 이루어지고 있다. 즉, 범죄가 발생한 건축·시설물의 설계·관리상의 부주의와 방만은 간접적으로 보다 용이하게 범죄가 발생될 수 있는 환경을 조성해 주었고 또한 그것은 예측 가능한 것이었다는 논리에 입각하여 범죄피해에 대한 배상을 요구하는 소송을 제기하는 것이다. 예를 들어 임차인에 대하여 발생한 범죄에 대하여 임대인인 건물주나 렌트 회사는 어두운 조명이나 불충분한 시정장치에 대하여 책임을 질 수 있고 모텔이나 호텔주들은 그 손님에게 발생한 범죄에 대하여 예컨대 폐쇄회로 텔레비전(CCTV)의 미설치나 시정 장치 미비, 또는 안전요원의 미 배치 등에 따른 책임을 질 수도 있다. 은행이나 슈퍼마켓, 쇼핑몰이나 극장 등도 그 이용고객들을 강·절도로부터 보호해야 할 합리적인 주의를 기울이지 못한데 대하여 책임을 질 수 있다. 버스나 기차, 항공기회사 등 통상의 운송회사도 마찬가지로 교통수단이나 역이나 플랫폼의 관리와 운영에 있어서 방범에 대한 책임이 있다. 이러한 운영자나 업체가 고객으로부터 얻게 되는 영업이윤 속에는 이러한 위험에 대한 대처비용이 들어있다고 볼 수 있을 것이기 때문이다. 이러한 운영자나 업체들은

250) Premises Liability 소송의 본질은 '민사상 불법행위(tort)' 발생여부라고 할 수 있다. 즉, 건축·시설물 관리자가 이주자나 거주자, 손님 등에게 '범죄피해를 당하지 않기 위해 필요한 합리적인 보호'를 제공해주는 적절한 안전조치를 취했느냐 여부에 대한 다툼이다. Spain (1992)에 의하면, 범죄피해에 있어서의 건축·시설물 관리자의 불법행위 발생을 입증하기 위해서는 다음의 다섯 가지 요건이 갖추어져야 한다: ① 피고에게 '합리적인 안전조치를 취해야할 의무'의 존재가 있고 ② 그러한 '합리적인 안전조치를 취해야 할 의무'의 불이행이 있어야 하며, ③ 원고에게 범죄로 인한 손해가 발생해야 한다. ④ 피고의 의무 불이행이 원고에게 손해를 발생시킨 범죄의 실제적인 원인이 되어야 하고, ⑤ 그러한 의무 불이행이 범죄피해의 원인이 될 수 있다는 것이 예측 가능 하여야 한다.

합리적으로 예측 가능한 범죄를 예방하기 위한 선량한 관리자로서의 주의의무를 다하지 않았고 또한 고객의 불만을 만성적으로 무시했으며 경고문을 부착하지 않았고 범죄 유발적인 환경을 시정하지 않는 등 통상의 공동체의 기준에 따라 기대되는 어느 정도의 보호를 제공하지 않은데 대한 책임을 져야 한다는 것이다.

※ 공중접객업자의 책임 사례

* 甲사장은 일반 음식점을 운영하고 있는데 가끔 손님들이 신발이 바뀌었다거나 분실하는 경우가 발생하자 법률적으로 영업주가 신발분실에 대한 책임을 부담하여야 하는 것 인지와 신발값을 물어 주더라도 터무니없이 많은 금액을 요구하는 경우에는 어떻게 해야 하는지에 대하여 궁금해 하고 있다. 이럴 경우 과연 법에서는 어떻게 규정하고 있을까?

* 현행 법률상 위 사례의 상황과 동일한 경우를 규율할 수 있는 명시적인 규정이 있는 것은 아니므로 관련 법률을 유추 해석하여 적용이 필요하다.
* 사례의 검토

(1) 현행 상법 제151조는 "극장, 여관, 음식점 기타 객의 집래를 위한 시설에 의한 거래를 영업으로 하는 자를 공중접객업자"로 정의하여 "음식점"도 공중접객업자의 범위에 포함하여 규정하고 있으며 이러한 공중접객업자와 객과의 계약은 그 내용이 매우 다양하므로 상법에서 이를 일률적으로 규정할 수 없으므로 동 법 제152조부터 제154조까지 객의 휴대품에 대한 영업주의 책임에 대하여만 규정하고 있다.

(2) 현행 상법의 규정

제152조(공중접객업자의 책임)

① 공중접객업자는 객으로부터 임치를 받은 물건의 멸실 또는 훼손에 대하여 불가항력으로 인함을 증명하지 아니하면 그 손해를 배상할 책임을 면하지 못한다.

② 공중접객업자는 객으로부터 임치를 받지 아니한 경우에도 그 시설내에 휴대한 물건이 자기 또는 그 사용인의 과실로 인하여 멸실 또는 훼손된 때에는 그 손해를 배상할 책임이 있다.

③ 객의 휴대물에 대하여 책임이 없음을 제시한 때에도 공중접객업자는 전2항의 책임을 면하지 못한다.

(3) '임치'란 민법상 계약의 일종으로서 당사자의 일방이 상대방에 대하여 금전이나 유가증권 기타 물건의 보관을 위탁하고, 상대방이 이를 승낙함으로써 성립하는 계약을 말하므로 음식점에서 손님(객)이 음식을 먹기 위해 신발을 벗어 놓는 경우 영업주(공중접객업자) 또는 영업주가 사용하는 종업원(사용인)에게 음식을 먹는 동안 신발을 멸실 또는 훼손 없이 보관하여 달라고 묵시적으로 위탁하였다고 볼 수 있으며 영업자 또한 자신의 영업수행에 대한 부수적 의무로서 이러한 손님의 위탁을 묵시적으로 승낙한 것이라고 볼 수 있으므로 영업자(공중접객업자)와 손님(객)과의 사이에 묵시적으로 '임치계약'이 성립한다.

* 보관의무 : 목적물을 보관하기로 하는 합의로 그에 의하여 공중접객업자는 보관의 의무가 생김 보관의 의무는 단지 물건을 놓아둘 공간을 제공하는데 그치는 것이 아니라 나아가 보존의무, 감시의무, 즉 도난이나 멸실 훼손을 방지하는데 필요한 안전조치를 취할 의무를 포함한다.

(4) 위에서 보았듯이 음식점 영업주와 손님간에 신발보관에 관한 묵시적인 합의가 있는 것이라면 상법 제152조 제1항이 적용되어 영업주는 손님 신발의 분실, 훼손이 불가항력으로 인하였음을 증명하지 못하는 한 이에 대하여 손해배상책임을 부담한다.

(5) 상법 제152조제1항의 규정은 강행규정이 아니므로 당사자간의 명시 또는 묵시의 개별적인 특약에 의하여 공중접객업자의 이 책임은 원칙적으로 감경 도는 면제될 수 있으나 동법 제152조 제3항에서 "공중접객업자가 객의 휴대물에 대하여 책임이 없음을 게시한 때에도 공중접객업자는 그 책임을 면하지는 못한다"고 규정하고 있으므로 영업주가 음식점 내에 휴대물에 대하여 책임이 없다고 게시 하였더라도 이에 대한 책임을 부담하여야 하지만 이러한 게시는 손님의 과실을 판단하는 자료는 될 수 있으므로 공중접객업자의 책임을 산정함에 있어서 과실 상계의 대상이 될 수 있다.

(6) 손님에게 배상하는 '금액이 어느 정도이어야 적정한가'와 관련한 사항은 손해배상범위를 어떻게 결정하느냐의 문제로서 이러한 손해배상의 범위에 대하여는 일률적으로 정해져 있는 것이 아니고 당시 상황을 구체적으로 고려하여 종합적으로 판단하여야 할 사항이다.

(7) 현행 민법 제393조는 손해배상의 범위로서 원칙적으로 '통상의 손해'를 그 한도로 하며 '특별한 사정으로 인한 손해'는 채무자가 그 손해를 알았거나 알 수 있었을 때에 한하여 배상의 책임이 있다고 규정한다. 여기서 통상의 손해란 특별한 사정이 없는 한 사회일반의 관념에 따라 통상 발생하는 것으로 생각되는 범위의 손해이며, 특별손해라 함은 당사자 사이에 있어서 개별적, 구체적 사정에 의한 손해이다.

(8) 따라서 신발 분실 등에 대한 배상금액은 당연히 통상의 손해에 해당하는 '분실한 신발값'만 배상하여 주면 된다고 볼 것이나 만약 실제와 다르게 과도한 배상요구를 하는 경우에는 영업주 입장에서는 당시 제반 상황을 종합적으로 고려, 입증하여 사회 일반의 관념에 따라 통상 발생할 수 있는 정도의 배상금액을 기준으로 이에 대하여만 책임을 부담한다.

(9) 신발을 분실했을 경우 신발 구매와 관련해 구매 영수증같은 입증근거를 제시하면, 물품의 품질보증 기간 및 사용기한에 따라 마련된 감가상각비율을 적용하여, 그에 합당한 보상금액을 돌려받을 수 있다.

* 보론(실제의경우)

식당 주인이 배상을 거절하거나 배상 약속을 하고도 지키지 않음. 배상액을 선정하는데 있어서 기준이 될 신발의 내용 년수가 구체적으로 제시된 근거가 없으며, 그나마 배상액의 산출근거로 삼을만한 신발 구입 영수증을 제대로 제시하지 못하는 경우가 많고 영수증을 제시하더라도 실제 신었던 신발의 영수증 인지 여부를 두고 다툼이 많다.

* 신발을 분실 했을 경우

1. 우선 신발을 놓아둔 위치 및 신발의 종류 등 신발 분실과 관련된 사실을 사업자에게 상세히 고지하고, 추후 구매 영수증 등 입증 근거를 제시 하겠다고 설명한다.
2. 배상 관해 사업자와 구체적인 협의를 진행한다.
3. 원만한 합의가 이루어지지 않아 분쟁이 발생할 경우, “입증근거와 함께 한국소비자 보호원 상담 팀에 사건을 접수하면 중재를 통해 피해 구제를 받을 수 있다.

제 11 장 창고업의 의의

제1절 총 설

1. 서론

운송업이 상품을 공간적으로 이동하여 상거래를 보조하는 반면에 창고업은 상품을 보관하여 가치를 보존함으로써 상거래를 보조하는 상인이다.

상품의 임치에 관하여 전문적인 지식과 특수한 시설을 갖춘 창고업자를 이용하면 상품의 보존과 물류비용을 절약할 수 있으며 보관중에 있는 상품을 처분하거나 이를 담보로 금융의 편의를 얻을 수 있다.

2. 창고업의 의의

타인을 위하여 창고에 물건을 보관함을 영업으로 하는 자를 창고업자라 한다(제155조). 타인의 물건(보관에 적합한 동산)을 창고에 보관하여야 한다. 보관이란 임치물을 자기가 직접 점유하여 현상을 유지하는 것을 말하며 소유권은 이전되지 않는다. 물건의 보관에 사용되는 건물인 창고에 보관하며 설비는 임치물의 종류에 따라 물건의 보관을 위하여 적합하면 된다. 창고가 창고업자의 소유임을 요하지는 않는다. 창고업자는 물건의 임치를 인수하는 것을 영업으로 하는 상인이다.

창고업자가 물건을 창고에 보관할 것을 인수하는 불요식·낙성·유상계약이다.

제2절 창고업자의 의무와 책임

1. 보관의무

(1) 임치기간

창고업자는 그 영업범위 내에서 물건의 임치를 받은 경우에는 보수를 받지 아니하는 때에도 선량한 관리자의 주의를 하여야 한다(제62조).

당사자가 임치기간을 정하지 아니한 때에는 창고업자는 임치물을 받은 날로부터 6월을 경과한 후에는 언제든지 이를 반환할 수 있다. 이 경우에 임치물을 반환함에는 2주간 전에 예고하여야 한다(제163조).

임치인 또는 창고증권소지인은 언제든지 임치물의 반환을 청구할 수 있다(민법 제698조).

(2) 부득이한 사유가 있는 경우

부득이한 사유가 있는 경우에는 창고업자는 전조의 규정에 불구하고 언제든지 임치물을 반환할 수 있다(제164조).

(3) 상환증권성과 물권적 효력

화물상환증의 상환증권성(제129조)내지 화물상환증교부의 물권적 효력(제133조)의 규정은 창고증권에 준용한다(제157조).

2. 창고증권교부의무

창고업자는 임치인의 청구가 있을 때에는 창고증권을 교부할 의무가 있다(제156조 1항).

3. 임치물의 검사·견품적취·보존처분에 따를 의무

임치인 또는 창고증권소지인은 영업시간 내에 언제든지 창고업자에 대하여 임치물의 검사 또는 견품의 적취를 요구하거나 그 보존에 필요한 처분을 할 수 있다(제161조).

4. 임치물의 반환의무

창고증권이 발행된 경우에는 그 소지인의 청구에 대해서만 반환의무를 부담하며, 창고증권과 상환으로써만 임치물을 반환할 수 있다(제157조, 제129조).

5. 임치물의 훼손·하자 등의 통지의무

창고업자가 임치물을 받은 후 그 물건의 훼손 또는 하자를 발견하거나 그 물건이 부패할 염려가 있는 경우에는 지체 없이 임치인에게 그 통지를 발송하여야 하고, 만일 이 경우에 임치인의 지시를 받을 수 없거나 그 지시가 지연되는 때에는 창고업자는 임치인의 이익을 위하여 적당한 처분을 할 수 있다(제168조, 제108조).
특약이 없는 한 창고업자는 임치물에 관하여 적극적으로 손해발생을 예방할 의무는 없다.

6. 손해배상책임

창고업자는 자기 또는 사용인이 임치물의 보관에 관하여 주의를 해태하지 아니하였음을 증명하지 아니하면 임치물의 멸실 또는 훼손에 대하여 손해를 배상할 책임을 면하지 못한다(제160조).
창고업자의 손해배상책임은 운송주선인(제115조) 및 운송인(제135조)의 책임과 비슷하다. 즉 창고업자는 자기 또는 그의 사용인에 과실이 있어야 손해배상책임을 부담한다.
임치물의 멸실은 도난당한 경우 등 정당한 권리자가 임치물의 반환을 받지 못하게 된 경우를 포함한다.
창고업자에게는 손해배상액에 관한 특칙(제137조)과 고가물에 관한 특칙(제124조, 제136조, 제153조) 규정이 없다.

[관련판례]

상법 제166조 제1항에서 말하는 '멸실'은 물리적 멸실뿐만 아니라 수취인이 임치물을 권한 없는 자에게 무단 출고함으로써 임치인에게 이를 반환할 수 없게 된 경우를 포함한다.[251)]

7. 책임의 소멸

(1) 창고업자의 책임의 시효

임치물의 멸실 또는 훼손으로 인하여 생긴 창고업자의 책임은 그 물건을 출고한 날로부터 1년이 경과하면 소멸시효가 완성한다. 이 기간은 임치물이 전부 멸실한 경우에는 임치인과 알고 있는 창고증권소지인에게 그 멸실의 통지를 발송한 날로부터 기산한다. 이러한 규정은 창고업자 또는 그 사용인이 악의인 경우에는 적용하지 아니한다(제166조).

(2) 특별소멸원인

임치인 또는 창고증권소지인이 유보없이 임치물을 수령하고, 보관료 기타의 비용을 지급하였을 때에 소멸한다. 그러나 임치물에 즉시 발견할 수 없는 훼손 또는 일부멸실이 있는 경우로서 임치인 또는 증권소지인이 수령한 날로부터 2주간 내에 창고업자에게 그 통지를 발송한 때와 창고업자 또는 그 사용인이 악의인 때에는 창고업자의 책임이 소멸하지 않는다(제168조, 제146조).

(3) 단기소멸시효(제166조)

창고업자 또는 사용인이 악의인 경우에는 5년의 소멸시효에 걸린다(제64조).

제3절 창고업자의 권리

1. 임치물인도청구권

임치계약이 성립하는 경우 창고업자는 임치인에게 임치물의 인도를 청구할 수 있다.

2. 보관료 및 비용상환청구권

창고업자는 무상임치의 경우 외에는 상당한 보수를 청구할 권리를 갖는다(제61조).
창고업자는 임치물을 출고할 때가 아니면 보관료 기타의 비용과 체당금의 지급을 청구

251) 대법원 1981.12.22. 선고 80 다 1609 판결.

하지 못한다. 그러나 보관기간경과 후에는 출고 전이라도 이를 청구할 수 있다.
임치물의 일부출고의 경우에는 창고업자는 그 비율에 따른 보관료 기타의 비용과 체당금의 지급을 청구할 수 있다(제162조).
보관료의 지급채무자는 임치인이지만, 창고증권이 발행된 경우에는 그 소지인도 임치물의 반환을 받은 때에 채무자가 된다고 본다.[252)]

3. 상사유치권의 불인정

창고업자에게는 특별유치권에 대한 규정이 없기 때문에 민사유치권(민법 제320조)과 임치인이 상인인 경우에는 일반상사유치권(제58조)을 행사할 수 있다.

4. 공탁 및 경매권

창고업자는 임치인 또는 창고증권의 소지인이 임치물의 수령을 거부하거나 이를 수령할 수 없을 때에는 임치물을 공탁하거나 경매할 수 있다(제165조, 제67조).

5. 손해배상청구권

창고업자는 임치물의 성질 또는 하자로 인하여 입은 손해의 배상을 임치인에게 청구할 수 있다. 단 창고업자가 이를 안 때에는 청구할 수 없다(민법 제697조).

6. 채권의 단기시효

창고업자의 임치인 또는 창고증권소지인에 대한 채권은 그 물건을 출고한 날로부터 1년간 행사하지 아니하면 소멸시효가 완성한다(제167조).

---

252) 대법원 1963.5.30. 선고 63 다 188 판결.

제4절 창고증권

1. 의 의

창고증권이란 창고업자에 대한 임치물 반환청구권을 표창하는 유가증권이다. 창고증권은 보관중에 있는 임치물의 매매 또는 담보의 설정을 가능토록 하는 기능을 가지고 있다.

2. 입법주의

(1) 단권주의

단권주의는 질권설정이나 소유권 이전을 1매의 창고증권에 의하도록 하는 것이다. 독일·스위스·미국·우리나라가 채용하고 있으며 입질을 위하여 증권을 교부할 경우 양도가 곤란한 단점이 있다.

(2) 복권주의

임치물의 소유권 이전을 위하여 예치증권, 임차물에 대한 질권설정을 위하여 입질증권 등 2매의 증권을 발행토록 하는 것이다. 프랑스·이탈리아·벨기에 등이 채용하고 있다. 2매의 증권이 독자적으로 유통되는 경우 법률관계가 복잡해진다.

(3) 병용주의

단권주의와 복권주의를 같이 사용하되 당사자가 선택할 수 있는 재량권을 부여한 주의이다. 일본상법이 이를 채용하고 있다.

3. 성 질

화물상환증과 같은 효력이 있다. 즉, 요인증권성·상환증권성(제157조, 제129조)·법률상 당연한 지시증권성(제157조, 제130조)·문언증권성(제157조, 제131조)·처분증권성(제157조, 제132조)·인도증권성(제157조, 제133조) 등이 있다.

4. 창고증권의 발행

창고업자는 임치인의 청구에 의하여 임치물을 수령한 후 창고증권을 교부하여야 한다(제156조).

창고증권에는 다음의 사항을 기재하고 창고업자가 기명날인 또는 서명하여야 한다. ① 임치물의 종류, 품질, 수량, 포장의 종별, 개수와 기호, ② 임치인의 성명 또는 상호, 영업소 또는 주소, ③ 보관장소, ④ 보관료, ⑤ 보관기간을 정한 때에는 그 기간, ⑥ 임치물을 보험에 붙인 때에는 보험금액, 보험기간과 보험자의 성명 또는 상호, 영업소 또는 주소, ⑦ 창고증권의 작성지와 작성년월일.

5. 분할부분에 대한 창고증권의 청구

창고증권소지인은 창고업자에 대하여 그 증권을 반환하고 임치물을 분할하여 각 부분에 대한 창고증권의 교부를 청구할 수 있다(제158조). 이 규정에 의한 임치물의 분할과 증권교부의 비용은 증권소지인이 부담한다.

6. 양 도

화물상환증과 동일하다. 창고증권은 법률상 당연한 지시증권이므로 기명식인 경우에도 배서금지의 기재가 없는 한 배서에 의하여 양도될 수 있다(제157조, 제130조).

7. 효 력

(1) 채권적 효력 및 물권적 효력

화물상환증의 효력과 동일하다. 채권적 효력으로 창고업자에게 임치물의 반환을 청구하고 채무불이행할 경우 손해배상을 청구한다. 물권적 효력으로는 창고증권에 의하여 임치물을 받을 수 있는 자에게 증권을 교부한 때에는 임치물 위에 행사할 수 있는 권리의 취득에 관하여는 임치물을 인도한 것과 같은 효력이 있다(제132조 · 제157조).

(2) 창고증권에 의한 입질과 일부출고

창고증권으로 임치물을 입질한 경우에도 질권자의 승낙이 있으면 임치인은 채권의 변제기 전이라도 임치물의 일부반환을 청구할 수 있다. 이 경우에는 창고업자는 반환한 임치물의 종류, 품질과 수량을 창고증권에 기재하여야 한다(제159조).

[관련판례]

① 창고증권 발행으로 소유권이 이전 이후 비용부담자

창고증권의 발행으로써 입고된 물건의 소유권이 타인에게 이전된 경우에는 특단의 사정이 없는 한, 그 소유권이전 이후의 창고료·화재보험료 및 감량대금 등은 전소유자가 부담할 성질이 아니다.[253)]

② 창고업자와 무상수치인의 보관의무

A와 B의 임치계약에 의하여 건고추를 창고업자인 C소유의 냉동창고중 B가 임차한 부분에 운반, 적치하고 그 입고시에 C가 A에게 제시한 서류만을 근거로 하여 그 서류에 기재된 입고량에 따른 인수증을 A에게 발행하였다면 A와 B의 위 임치계약은 위 창고부분의 소유자이자 임대인인 C가 가동하는 냉동시설의 가동에 의하여 그 계약목적을 달성하려는 것이 당연 전제되어 있다고 보이는데다 창고업자인 C의 그 영업범위 내에서 위 건고추의 입고와 보관에 관여한 점 등에 비추어, C는 위 물품인수증을 A에게 발행함으로써 A에 대한 관계에서는 적어도 위 건고추에 대한 무상수치인의 지위에서 선량한 관리자로서의 주의의무를 진다.[254)]

---

253) 대법원 1963.5.30. 선고 63 다 188 판결.
254) 대법원 1994.4.26. 선고 93 다 62539 판결.

제 12 장 금융리스업

제1절 리스계약(현행규정)

1. 의 의

리스(Lease) 즉 "시설대여"란 대통령령으로 정하는 물건을 새로 취득하거나 대여받아 거래상대방에게 대통령령으로 정하는 일정 기간 이상 사용하게 하고, 그 사용 기간 동안 일정한 대가를 정기적으로 나누어 지급받으며, 그 사용 기간이 끝난 후의 물건의 처분에 관하여는 당사자 간의 약정(約定)으로 정하는 방식의 금융을 말한다(여신금융전문업법 제2조 제10호).

상법에는 기계·시설 기타 재산의 물융에 관한 행위로 규정되어 있다(제46조 제19호). 리스계약을 통해 리스 이용자는 필요한 설비를 즉시 입수하여 사용할 수 있으므로 리스회사로부터 전액의 설비금융을 받은 것과 같은 효과가 있으며 기술의 진부화에 따른 위험도 회피할 수 있다.[255)]

2. 종류

1) 금융리스(Finance Lease)

---

255) 정동윤, 전게서, 375면.

이용자가 특정의 기계설비 등의 자산을 필요로 하는 경우에 리스회사가 이용자에게 구입자금을 융자하는 대신 그 물건을 구입하여 임대하는 것을 말한다. 리스회사는 물건의 하자담보책임을 지지 않고 위험부담도 하지 않으며, 물건의 관리·수리는 이용자가 담당하고, 리스기간 중에는 해약을 할 수 없다.[256)]

2) 운용리스(Operating Lease)

금융리스외의 리스를 총칭하는 것으로서 물건 자체의 이용에 목적이 있는 리스를 말한다. 운용리스는 대체로 컴퓨터, 자동차, 복사기 등 범용성 있는 물건에 대하여 이루어진다. 리스회사가 물건의 하자담보책임을 지고, 위험을 부담하는 등 순수한 임대차계약과 유사하다.

3. 리스거래의 구조

리스거래에는 3당사자가 참여한다. 물건을 사용하고 리스료를 지급하는 이용자(lessee), 리스물건의 법적소유자로서 리스료를 받고 리스물건을 이용자에게 빌려주는 리스회사(lessor), 리스물건을 공급하고 그 대금을 받는 공급자(supplier)가 당사자가 된다.

① 리스이용자는 자신이 필요로 하는 기계·설비 등의 리스물건을 공급자와 직접 상담하여 선정한다. ② 이를 토대로 리스회사와 리스이용자는 리스계약을 체결한다. ③ 리스회사는 리스계약의 이행으로 공급자와 매매계약을 체결한다(물건발주). ④ 공급자는 매매계약에서 정한바와 같이 리스물건을 리스이용자에게 인도한다. ⑤ 리스회사는 공급자에게 리스물건의 대금을 지급한다. ⑥ 리스이용자는 리스회사에게 소정의 리스료를 지급한다.[257)]

256) 최기원, 전게서, 454면.
257) 정찬형, 전게서, 383면.

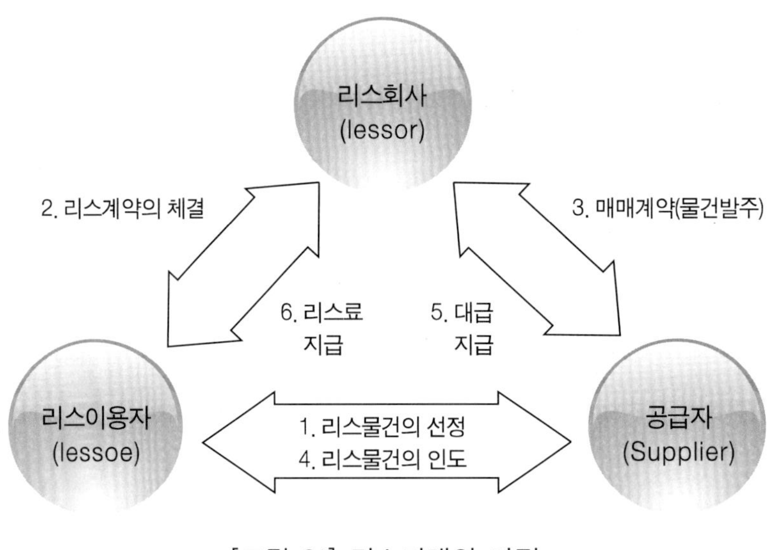

[그림 21] 리스거래의 과정

4. 리스계약의 법적성질

1) 임대차 계약설

임대인이 특정한 임차인에 대하여 특정한 물건을 일정기간 유상으로 사용시킬 목적으로 그 물건의 점유를 임차인에게 점유시키는 것은 특별한 임대차 계약으로 보는 견해이다.[258]

2) 무명계약설

리스계약의 법적성질이 우리 민법상 전형계약 가운데 정확히 일치하지 않는다는 점에 착안하여, 임대차·소비대차·매매 등의 요소가 혼합된 특수한 내용의 무명계약이라는 견해이다.[259]

3) 판례의 태도

판례는 시설대여는 형식에 있어서는 임대차 계약과 유사하나 그 실질은 물적금융이고

258) 정희철, "리스계약에 관한 연구", 「법학」(서울대학교), 제20권 2호, 72면.
259) 정동윤, 전게서, 298면.

임대차 계약과는 다른 특질이 있기 때문에 시설대여 계약은 비전형계약(무명계약)이고 이에 대해서는 민법의 임대차 규정이 적용되지 아니한다.[260)]

5. 임대차와의 비교

① 금융리스계약에서는 리스회사가 물건의 하자에 대하여 담보책임을 면책하는 특약을 하는데 판례는 이러한 하자담보책임의 배제특약은 합리성이 인정되어 유효하다고 한다.[261)] ② 불가항력에 의한 리스물건의 멸실·훼손 및 리스물건의 관리·수선의무에 대하여 리스 이용자가 위험을 부담한다. ③ 리스이용자는 리스기간 중에 계약을 해지할 수 없는데 이는 리스물건이 리스이용자에 의해 선정되거나 그의 구체적 필요에 맞는 규격·형식으로 제작되므로 이를 제3자에게 처분하는 것이 곤란하기 때문이다.[262)]

제2절 금융리스업(상법 개정안)[263)]

1. 개정내용 및 입법취지

1995년 「상법」 개정 시 새로운 유형의 상행위로 리스(Lease)를 제46조제19호에 신설하면서도, 구체적인 법률관계에 대해서는 규율하지 않아서 리스의 법률관계는 당사자간의 약정 또는 약관에 의존하고 있었다.

개정안은 리스공급자의 의무 등 리스거래의 법률관계를 명확히 하기 위하여 「상법」에 관련 규정을 둘 필요가 있어서, 기본적 상행위로 열거한 안 제46조제19호의 '기계, 시설, 그 밖의 재산의 금융리스'와 관련하여 제12장을 신설하여 금융리스의 법률관계에 대해서 규정하고 있다.

구체적으로는 임대차와 유사한 운용리스를 제외하고 금융거래로서의 성격이 분명한 금융리스에 한정하여 규정하고 있으며, 리스업자의 의무와 책임, 리스계약의 성립시기

260) 대법원 1986.8.19. 선고 84 다카 503·504 판결.
261) 대법원 1996.8.23. 선고 95 다 51915 판결.
262) 정동윤, 전게서, 299면.
263) 금융리스업, 가맹업, 채권매입업 등 검토내용 등은 진정구 상법일부개정법률안 보고서를 참고로 28면~44면 까지 내용을 정리한 내용임.

및 물건 인도와 관련된 리스이용자 및 공급자의 책임, 리스계약 해지 등에 관하여 필요한 최소한도로 규정하고 있다. 개정안과 같이 금융리스의 법률관계를 「상법」에 규정하는 것은, 다른 약정이나 약관이 없는 한 리스업자와 리스이용자간의 계약관계가 정당하고 공평하도록 규율되도록 하여 리스업의 활성화에 기여할 수 있다.

또한 운용리스는 제외하여서 이를 임대차계약에 맡기고 금융리스에 관하여만 법률관계를 규정한 것은 양자의 기본적 성격이 구분된다는 점에서 타당하다.[264)]

2. 개정안 검토

1) 금융리스업자의 정의(안 제168조의2 신설)

개정안은 금융리스업자를 타인이 공급자로부터 금융리스물건을 취득하거나 대여받아 이용하게 하는 것을 영업으로 하는 자이다.

현 행	개정안
(신 설)	**제168조의2(의의) 타인이 선정한 기계, 시설, 그 밖의 재산(이하 이 장에서 "금융리스물건"이라 한다)을 제3자(이하 "공급자"라 한다)로부터 취득하거나 대여 받아 그 타인에게 이용하게 하는 것을 영업으로 하는 자를 금융리스업자라 한다.**

금융리스이용자가 공급자와 리스대상 물건을 선정하고, 금융리스업자와 금융리스계약을 체결하는 거래현실 및 거래특징을 반영하여 정의한 개정안의 개정내용은 타당하다. 다만, 제168조의3 및 제168조의4에 금융리스이용자라는 용어가 사용되고 있으므로 개정안의 '타인'을 '금융리스이용자'로 명확히 하여야 한다.[265)]

264) 진정구, 전게보고서, 26면~27면. 다만, 새로운 유형의 상행위로 프랜차이즈(franchise)는 가맹업, 팩토링(factoring)은 채권매입업이라고 명명하면서도, 금융리스업만 리스라는 외래어를 사용한 것에 대하여 그 용어의 적절성 여부를 검토하여야 할 필요가 있다고 한다.

265) 진정구, 전게보고서, 28면.

2) 금융리스업자의 정의(안 제168조의2 신설)

개정안은 금융리스업자를 타인이 공급자로부터 금융리스물건을 취득하거나 대여받아 이용하게 하는 것을 영업으로 하는 자이다.

현 행	개정안
(신 설)	**<u>제168조의2(의의) 타인이 선정한 기계, 시설, 그 밖의 재산(이하 이 장에서 "금융리스물건"이라 한다)을 제3자(이하 "공급자"라 한다)로부터 취득하거나 대여 받아 그 타인에게 이용하게 하는 것을 영업으로 하는 자를 금융리스업자라 한다.</u>**

금융리스이용자가 공급자와 리스대상 물건을 선정하고, 금융리스업자와 금융리스계약을 체결하는 거래현실 및 거래특징을 반영하여 정의한 개정안의 개정내용은 타당하다.
다만, 제168조의3 및 제168조의4에 금융리스이용자라는 용어가 사용되고 있으므로 개정안의 '타인'을 '금융리스이용자'로 명확히 하여야 한다.[266)]

3) 금융리스업자와 금융리스이용자의 의무(안 제168조의3 신설)

개정안은 첫째, 금융리스업자에게도 금융리스이용자가 금융리스물건을 수령할 수 있도록 하는 의무를 부과하고,
둘째, 금융리스이용자는 금융리스물건을 수령하는 때부터 금융리스료를 지급하여야 하되, 금융리스이용자가 물건수령증을 발급한 경우에는 금융리스물건을 수령한 것으로 추정하도록 하며,
셋째, 금융리스물건을 수령한 후에는 금융리스이용자가 물건에 대한 유지 및 관리 책임이 있다.

266) 진정구, 상계보고서, 28면.

현 행	개정안
(신 설)	**제168조의3 (금융리스업자와 금융리스이용자의 의무) ① 금융리스업자는 금융리스이용자가 금융리스계약에서 정한 시기에 금융리스계약에 적합한 금융리스물건을 수령할 수 있도록 하여야 한다.** **② 금융리스이용자는 제1항에 따라 금융리스물건을 수령한 때에는 금융리스료를 지급하여야 한다.** **③ 금융리스물건수령증을 발급한 경우에는 금융리스계약에 적합한 금융리스물건을 수령한 것으로 추정한다.** **④ 금융리스이용자는 금융리스물건을 수령한 이후에는 선량한 관리자의 주의로 금융리스물건을 유지 및 관리하여야 한다.**

개정안의 금융리스업자에 대한 수령협력의무 부과 및 리스료 지급시기에 관한 사항은, 리스이용자가 물건수령증을 발급할 때 리스료를 지급하고 물건의 공급의무를 전적으로 공급자에게 지우며 리스업자는 이에 대한 책임을 지지 않는 리스업계의 현실과,[267)][268)] 리스계약을 물건의 인도를 필요로 하지 않는 낙성계약으로 보는 판례[269)]에 의할 때 논란의 여지가 있을 수 있다.

그러나 안 제168조의3제3항에서 금융리스물건수령증을 발급할 때에 금융리스물건을

267) 현행 리스업계의 리스계약은 낙성계약이기 때문에 물건의 인도 없이 당사자의 의사 합치로 성립하여 물건수령증을 교부하는 때부터 리스이용자는 리스료를 지급하고, 공급업자가 리스물건을 리스이용자에게 인도하며, 리스업자는 직접 물건을 인도하지 않으므로 물건의 인도에 관하여 의무를 지지 않고 있다.

268) 여신금융협회는 안 제168조의2제1항을 삭제하여야 하고, 천재지변 등 금융리스업자의 책임 없는 사유로 금융리스물건이 멸실 등으로 사용할 수 없는 경우에도 모든 책임을 리스이용자가 부담하여야 하며, 물건이 공급되지 않은 때에도 금융리스업자에게 리스료 지급을 거절하거나 손해배상을 청구할 수 없다고 하여야 한다는 의견이다.

269) 리스계약은 물건의 인도를 계약성립의 요건으로 하지 않는 낙성계약으로서 이용자가 리스물건수령증서를 리스회사에 발급한 이상 현실적으로 리스물건이 인도되기 전이라고 하여도 이때부터 리스기간이 개시되고 이용자의 리스료 지급의무도 발생한다(대법원 1995.5.12. 선고 94 다 2862 · 94 다 2879 판결).

수령한 것으로 추정하도록 하여 리스업계의 현실을 반영하였고, 이제까지 리스업자에게 일방적으로 유리하였던 거래관행을 수정하여 리스업자에게 물건의 공급에 관하여 최소한의 책임을 지운다는 점은 시의적절한 입법이다.

또한 금융리스업자는 금융리스이용자의 금융리스물건 수령 이후에는 금융리스물건에 대한 유지 및 관리는 금융리스이용자임을 명확히 하는 개정안의 개정내용도 타당하다.[270]

4) 금융리스업자와 금융리스이용자의 의무(안 제168조의4 신설)

개정안은 첫째, 금융리스업자에게도 금융리스이용자가 금융리스물건을 수령할 수 있도록 하는 의무를 부과하고,

둘째, 금융리스이용자는 금융리스물건을 수령하는 때부터 금융리스료를 지급하여야 하되, 금융리스이용자가 물건수령증을 발급한 경우에는 금융리스물건을 수령한 것으로 추정하도록 하며,

셋째, 금융리스물건을 수령한 후에는 금융리스이용자가 물건에 대한 유지 및 관리 책임을 지도록 하고 있다.[271]

현 행	개정안
(신 설)	**제168조의4(공급자의 의무) ① 금융리스물건의 공급자는 공급계약에서 정한 시기에 그 물건을 금융리스이용자에게 인도하여야 한다.** **② 금융리스물건이 공급계약에서 정한 시기에 공급계약의 내용에 따라 공급되지 아니한 경우 금융리스이용자는 공급자에게 직접 손해의 배상을 청구하**

270) 진정구, 전게보고서, 29면.
271) 진정구, 상게보고서, 29면.

	거나 공급계약의 내용에 적합한 금융리스물건의 인도를 청구할 수 있다. ③ 금융리스업자는 금융리스이용자가 제2항의 권리를 행사하는데 필요한 협력을 하여야 한다.

금융리스이용자는 금융리스계약의 당사자가 아닌 공급자에게 금융리스업자를 대위하여 책임을 묻거나 직접 물을 수 있도록 하였다. 금융리스업자는 공급자에게 리스이용자의 손해를 근거로 하여 직접 책임을 묻지는 않지만, 금융리스업자로 하여금 금융리스이용자가 공급자에 대하여 책임을 묻는 데 협조하도록 하는 개정안의 개정내용은 타당하다.

5) 금융리스계약의 해지(안 제168조의5 신설)

개정안은 금융리스업자는 금융리스이용자의 책임있는 사유로 계약을 해지하는 경우 금융리스료의 일시지급이나 금융리스물건의 반환을 청구할 수 있도록 하고, 금융리스이용자는 금융리스계약 당시 예견 할 수 없었던 중대한 사정변경이 발생한 경우 계약을 해지할 수 있고, 그 손해를 배상하도록 하고 있다.

현 행	개정안
(신 설)	제168조의5(금융리스계약의 해지) ① 금융리스이용자의 책임있는 사유로 금융리스계약을 해지하는 경우에는 금융리스업자는 잔존 금융리스료 상당액의 일시 지급 또는 금융리스물건의 반환을 청구할 수 있다. ② 제1항의 경우 금융리스업자는 잔존 금융리스료 상당액과 이자 수익을 넘어서는 부분이 있을 경우 이를 정산하여 금융리스이용자에게 반환하여야 한다.

	③ 금융리스이용자는 중대한 사정변경으로 인하여 금융리스물건을 계속 사용할 수 없는 경우에는 3개월 전에 예고하고 계약을 해지할 수 있다. 이 경우 금융리스이용자는 계약의 해지로 인하여 금융리스업자에게 발생한 손해를 배상하여야 한다.

개정안이 금융리스계약의 해지에 관하여 규정하면서 해지에 따른 다른 약정이 없으면 금융리스업자는 금융리스료의 일시지급이나 금융리스물건의 반환을 선택적으로 청구[272)]할 수 있도록 하는 개정안의 개정내용은 합리적이다.

또한 금융리스물건의 경우 통상 범용성이 없는 고가의 물건이므로 현행 금융리스업계의 약관은 리스이용자가 중도해지를 못하도록 하고 있지만, 이는 리스이용자에게 불합리한 측면이 있다고 할 것이므로 리스이용자에게 중대한 사정변경이 있을 경우에 중도해지 할 수 있도록 허용하는 것도 적절하다.[273)]

272) 여신금융협회는 리스료의 일시지급과 리스물건 반환이 함께 청구되어야 한다는 의견을 제시하였으나 이는 금융리스이용자에게 지나치게 불리하다.

273) 진정구, 전게보고서, 29면.

제 13 장 가맹업

제1절 프랜차이즈 계약(현행규정)

1. 의 의

프랜차이즈(franchise)란 수수료 등의 대가를 지급하고 타인의 상호·상표·서비스표 등의 상업적 징표 및 경영노하우를 자기사업 운영에 이용할 수 있는 허가와 더불어, 그 제공의 통제하에서 영업을 할 것을 내용으로 하는 독립된 상인간의 유상·쌍무계약으로서 기업체제의 전반의 사용허가이다.[274)]

상법에는 상호·상표 등의 사용허락에 의한 영업에 관한 행위로 규정되어 있다(제46조 제20호).

프랜차이즈는 이용자의 입장에서는 널리 알려진 제공자의 상호 등을 사용할 수 있고, 영업에 관하여 전문적인 지도를 받을 수 있으며, 비교적 적은 자금으로 사업을 개시할 수 있는 이점이 있고, 제공자의 입장에서는 이용자로부터 사용료를 취득할 뿐만 아니라 직접투자를 하지 않고도 자기의 사업을 확장하는 효과를 얻게된다.[275)]

---

274) 최기원, 전게서, 459면.
275) 정동윤, 전게서, 301면.

2. 구별개념 및 법적성질

프랜차이즈의 이용자는 제공자의 상호 등을 사용한다는 점에서 자기의 상호를 사용하는 특약점과 구별되며, 이용자가 자기의 명의와 자기의 계산으로 거래한다는 점에서 본인의 명의로 거래하는 대리상이나 위탁자의 계산으로 영업을 하는 위탁매매인과 구별된다.[276)]

프랜차이즈는 그 제공자와 이용자 사이의 계속적 채권계약으로서, 계약의 구체적인 내용에 따라, 매매, 임대차, 도급, 위임, 노무공급 등 다양한 요소가 포함될 수 있는 무명계약이다.[277)]

3. 프랜차이즈의 종류

제공자가 개발한 독특한 제조방법을 이용자가 이용하여 상품을 제조해서 제공자의 상표로 판매하는 형태의 제조프랜차이즈, 제공자가 자사상품을 판매하기 위하여 계속적인 상품공급계약을 맺고 이용자로 하여금 판매케 하는 형태를 판매프랜차이즈, 제공자가 개발한 상호·경영노하우 등을 사용하여 이용자가 소비자에게 상품 또는 서비스를 제공하는 형태를 서비스 프랜차이즈라 한다.[278)]

4. 프랜차이즈 거래의 과정 및 계약의 효과

① 프렌차이즈 제공자는 프랜차이즈인수자에게 상호·상표·영업표식 등의 사용을 허락해야 한다. 따라서 일반소비자에게는 프랜차이즈 인수자의 영업이 프랜차이즈제공자의 영업과 동일하게 나타나고, 프랜차이즈 인수자는 프랜차이즈 제공자의 상호·영업 표식 등의 사용권을 취득한다.

② 프렌차이즈 제공자는 프렌차이즈 인수자의 주된 영업에 관하여 지시나 통제를 한다.

③ 프렌차이즈 인수자는 독립적 상인으로서, 프렌차이즈 제공자에게 일정한 사용료를 지급하여야 한다. [279)]

276) 정찬형, 전게서, 393면.
277) 정동윤, 전게서, 303면.
278) 최기원, 전게서, 461면.
279) 정찬형, 상게서, 395면.

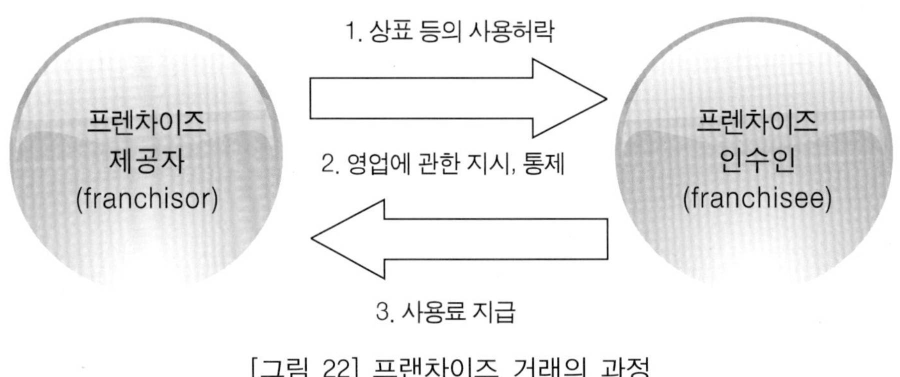

[그림 22] 프랜차이즈 거래의 과정

내부적인 관계로는 보통 프랜차이즈 제공자가 일방적으로 작성한 약관에 의해 체결되는 것이 일반적이다.

외부적인 관계로는 프랜차이즈 이용자가 자기의 명의와 계산으로 제3자와 영업적 거래를 하는 것으로 원칙적으로 프랜차이즈 제공자는 책임을 지지 않는다.

제2절 가맹업(상법 개정안)

1. 개정내용 및 입법취지

1995년 「상법」개정시 새로운 유형의 상행위로 프랜차이즈(franchise)를 제46조제20호에 "상호·상표등의 사용허락에 의한 영업에 관한 행위"로 신설하였지만, 구체적인 법률관계에 대해서는 규율하지 않았다. 따라서 프랜차이즈의 법률관계는 당사자간의 약정 또는 약관에 의존하고 있다.

개정안은 유통거래에 빈번한 프랜차이즈 거래의 법률관계의 명확한 정리를 위하여 제13장을 신설하여 그 법률관계에 대하여 구체적으로 규정하고 있다.

프랜차이즈업과 프랜차이즈계약을 가맹업과 가맹계약으로, 프랜차이저(franchisor)와 프랜차이지(franchisee)를 가맹업자와 가맹상으로 칭하고, 가맹업의 의의, 가맹업자와 가맹상의 의무, 가맹상의 영업양도 제한, 계약의 해지 등 기본적 사항에 관하여 규정하고 있다. 현재 프랜차이즈 거래가 약관에만 의존하고 있는 상황에서 발생할 수 있는 분쟁의 소지를 줄이며, 프랜차이즈 산업의 발전을 도모할 수 있다는 점에서 본 장의 신설은 시의 적절하다.280)

2. 개정안 검토

1) 가맹상의 정의(안 제168조의6 신설)

개정안은 가맹상이 가맹업자의 상호·상표를 사용하고 가맹업자가 지정하는 품질기준과 영업방식에 따라 영업을 하는 자를 가맹상이라 한다.

현 행	개정안
(신 설)	**제168조의6(의의) 자신의 상호·상표 등(이하 "상호 등"이라 한다)의 제공하는 것을 영업으로 하는 자(이하 "가맹업자"라 한다)로부터 상호 등을 사용할 것을 허락 받아 가맹업자가 지정하는 품질기준이나 영업방식에 따라 영업을 하는 자를 가맹상이라 한다.**

개정안이 「가맹사업거래의 공정화에 관한 법률」에 의한 가맹사업의 정의281)를 참조하되, '가맹본부'라는 용어는 적절하지 아니하므로 이를 '가맹업자'로 한 것은 합당하다.282)

280) 진정구, 전게보고서, 34면~35면.

281) 「가맹사업거래의 공정화에 관한 법률」제2조(정의) 이 법에서 사용하는 용어의 정의는 다음과 같다.
1. "가맹사업"이라 함은 가맹본부가 가맹점사업자로 하여금 자기의 상표·서비스표·상호·간판 그 밖의 영업표지(이하 "영업표지"라 한다)를 사용하여 일정한 품질기준이나 영업방식에 따라 상품(원재료 및 부재료를 포함한다. 이하 같다) 또는 용역을 판매하도록 함과 아울러 이에 따른 경영 및 영업활동 등에 대한 지원·교육과 통제를 하며, 가맹점사업자는 영업표지의 사용과 경영 및 영업활동 등에 대한 지원·교육의 대가로 가맹본부에 가맹금을 지급하는 계속적인 거래관계를 말한다.

2) 가맹업자의 의무(안 제168조의7 신설)

개정안은 가맹상을 보호하기 위하여 가맹업자에게 가맹상의 영업을 지원할 의무와 경업금지의무를 부여하고 있다. 경업금지의무는 당사자간의 특약으로 배제할 수 있다.

현 행	개정안
(신 설)	**제168조의7(가맹업자의 의무) ① 가맹업자는 가맹상의 영업을 위하여 필요한 지원을 하여야 한다.** **② 가맹업자는 다른 약정이 없으면 가맹상의 영업지역 내에서 동일 또는 유사한 업종의 영업을 하거나, 동일 또는 유사한 업종의 가맹계약을 체결할 수 없다.**

「가맹사업거래의 공정화에 관한 법률」에 규정된 가맹본부의 의무[283]를 참조하여 가맹업자의 가맹상에 대한 지원의무를 규정하고, 당사자의 약정으로 배제하지 않는 한 가맹업자의 가맹상의 영업지역 내에서 경업금지의무를 명시하여 분쟁을 방지하고 있다. 다만, 「가맹사업거래의 공정화에 관한 법률」에 따르면 가맹본부의 가맹점사업자에 대한 지원·교육·통제가 가맹사업의 필수적 요소로 되어 있음을 고려할 때, 개정안에 가맹업자의 가맹상에 대한 교육에 관한 사항을 추가하는 방안도 검토될 필요가 있다.[284]

282) 진정구, 전게보고서, 35~36면.

283) 「가맹사업거래의 공정화에 관한 법률」제5조(가맹본부의 준수사항) 가맹본부는 다음 각호의 사항을 준수한다.
1. 가맹사업의 성공을 위한 사업구상
2. 상품이나 용역의 품질관리와 판매기법의 개발을 위한 계속적인 노력
3. 가맹점사업자에 대하여 합리적 가격과 비용에 의한 점포설비의 설치, 상품 또는 용역 등의 공급
4. 가맹점사업자와 그 직원에 대한 교육·훈련
5. 가맹점사업자의 경영·영업활동에 대한 지속적인 조언과 지원
6. 가맹계약기간중 가맹점사업자의 영업지역안에서 자기의 직영점을 설치하거나 가맹점사업자와 유사한 업종의 가맹점을 설치하는 행위의 금지
7. 가맹점사업자와의 대화와 협상을 통한 분쟁해결 노력

284) 진정구, 전게보고서, 36~37면.

3) 가맹상의 의무(안 제168조의8 신설)

개정안은 가맹업자를 보호하기 위하여 가맹상은 가맹업자의 명성이나 영업에 관한 권리를 침해하지 않도록 하고, 가맹계약 종료 후 영업상의 비밀을 준수하여야 하며, 가맹계약의 종료 후 지체없이 가맹업자의 상호 등의 사용을 중단하도록 하고 있다.

현 행	개정안
(신 설)	**제168조의8(가맹상의 의무) ① 가맹상은 가맹업자의 명성이나 그 밖에 영업에 관한 권리가 침해되지 않도록 하여야 한다.** **② 가맹상은 계약기간이 끝난 후에도 계약과 관련하여 알게 된 가맹업자의 영업상의 비밀을 준수하여야 한다.** **③ 가맹상은 가맹계약이 종료한 때에는 지체 없이 가맹업자의 상호 등의 사용을 중단하고 그 표시를 제거하여야 한다.**

가맹상 외에 가맹업자도 보호하여 가맹업의 지속적인 유지·발전이 가능하도록 하기 위하여 가맹상에게 가맹업자의 명성이나 영업에 관한 권리침해금지의무, 영업비밀 준수 의무와 상호사용 중단 등의 의무를 부과하는 개정안의 개정내용은 타당하다.[285]

4) 가맹상의 영업양도제한(안 제168조의9 신설)

개정안은 가맹상은 가맹업자의 동의를 얻어 영업양도를 할 수 있다. 가맹업자는 특별한 사유가 없는 한 가맹상의 영업양도에 동의하여야 한다.

285) 진정구, 전게보고서, 38면.

현 행	개정안
(신 설)	<u>제168조의9(영업양도의 제한) ① 가맹상은 가맹업자의 동의를 얻어 그 영업을 양도할 수 있다.</u> <u>② 가맹업자는 특별한 사유가 없으면 제1항의 영업양도에 동의하여야 한다.</u>

가맹업자가 요구하는 품질기준과 영업방식을 충족하지 못하는 자에게 영업이 양도됨으로써 가맹업자의 명성이 저하되는 상황을 방지하기 위하여 가맹업자의 동의를 얻어야 가맹상이 영업의 양도를 할 수 있다.

다만, 가맹상이 영업양도의 동의를 할 수 없는 '특별한 사유'의 정의와 범위에 대해서는 구체적인 내용이 없기 때문에 조문해석과 실제 사례 등에서 해석상의 문제가 발생할 수 있고 이에 대한 보완이 필요하다.

5) 가맹계약의 해지(안 제168조의10 신설)

개정안은 가맹계약의 존속기간에 관한 약정에 관계없이 부득이한 사정이 있으면 가맹계약을 해지할 수 있도록 하고 있다.[286)]

현 행	개정안
(신 설)	<u>제168조의10(가맹계약의 해지) 가맹계약상 존속기간에 대한 약정의 유무와 관계없이 부득이한 사정이 있으면 각 당사자는 상당한 기간을 정하여 최고한 후 가맹계약을 해지할 수 있다.</u>

가맹계약의 존속기간에 관한 약정의 유무와 상관없이 양당사자의 부득이한 사정이 있는 경우에는 각 당사자는 가맹계약의 해지가 가능하다.

286) 진정구, 전게보고서, 40면.

이 역시 가맹상이 영업양도의 동의를 할 수 없는 '부득이한 사정'에 대한 정의와 범위에 대해서는 구체적인 내용이 없기 때문에 조문해석과 실제 사례 등에서 해석상의 문제가 발생할 수 있고 이에 대한 보완이 필요하다.

제 14 장 채권매입업

제1절 팩터링계약(현행규정)

1. 의 의

팩터링이란 거래기업(client)이 그의 외상매출채권(accounts receivable)을 팩토링회사(factor)에 양도하고, 팩토링 회사는 거래기업에 갈음하여 채무자(customer)오부터 매출채권을 추심하는 동시에 이에 관련된 채권의 관리·장부작성 등의 행위를 인수하는 것을 말한다.[287]

영업상 채권의 매입·회수 등에 관한 행위로 규정되고 있다(제46조 제21호).

팩터링 계약은 소비대차와 위임의 요소를 가진 무명계약, 계속적 계약이라고 본다.

신용사회의 발전단계에서 외상거래가 많아지고 외상채권이 고액화됨에 따라 채권의 회수도 전문적인 기술을 요하게 되었다. 상인이 외상채권을 직접 회수해야 한다면 채권회수를 위한 별도의 조직을 운영해야 하고 이를 위한 관리비용도 지출해야 한다. 팩터링 제도를 활용한다면 판매인은 저렴한 비용으로 채권을 회수할 수 있으며 판매에만 전념할 수 있고 채권양도와 결부시켜 금융을 얻을 수 있다면 채권을 조기에 회수하는 효과를 가진다.[288]

287) 정찬형, 전게서, 387면.
288) 이철송, 전게서, 236면.

2. 팩터링의 유형

팩터링은 여러 가지 기준으로 분류할 수 있는데, 팩터링 회사의 상환청구권 유무에 따라 상환청구권이 없는 팩터링과 상환청구권이 있는 팩터링으로, 선급유무에 따라 선급팩터링과 만기팩터링으로, 채권양도의 통지 유무에 따라 통지식팩터링과 비통지식팩터링으로 나눌 수 있다.[289)]

3. 팩터링의 법률관계

기본적인 팩터링 거래에는 3명의 당사자가 관계한다.

① 팩터링 회사와 거래기업은 팩터링계약(factoring agreement)을 체결한다. ② 팩터링 회사는 신용위험을 피하기 위하여 거래기업의 채무자에 대한 신용조사를 실시하여 거래기업에 통지한다. ③ 거래기업은 팩터링 회사로부터 채무자의 신용에 관하여 통지받은 바에 따라 채무자와 상품의 외상거래를 한다. ④ 거래기업은 팩터링 계약에서 정한 바에 따라 외상매출채권을 팩터링 회사에게 양도한다. ⑤ 팩터링 회사는 거래기업의 요청이 있으면 매출채권의 변제기 전에 채권대금을 선급한다. ⑥ 팩터링 회사는 채무자로부터 변제기에 외상매출채권을 지급받는다. ⑦ 팩터링 회사는 외상매출채권의 회수와 관련하여 거래기업을 위하여 회계·장부정리 및 기타 서비스를 제공한다.[290)]

289) 상환청구권이 없는 팩터링은 진정팩터링이라고 하며, 팩터링 회사가 채권을 매입할 때 채무자의 신용위험을 인수하는 결과가 되며, 상환청구권이 있는 팩터링은 부진정팩터링이라 한다. 이는 팩터링 회사가 채무자로부터 채권을 추심하지 못하면 거래기업에 대하여 채권액 상당을 구상할 수 있는 것을 말한다. 정동윤, 전게서, 305면.

290) 정찬형, 전게서, 389~390면.

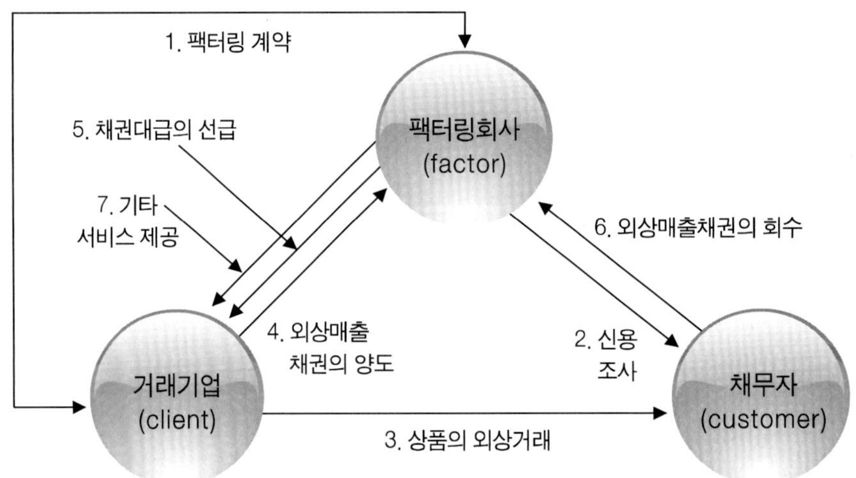

[그림 23] 팩터링 거래의 과정

판매상인이 채권회수업자에게 채권을 양도하고 이를 담보(채권질)로 하여 금융을 얻은 것이 보통이다. 이 경우에는 채권회수업자가 소비자로부터 변제를 받아서 이를 가지고 판매상인에 대한 채권과 상계한다. 이를 팩터링 금융이라 한다. 팩터링 금융은 팩터링 거래에서 실제로 가장 중요한 기능을 한다.[291]

팩터링은 거래기업이 채무자에 대하여 갖는 채권을 팩터링 회사에 양도하는 것이다. 팩터링에 의한 채권양도는 지명채권의 양도로 당사자간의 합의만으로 성립하는 계약이다. 실제거래에 있어서는 거래기업이 채권양도의 사실을 내용증명우편으로 채무자에게 통지하거나, 채무자가 당해 채권양도를 이의 없이 승낙하였다는 취지의 확정일자 있는 서면을 팩터링회사가 거래기업으로부터 받는다.

제2절 채권매입업의 법률관계 구체화

1. 개정내용 및 입법취지

1995년 「상법」개정 시 새로운 유형의 상행위로 팩토링(factoring)을 제46조제21호에 "영

291) 이철송, 전게서, 237면.

업상 채권의 매입·회수등에 관한 행위"로 신설하면서도, 구체적인 법률관계에 대해서는 규율하지 않아서 팩토링(factoring)[292]의 법률관계는 당사자간의 약정 또는 약관에 의존하고 있다.

개정안은 팩토링 거래[293]의 법률관계의 명확화를 위하여 제14장을 신설하여, 현행 제46조제21호에 규정된 내용을 중심으로 하여 팩토링업자(factor)를 채권매입업자로 명명하고, 채권매입업자의 기본적 의무에 관한 규정, 영업상 채권의 양도통지에 관한 특칙 규정, 부진정팩토링을 원칙으로 하는 팩토링업자의 상환청구에 관한 규정 등을 규정하였다.

현재 팩토링 거래가 약관에만 의존하고 있는 상황에서 발생할 수 있는 분쟁의 소지를 줄이고, 팩토링 산업의 발전을 도모할 수 있다는 점에서 본 장의 신설은 시의적절하다. 그러나 본래적 의미의 팩토링은 진정팩토링[294]이 원칙임에도 불구하고 우리나라의 특수한 현실을 반영하여 부진정팩토링을 기본으로 한 점에 대하여는 팩토링 산업 발전이라는 측면에서 논란의 여지가 있다.[295]

2. 개정안 검토

1) 채권매입업자의 정의(안 제168조의11 신설)

개정안은 타인의 물건·유가증권의 판매, 용역의 제공 등에 의하여 취득하였거나 취득할 영업상의 채권을 매입하여 회수하는 것을 영업으로 하는 자를 채권매입업자라 한다.[296]

---

292) 현재 팩토링에 관하여 국제적으로 1988년 UNIDROIT 팩토링 협약이 통용되고 있다.
- 1988년 5월 28일 오타와에서 체결된 국제협약으로 국제금융리스의 법적 미비점을 제거하여 국제금융리스를 활성화하기 위하여 체결되었다.
- 국제팩토링을 규율하기 위하여 팩토링업자와 팩토링이용자의 권리의무관계와 동 협약의 적용방법을 내용으로 한다.

293) 현재 팩토링에 관한 감독규정으로는 금융위원회가 고시한 「여신금융업감독규정」이 있다.

294) 영업채권의 채무자(제3채무자)의 무자력, 물건매매계약의 무효·취소 등으로 인하여 채권매입업자가 채권을 변제받지 못할 경우 그 위험부담을 누가 부담하느냐의 문제로서, 채권매입업자가 위험부담을 하는 팩토링을 진정팩토링(즉, 채권매입계약의 채무자에게 상환청구 불가능), 채권매입계약의 채무자가 위험부담을 하는 팩토링을 부진정팩토링(즉, 채권매입계약의 채무자에게 상환청구 가능)이라 한다.

295) 진정구, 전게보고서, 40~41면.

296) 진정구, 상게보고서, 40면.

현 행	개정안
(신 설)	제168조의11(의의) 타인이 물건·유가증권의 판매, 용역의 제공 등에 의하여 취득하였거나 취득할 영업상 채권(이하 이 장에서 "영업채권"이라 한다)을 매입하여 회수하는 것을 영업으로 하는 자를 채권매입업자라 한다.

팩토링업자를 채권매입업자라 명명하고, 채권매입업자의 채권매입의 대상에 상인의 물건·유가증권의 판매, 용역의 제공 등에 의하여 취득한 채권과 향후 취득할 영업상의 채권도 포함되도록 하여, '영업채권의 매입·회수'라는 행위를 중심으로 규정하고 있다.

2) 채권매입업자의 상환청구권(안 제168조의12 신설)

개정안은 채권매입업자가 제3채무자로부터 변제를 받지 못하는 경우 채권매입계약의 채무자에게 그 매출채권액의 상환을 청구할 수 있다. 당사자의 특약으로 상환청구권의 배제가 가능하다.

현 행	개정안
(신 설)	제168조의12(채권매입업자의 상환청구) 영업채권의 채무자(이하 이 장에서"제3채무자"라 한다)가 채무를 이행하지 아니하는 경우 채권매입업자는 채권매입계약의 채무자에게 그 영업채권액의 상환을 청구할 수 있다. 다만 채권매입계약에 다르게 정한 경우에는 그러하지 아니하다.

진정팩토링이 팩토링의 원래적 양태이자 국제적으로 통용되고 있으나, 우리나라 팩토링 업계의 현실인 부진정팩토링을 원칙으로 함으로써 거래상대방(채권매입계약의 채무자)으로부터 매출채권을 취득한 채권매입업자가 제3채무자(영업채권의 채무자)로부터

변제를 받지 못하는 경우 거래상대방에 대하여 그 매출채권액의 상환을 청구할 수 있게 하되, 당사자간에 다른 약정을 허용하여 진정팩토링도 가능하게 하는 개정안의 개정내용은 적합하다.[297)]

3) 채권매입업자의 양도통지(안 제168조의13 신설)

채권매입업자는 「민법」 제450조[298)]에도 불구하고 영업채권을 양도받을 경우 그 사실을 증명하여 제3채무자에게 채권 양도의 통지를 할 수 있다.

현 행	개정안
(신 설)	**제168조의13(채권매입업자의 양도통지) 채권매입업자는 「민법」 제450조의 규정에도 불구하고 영업채권을 양도받을 경우 영업채권의 양도의 사실을 증명하여 제3채무자에게 채권양도의 통지를 할 수 있다.**

채권매입업자가 직접 채권 양도의 통지를 하지 못하면 영업 자체가 불가능하고 등록이나 인가를 요건으로 하지 않는 채권매입업의 특성을 반영하여, 민법 제450조에 대한 특칙으로서 채권매입업자가 직접 제3채무자에게 양도의 통지를 할 수 있도록 하며, 채권매입업자가 채권양도의 사실을 입증하도록 하여 제3채무자의 보호를 기하고 있는 개정안은 적절하다.[299)]

---

297) 진정구, 전게보고서, 43면.

298) 第450條(指名債權讓渡의 對抗要件) ① 指名債權의 讓渡는 讓渡人이 債務者에게 通知하거나 債務者가 承諾하지 아니하면 債務者 其他 第三者에게 對抗하지 못한다.
② 前項의 通知나 承諾은 確定日字 있는 證書에 依하지 아니하면 債務者以外의 第三者에게 對抗하지 못한다

299) 진정구, 전게보고서, 44면.

부록

국회본회의 통과 상법 일부개정법률안
(2010. 4. 21)

국회본회의 통과 상법 일부개정법률안(2010.4.21)

상법 일부를 다음과 같이 개정한다.

제14조를 다음과 같이 한다.

제14조(표현지배인) ① 본점 또는 지점의 본부장, 지점장, 그 밖에 지배인으로 인정될 만한 명칭을 사용하는 자는 본점 또는 지점의 지배인과 동일한 권한이 있는 것으로 본다. 다만, 재판상 행위에 관하여는 그러하지 아니하다.

② 제1항은 상대방이 악의인 경우에는 적용하지 아니한다.

제31조를 삭제한다.

제46조 제4호, 제7호, 제9호 및 제19호를 각각 다음과 같이 하고, 같은 조에 제22호를 다음과 같이 신설한다.

4. 전기, 전파, 가스 또는 물의 공급에 관한 행위
7. 광고, 방송, 통신 또는 정보에 관한 행위
9. 공중(公衆)이 이용하는 시설에 의한 거래
19. 기계, 시설, 그 밖의 재산의 금융리스
22. 신용카드, 전자화폐 등을 이용한 지급결제 업무의 인수

제50조를 다음과 같이 한다.

제50조(대리권의 존속) 상인이 그 영업에 관하여 수여한 대리권은 본인의 사망으로 인하여 소멸하지 아니한다.

第52조를 삭제한다.

第55조, 第56조, 第107조, 第131조 및 第135조를 각각 다음과 같이 한다.

第55조(법정이자청구권) ① 상인이 그 영업에 관하여 금전을 대여한 경우에는 법정이자를 청구할 수 있다.
② 상인이 그 영업범위 내에서 타인을 위하여 금전을 체당(替當)하였을 때에는 체당한 날 이후의 법정이자를 청구할 수 있다.

第56조(지점거래의 채무이행장소) 채권자의 지점에서의 거래로 인한 채무이행의 장소가 그 행위의 성질 또는 당사자의 의사표시에 의하여 특정되지 아니한 경우 특정물 인도 외의 채무이행은 그 지점을 이행장소로 본다.

第107조(위탁매매인의 개입권) ① 위탁매매인이 거래소의 시세가 있는 물건 또는 유가증권의 매매를 위탁받은 경우에는 직접 그 매도인이나 매수인이 될 수 있다. 이 경우의 매매대가는 위탁매매인이 매매의 통지를 발송할 때의 거래소의 시세에 따른다.
② 제1항의 경우에 위탁매매인은 위탁자에게 보수를 청구할 수 있다.

第131조(화물상환증 기재의 효력) ① 제128조에 따라 화물상환증이 발행된 경우에는 운송인과 송하인 사이에 화물상환증에 적힌 대로 운송계약이 체결되고 운송물을 수령한 것으로 추정한다.
② 화물상환증을 선의로 취득한 소지인에 대하여 운송인은 화물상환증에 적힌 대로 운송물을 수령한 것으로 보고 화물상환증에 적힌 바에 따라 운송인으로서 책임을 진다.

第135조(손해배상책임) ① 운송인은 자기 또는 운송주선인이나 사용인, 그 밖에 운송을 위하여 사용한 자가 운송물의 수령, 인도, 보관 및 운송에 관하여 주의를 게을리하지 아니하였음을 증명하지 아니하면 운송물의 멸실, 훼손 또는 연착으로 인한 손해를 배상할 책임이 있다.

② 이 절의 운송인의 책임에 관한 규정은 운송인의 불법행위로 인한 손해배상의 책임에도 적용한다.

제2편 제10장(제151조부터 제154조까지)을 다음과 같이 한다.

제10장 공중접객업

제151조(의의) 극장, 여관, 음식점, 그 밖의 공중이 이용하는 시설에 의한 거래를 영업으로 하는 자를 공중접객업자(公衆接客業者)라 한다.

제152조(공중접객업자의 책임) ① 공중접객업자는 자기 또는 그 사용인이 고객으로부터 임치(任置)받은 물건의 보관에 관하여 주의를 게을리하지 아니하였음을 증명하지 아니하면 그 물건의 멸실 또는 훼손으로 인한 손해를 배상할 책임이 있다.

② 공중접객업자는 고객으로부터 임치받지 아니한 경우에도 그 시설 내에 휴대한 물건이 자기 또는 그 사용인의 과실로 인하여 멸실 또는 훼손되었을 때에는 그 손해를 배상할 책임이 있다.

③ 고객의 휴대물에 대하여 책임이 없음을 알린 경우에도 공중접객업자는 제1항과 제2항의 책임을 면하지 못한다.

제153조(고가물에 대한 책임) 화폐, 유가증권, 그 밖의 고가물(高價物)에 대하여는 고객이 그 종류와 가액(價額)을 명시하여 임치하지 아니하면 공중접객업자는 그 물건의 멸실 또는 훼손으로 인한 손해를 배상할 책임이 없다.

제154조(공중접객업자의 책임의 시효) ① 제152조와 제153조의 책임은 공중접객업자가 임치물을 반환하거나 고객이 휴대물을 가져간 후 6개월이 지나면 소멸시효가 완성한다.

② 물건이 전부 멸실된 경우에는 제1항의 기간은 고객이 그 시설을 퇴거한 날부터 기산한다.
③ 제1항과 제2항은 공중접객업자나 그 사용인이 악의인 경우에는 적용하지 아니한다.

제2편 제12장(제168조의2부터 제168조의5까지)을 다음과 같이 신설한다.

제12장 금융리스

제168조의2(의의) 타인이 선정한 기계, 시설, 그 밖의 재산(이하 이 장에서 "금융리스물건"이라 한다)을 제3자(이하 이 장에서 "공급자"라 한다)로부터 취득하거나 대여받아 그 타인에게 이용하게 하는 것을 영업으로 하는 자를 금융리스업자라 한다.

제168조의3(금융리스업자와 금융리스이용자의 의무) ① 금융리스업자는 금융리스이용자가 금융리스계약에서 정한 시기에 금융리스계약에 적합한 금융리스물건을 수령할 수 있도록 하여야 한다.
② 금융리스이용자는 제1항에 따라 금융리스물건을 수령하였을 때에는 금융리스업자에게 금융리스료를 지급하여야 한다.
③ 금융리스물건수령증을 발급한 경우에는 금융리스계약에 적합한 금융리스물건을 수령한 것으로 추정한다.
④ 금융리스이용자는 금융리스물건을 수령한 이후에는 선량한 관리자의 주의로 금융리스물건을 유지 및 관리하여야 한다.

제168조의4(공급자의 의무) ① 금융리스물건의 공급자는 공급계약에서 정한 시기에 그 물건을 금융리스이용자에게 인도하여야 한다.
② 금융리스물건이 공급계약에서 정한 시기와 내용에 따라 공급되지 아니한 경우 금융

리스이용자는 공급자에게 직접 손해배상을 청구하거나 공급계약의 내용에 적합한 금융리스물건의 인도를 청구할 수 있다.
③ 금융리스업자는 금융리스이용자가 제2항의 권리를 행사하는 데 필요한 협력을 하여야 한다.

제168조의5(금융리스계약의 해지) ① 금융리스이용자의 책임 있는 사유로 금융리스계약을 해지하는 경우에는 금융리스업자는 잔존 금융리스료 상당액의 일시 지급 또는 금융리스물건의 반환을 청구할 수 있다.
② 제1항의 경우 금융리스업자는 잔존 금융리스료 상당액과 이자 수익을 넘어서는 부분이 있을 경우 이를 정산하여 금융리스이용자에게 반환하여야 한다.
③ 금융리스이용자는 중대한 사정변경으로 인하여 금융리스물건을 계속 사용할 수 없는 경우에는 3개월 전에 예고하고 금융리스계약을 해지할 수 있다. 이 경우 금융리스이용자는 계약의 해지로 인하여 금융리스업자에게 발생한 손해를 배상하여야 한다.

제2편 제13장(제168조의6부터 제168조의10까지)을 다음과 같이 신설한다.

제13장 가맹업

제168조의6(의의) 자신의 상호·상표 등(이하 이 장에서 "상호등"이라 한다)을 제공하는 것을 영업으로 하는 자[이하 "가맹업자"(加盟業者)라 한다]로부터 그의 상호등을 사용할 것을 허락받아 가맹업자가 지정하는 품질기준이나 영업방식에 따라 영업을 하는 자를 가맹상(加盟商)이라 한다.

제168조의7(가맹업자의 의무) ① 가맹업자는 가맹상의 영업을 위하여 필요한 지원을 하여야 한다.

② 가맹업자는 다른 약정이 없으면 가맹상의 영업지역 내에서 동일 또는 유사한 업종의 영업을 하거나, 동일 또는 유사한 업종의 가맹계약을 체결할 수 없다.

제168조의8(가맹상의 의무) ① 가맹상은 가맹업자의 명성이나 그 밖에 영업에 관한 권리가 침해되지 않도록 하여야 한다.

② 가맹상은 계약기간이 끝난 후에도 가맹계약과 관련하여 알게 된 가맹업자의 영업상의 비밀을 준수하여야 한다.

③ 가맹상은 가맹계약이 끝나면 지체 없이 가맹업자의 상호등의 사용을 중단하고 그 표시를 제거하여야 한다.

제168조의9(영업양도의 제한) ① 가맹상은 가맹업자의 동의를 받아 그 영업을 양도할 수 있다.

② 가맹업자는 특별한 사유가 없으면 제1항의 영업양도에 동의하여야 한다.

제168조의10(계약의 해지) 가맹계약상 존속기간에 대한 약정의 유무와 관계없이 부득이한 사정이 있으면 각 당사자는 상당한 기간을 정하여 최고한 후 가맹계약을 해지할 수 있다.

제2편 제14장(제168조의11부터 제168조의13까지)을 다음과 같이 신설한다.

제14장 채권매입업

제168조의11(의의) 타인이 물건·유가증권의 판매, 용역의 제공 등에 의하여 취득하였거나 취득할 영업상의 채권(이하 이 장에서 "영업채권"이라 한다)을 매입하여 회수하는 것을 영업으로 하는 자를 채권매입업자라 한다.

제168조의12(채권매입업자의 상환청구) 영업채권의 채무자(이하 이 장에서 "제3채무자"라 한다)가 그 채무를 이행하지 아니하는 경우 채권매입업자는 채권매입계약의 채무자에게 그 영업채권액의 상환을 청구할 수 있다. 다만, 채권매입계약에서 다르게 정

한 경우에는 그러하지 아니하다.

제168조의13(채권매입업자의 양도통지) 채권매입업자는 「민법」 제450조에도 불구하고 채권매입계약에 따라 영업채권을 양도받을 경 영업채권의 양도 사실을 증명하여 제3채무자에게 채권양도의 통지를 할 수 있다.

부칙

제1조(시행일) 이 법은 공포 후 6개월이 경과한 날부터 시행한다.
제2조(다른 법률의 개정) ① 資産再評價法 일부를 다음과 같이 개정한다.

제26조를 삭제한다.

② 채무자 회생 및 파산에 관한 법률 일부를 다음과 같이 개정한다.

제94조 제2항을 삭제한다.

참고문헌

Ⅰ. 국내문헌

1. 단행본 및 보고서

강위두, 「상법총칙 · 상행위법(상법강의 I)」, 형설출판사, 1997.

강선준, 「전자선하증권론」, KSI 한국학술정보(주), 2007.

강선준, 「전자선하증권법 제정에 관한 연구」, 한국법제연구원, 2007

권재열, 「상법 총칙 및 상행위편 토론문(2)」, <상법 총칙 및 상행위편 개정안 · 상법 항공운송편 제정안>, (법무부 공청회 자료집)

김인현, 「해상법 연구」, 삼우사, 2002.

김준호, 「제5판 민법강의 -이론과 사례-」, 법문사, 1999.

김정호, 「상법강의(상)」, 법문사, 1999.

송상현 · 김현, 「제3판 해상법 원론」, 박영사, 2005.

서돈각 · 정완용, 「제4전정 상법강의(상)」, 법문사, 1999.

윤철홍, 「요해 채권총론」, 1999, 법원사,

이기수 · 신창섭, 「국제거래법」, 세창출판사, 2003.

이병태, 「전정상법(상)」, 법문사, 1988.

이범찬 · 최준선, 「제4판 상법 하」, 삼영사, 2004.

임석민, 「선하증권론」, 도서출판 두남, 2000.

정찬형, 「제13판 상법강의 (상)」, 박영사, 2010.

정동윤, 「상법(상)」, 법문사, 2000.

최기원, 「제18판 상법학신론(상)」, 박영사, 2009.8.

최준선, 「제3판 상법총칙 · 상행위법」삼영사, 2007,

2. 논 문

강선준, 「볼레로형 전자선하증권에 관한 연구」(숭실대학교 법학박사학위논문 2005).

강선준, "볼레로형 전자선하증권 도입에 관한 연구"(한국상사법학회 동계학술대회 발표논문), 「상사법연구」(제25권 제1호), 한국상사법학회, 2006

강선준, "전자선하증권 특별법 제정에 관한 연구", 「상사판례학회」(제8권 제4호), 한국상사판례학회, 2005.

배종근, "公衆接客業者의 構內 犯罪事故에 대한 損害賠償責任의 要件 - 美國 普通法上의 Premises Liability 를 中心으로 -", 「인권과 정의」제353호, 대한변호사협회, 2006.1.1

송인방·양영석, "지식기반시대 새로운 법적 기업유형의 창출 및 작근방안 : 개성상법상 유한책임회사와 합자조합 고찰 중심으로", 「산업경제연구」(제21권 제2호), 한국산업경제학회, 2008.

안경봉, "합자조합(LP), 유한책임회사(LLC) 도입과 법적문제점", 「상사법 연구」(제25권 제4호), 한국상사법학회, 2007.

정경영, "어음의 전자화에 따른 법적 문제점 고찰", 「비교사법」제10권 제1호(한국비교사법학회, 2003).

정희철, "리스계약에 관한 연구", 「법학」(서울대학교), 제20권2호, 72면.

3. 기 타

「최저자본금제도 폐지, 전자투표제 도입 상법 등 개정안 국회 통과 및 시행」(법무부 보도자료, 2009.4.29)

국회법제사법위원회 법안심사제1소위원회 "상법 일부개정법률안(해상편)에 관한 간담회 회의록"(국회법제사법위원회, 2007).

국회 법제사법위원회, "상법일부개정법률안[총칙·상행위편) 심사보고서", 2010.

전삼현, 「법률신문」, 제2732호(법률신문사, 1998)

진정구, "상법일부개정법률안[총칙·상행위편] 검토보고서", 법제사법위원회, 2009.4

4. 관련 판례

서울지방법원 2003. 12. 17. 선고 2003 비단 19 판결.
청주지방법원 1995. 10. 6. 선고 94 가합 2999 판결.
대법원 1983. 2. 8. 선고 82 다카 1275 판결.
대법원 1985. 10. 8. 선고 85 누 542 판결.
대법원 1985. 5. 28. 선고 84 다카 696 판결.
대법원 1992. 2. 25. 선고 91 다 30026 판결.
대법원 1989. 11. 14. 선고 88 다카 29177 판결.
대법원 2005. 10. 28. 선고 2005 다 35226 판결.
대법원 2007. 7. 26. 선고 2006 다 334 판결.
대법원 1993. 6. 11. 선고 93 다 7174 · 7181 판결.
대법원 2008. 12. 11. 선고 2007 다 66590 판결.
대법원 1998. 7. 10. 선고 98 다 10793 판결.
대법원 1993. 6. 11. 선고 93 다 7174 · 7181 판결.
대법원 1993. 9. 10. 선고 93 다 21705 판결.
대법원 1999. 1. 29. 선고 98 다 1584 판결.
대법원 1994. 4. 29. 선고 93 다 54842 판결.
대법원 1997. 8. 26. 선고 96 다 36753 판결.
대법원 1978. 12. 13. 선고 78 다 1567 판결.
대법원 1983. 10. 25. 선고 83 다 107 판결.
대법원 1967. 9. 26. 선고 67 다 1333 판결.
대법원 1998. 8. 21. 선고 97 다 6704 판결.
대법원 1995. 9. 29. 선고 94 다 31365 · 31372 판결.
대법원 1995. 9. 29. 선고 94 다 31365 판결.
대법원 1964. 4. 28. 선고 63 다 811 판결.
대법원 1993. 7. 13. 선고 92 다 49492 판결.
대법원 1997. 4. 11. 선고 97 다 386 판결.

대법원 1996. 5. 10. 선고 95 다 50462 판결.
대법원 1993. 3. 26. 선고 92 다 10081 판결.
대법원 1998. 3. 24. 선고 97 판결.
대법원 1988. 1. 19. 선고 87 다카 1295 판결.
대법원 1970. 9. 17. 선고 70 다 1225·1226 판결.
대법원 1989. 10. 10. 선고 88 다카 8354 판결.
대법원 1992. 11. 12. 선고 91 다 18309 판결.
대법원 1996. 9. 6. 선고 96 다 19536 판결.
대법원 1978. 6. 13. 선고 78 다 236 판결.
대법원 1969. 3. 31. 선고 68 다 2270 판결.
대법원 1988. 2. 9. 선고 87 다카 1304 판결.
대법원 1987. 3. 24. 선고 85 다카 2219 판결.
대법원 1991. 11. 12. 선고 91 다 18309 판결.
대법원 1979. 12. 26. 선고 79 다 757 판결.
대법원 1978. 12. 26. 선고 78 누 167 판결.
대법원 1996. 10. 29. 선고 96 다 19321 판결.
대법원 1978. 12. 26. 선고 78 누 167 판결.
대법원 1991. 8. 9. 선고 91 다 15225 판결.
대법원 1968. 4. 2. 선고 68 다 185 판결.
대법원 1991. 8. 9. 선고 91 다 15225 판결.
대법원 1998. 4. 14. 선고 96 다 8826 판결.
대법원 1994. 11. 18. 선고 93 다 18938 판결
대법원 2002. 3. 29. 선고 2000 두 8455 판결.
대법원 1995. 8. 22. 선고 95 다 12231 판결.
대법원 1991. 10. 8. 선고 91 다 22018·22025 판결.
대법원 1979. 3. 13. 선고 78 다 2330 판결.
대법원 1989. 12. 22. 선고 89 다카 11005 판결.

대법원 1999. 9. 3. 선고 99 다 23055 판결.
대법원 1997. 11. 28. 선고 97 다 26098 판결.
대법원 1993. 10. 26. 선고 92 다 55008 판결.
대법원 1999. 1. 29. 선고 98 다 48903 판결.
대법원 1994. 4. 26. 선고 93 다 62539 판결.
대법원 1987. 7. 21 선고 86 다카 2446 판결.
대법원 1999. 1. 29, 선고 98 다 1584 판결.
대법원 1993. 6. 11. 선고 93 다 7174·7181 판결.
대법원 1962. 12. 27. 선고 62 다 660 판결.
대법원 1983. 5. 10. 선고 81 다 650 판결.
대법원 1962. 7. 5. 선고 62 다 244 판결.
대법원 1980. 12. 23. 선고 79 다 1480 판결.
대법원 1980. 5. 27. 선고 80 다 418 판결.
대법원 2007. 4. 26. 선고 2005 다 5058 판결.
대법원 1987. 6. 23. 선고 86 다카 2107 판결.
대법원 1987. 10. 13. 선고 85 다카 1080 판결.
대법원 1977. 12. 13. 선고 75 다 107 판결.
대법원 1987. 10. 13. 선고 85 다카 1080 판결.
대법원 1983. 4. 26. 선고 82 다 92 판결.
대법원 1992. 2. 14. 선고 91 다 4249 판결.
대법원 1965. 12. 28. 선고 65 다 2125 판결.
대법원 1983. 3. 22. 선고 82 다카 1533 판결.
대법원 1991. 8. 23. 선고 91 다 15409 판결.
대법원 1977. 12. 13. 선고 75 다 107 판결.
대법원 1991. 8. 23. 선고 91 다 15409 판결.
대법원 1991. 8. 23. 선고 91 다 15409 판결.
대법원 1999. 7. 13. 선고 99 다 8711 판결.

대법원 1982. 9. 14. 선고 80 다 1325 판결.

대법원 1982. 9. 14. 선고 80 다 1325 판결.

대법원 1983. 3. 22. 선고 82 다카 1533 판결.

대법원 1984. 9. 11. 선고 83 다카 1661 판결.

대법원 1998. 9. 4. 선고 96 다 6240 판결.

대법원 1997. 7. 25. 선고 97 다 19656 판결.

대법원 1991. 3. 20. 선고 90 나 24290 판결.

대법원 1992. 2. 11. 선고 91 다 21800 판결.

대법원 1981. 12. 22. 선고 80 다 1609 판결.

대법원 1963. 5. 30. 선고 63 다 188 판결.

대법원 1963. 5. 30. 선고 63 다 188 판결.

대법원 1994. 4. 26. 선고 93 다 62539 판결.

대법원 1986. 8. 19. 선고 84 다카 503·504 판결.

대법원 1996. 8. 23. 선고 95 다 51915 판결.

대법원 1995. 5. 12. 선고 94 다 2862·94다2879 판결.

3. 웹사이트

http://www.koreafilm.co.kr/news/news2004_11-12.htm.(2010.5.9 방문).

http://www.kasdaq.com.(2010.5.9 방문)

http://blog.daum.net/drpyo/59?srchid=BR1http%3A%2F%2Fblog.daum.net%2Fdrpyo%2F59.(2010.5.8 방문).

http://www.bolero.net/news/press_releases.html.(2007.11.8 방문)

상법요론

초판인쇄 2010년 10월 01일
초판발행 2010년 10월 06일
지 은 이 강 선 준
펴 낸 이 김 대 근
펴 낸 곳 승실대학교 출판부
서울 동작구 상도동 511
등 록 제14-2호(1982.1.25)
TEL. 02-820-0771~2
FAX 02-817-5297
http://press.ssu.ac.kr
찍 은 곳 한다디자인
http://www.handapnt.co.kr
TEL. 02-961-7500
FAX 02-961-7400
값 15,000원
ISBN 978-89-7450-256-0